BGB AT 2

2017

W0292533

Josef A. Alpmann

Dr. Jan Stefan Lüdde
Rechtsanwalt und Repetitor

ALPMANN UND SCHMIDT Juristische Lehrgänge Verlagsges. mbH & Co. KG
48143 Münster, Alter Fischmarkt 8, 48001 Postfach 1169, Telefon (0251) 98109-0
AS-Online: www.alpmann-schmidt.de

Zitiervorschlag: Alpmann/Lüdde, BGB AT 2, Rn.

Alpmann, Josef A.
Lüdde, Dr. Jan Stefan
BGB AT 2
20. Auflage 2017
ISBN: 978-3-86752-498-8

Verlag Alpmann und Schmidt Juristische Lehrgänge
Verlagsgesellschaft mbH & Co. KG, Münster

INHALTSVERZEICHNIS

LITERATURVERZEICHNIS

Bork	Allgemeiner Teil des Bürgerlichen Gesetzbuchs 4. Auflage 2016
Brox/Walker	Allgemeiner Teil des BGB 36. Auflage 2014
Erman	Handkommentar zum Bürgerlichen Recht 1. Band (1–853) 14. Auflage 2014
Flume	Allgemeiner Teil des bürgerlichen Rechts 2. Band Das Rechtsgeschäft 4. Auflage 1992
Jauernig	Bürgerliches Gesetzbuch, Kommentar 16. Auflage 2015
Medicus/Petersen	Allgemeiner Teil des BGB 11. Auflage 2016 (zitiert: Medicus/Petersen AT)
Medicus/Petersen	Bürgerliches Recht 25. Auflage 2015 (zitiert: Medicus/Petersen BR)
Münchener Kommentar	Kommentar zum Bürgerlichen Gesetzbuch Band 1, 1. Halbband Allgemeiner Teil (§§ 1–240) 7. Auflage 2015 Band 2 Schuldrecht Allgemeiner Teil (§§ 241–432) 7. Auflage 2016 Band 8 Familienrecht II (§§ 1589–1921) 7. Auflage 2017
Palandt	Bürgerliches Gesetzbuch 76. Auflage 2017
Soergel	Bürgerliches Gesetzbuch Band 1 Allgemeiner Teil 1 (§§ 1–103) 13. Auflage 2000 Band 2 Allgemeiner Teil 2 (§§ 104–240) 13. Auflage 1999

Staudinger	Kommentar zum Bürgerlichen Gesetzbuch Erstes Buch: Allgemeiner Teil §§ 90–124; 130–133 (2017) §§ 134–138; Anh zu § 138: ProstG (2011) §§ 139–163 (2015) §§ 164–240 (2014) §§ 255–304 (2014) §§ 305–310 (2013) §§ 311 b, 311 c (2012) §§ 535–562 d (2014; Updatestand: 29.07.2016) §§ 812–822 (2007) §§ 883–902 (2013) §§ 1922–1966 (2017)
Thomas/Putzo	ZPO 37. Auflage 2016
Wolf/Neuner	Allgemeiner Teil des deutschen Bürgerlichen Rechts 11. Auflage 2016

1. Teil: Nichtigkeit der Willenserklärung und des Vertrags

Auch wenn ein Vertrag durch übereinstimmende Willenserklärungen geschlossen wurde oder eine einseitige Erklärung abgegeben wurde, treten die erstrebten Rechtsfolgen nicht ein, wenn Nichtigkeitsgründe vorliegen. Die Nichtigkeitsgründe verhindern, außer im Falle der Anfechtung, das Entstehen der mit dem Rechtsgeschäft erstrebten Rechtsfolgen. Es handelt sich daher um rechtshindernde Einwendungen. Als **Nichtigkeitsgründe** kommen in Betracht: 1

- Die **mangelnde Geschäftsfähigkeit** (§§ 104 ff.[1]) – 1. Abschnitt.
- Der Verstoß gegen ein **gesetzliches Verbot** (§ 134), sowie die **Sittenwidrigkeit** (§ 138 Abs. 1) und der **Wucher** (§ 138 Abs. 2) – 2. Abschnitt.
- Die **mangelnde Form** (§ 125) – 3. Abschnitt.
- Die **Anfechtung** (§ 142 Abs. 1), diese setzt grundsätzlich das Entstehen des Rechtsgeschäfts voraus. Durch die Anfechtung wird das entstandene Rechtsgeschäft gemäß § 142 Abs. 1 rückwirkend vernichtet – 4. Abschnitt.

Teilnichtigkeit, **Umdeutung** und **Bestätigung** werden im 5. Abschnitt behandelt.

Sind **Allgemeine Geschäftsbedingungen** wirksam in den Vertrag einbezogen worden und halten einzelne Vertragsbestimmungen der Inhaltskontrolle nicht stand, so sind diese einzelnen Vertragsbestimmungen unwirksam, doch bleibt die Wirksamkeit des Vertrags im Übrigen unberührt (§ 306 Abs. 1, vgl. dazu im 2. Teil).

1. Abschnitt: Mangelnde Geschäftsfähigkeit

Im Zivilrecht gilt der Grundsatz der Privatautonomie. Jede Person kann ihre Rechtsbeziehungen zu einer anderen Person entsprechend ihren Bedürfnissen und Interessen durch Abgabe von **Willenserklärungen** regeln. Um die Rechtsfolgen der abgegebenen Willenserklärungen abschätzen zu können, ist eine gewisse Einsichtsfähigkeit erforderlich. Daher ist der Erklärende an seine Willenserklärung nur gebunden, wenn er geschäftsfähig ist. Die **Geschäftsfähigkeit** ist die Fähigkeit, durch Abgabe von Willenserklärungen Rechtsfolgen herbeizuführen. Im Interesse der Rechtssicherheit ist eine Generalisierung erforderlich: Im Gesetz ist bestimmt, dass die unbeschränkte Geschäftsfähigkeit mit der Vollendung des 18. Lebensjahres gegeben ist (§§ 2, 106). 2

Sonderfälle der Geschäftsfähigkeit sind die Ehefähigkeit (§ 1303) und die Testierfähigkeit (§ 2229 Abs. 1), bei denen das Gesetz den Zeitpunkt der Mündigkeit vorverlegt.

Derjenige, der das 18. Lebensjahr noch nicht vollendet hat, ist **minderjährig**. Die Minderjährigkeit ist der Gegenbegriff zur Volljährigkeit (§ 2). Innerhalb der Minderjährigkeit muss unterschieden werden zwischen der Geschäftsunfähigkeit (§ 104 Nr. 1) und der beschränkten Geschäftsfähigkeit (§ 106). 3

- Die Willenserklärung ist nichtig, wenn sie von einem **Geschäftsunfähigen** abgegeben worden ist (**§ 105 Abs. 1**) – dazu A.

---

1 §§ ohne Gesetzesangabe sind solche des BGB.

- Willenserklärungen sind auch nichtig, wenn sie im Zustand der Bewusstlosigkeit oder vorübergehenden Störung der Geistestätigkeit abgegeben werden (**§ 105 Abs. 2**) – dazu B.
- Für die Willenserklärung einer in der **Geschäftsfähigkeit beschränkten** Person gelten die §§ 106 ff. – dazu C.
- Der nicht voll Geschäftsfähige – Geschäftsunfähige und beschränkt Geschäftsfähige –, der keine wirksamen Willenserklärungen abgeben kann, wird vom **gesetzlichen Vertreter** vertreten – dazu D.
- Die Deliktsfähigkeit ist in den §§ 827, 828 geregelt. Im Gesetz ist nicht geregelt, inwieweit der nicht voll Geschäftsfähige andere Rechtshandlungen wirksam vornehmen kann – dazu E.

A. Geschäftsunfähigkeit, § 104

4 Nach § 104 ist geschäftsunfähig,

- wer das **7. Lebensjahr noch nicht vollendet** hat (Nr. 1) oder
- wer sich **nicht nur vorübergehend** in einem die freie Willensbestimmung ausschließenden Zustand **krankhafter Störung der Geistestätigkeit** befindet (Nr. 2).

Ein Zustand, der die freie Willensbestimmung ausschließt, ist gegeben, wenn jemand nicht imstande ist, seinen Willen frei und unbeeinflusst von der vorliegenden Geistesstörung zu bilden und der Einsicht gemäß zu handeln. Abzustellen ist dabei darauf, ob eine sachliche Prüfung, die inhaltlich nicht unbedingt zu einem richtigen Ergebnis kommen muss, überhaupt stattfinden konnte.[2]

Im Rahmen des § 104 Nr. 2 sind **lichte Momente** (**lucida intervalla**) zu beachten. Soweit die geistige Störung zeitliche Unterbrechungen erfährt, in denen Urteils- und Motivationsvermögen normal sind, ist während dieser Zwischenzeiten auch die Geschäftsfähigkeit vorhanden.

5 Nach h.A. gilt § 104 Nr. 2 auch für die **partielle Geschäftsunfähigkeit**, d.h. dann, wenn dem Erklärenden für einen bestimmten, gegenständlich abgegrenzten Kreis von Geschäften die erforderliche Einsichtsfähigkeit fehlt. Die Anerkennung der partiellen Geschäftsunfähigkeit rechtfertigt sich aus dem Grundsatz der Verhältnismäßigkeit. Es wäre unbillig, jemanden, der nur in bestimmten Bereichen unter Zwangsvorstellungen steht, generell für geschäftsunfähig zu erklären.[3]

6 Im Gegensatz zur partiellen Geschäftsunfähigkeit, die sich auf bestimmte Lebensgebiete bezieht, wird die **relative Geschäftsunfähigkeit** für besonders schwierige Geschäfte von der h.M. abgelehnt, weil es zu einer erheblichen Rechtsunsicherheit führen würde, wenn die Geschäftsfähigkeit einer Person je nach der Schwierigkeit des einzelnen Geschäfts abgestuft werden müsste.[4]

7 Die Willenserklärung eines Geschäftsunfähigen ist gemäß **§ 105 Abs. 1 nichtig**.

---

2 BGH, Urt. v. 05.12.1995 – XI ZR 70/95, NJW 1996, 918.

3 BVerfG, Beschl. v. 18.12.2002 – 1 BvL 14/02, NJW 2003, 1382; Wolf/Neuner § 34 Rn. 5.

4 BayObLG NJW 1989, 1679; BGH NJW 1970, 1680; a.A. Flume § 13, 5.

Bei einem **volljährigen Geschäftsunfähigen** gilt sie ausnahmsweise gemäß **§ 105 a S. 1** unter folgenden Voraussetzungen **als wirksam**: 8

- Ein **volljähriger Geschäftsunfähiger** muss das Geschäft abschließen.
- Vorliegen eines **Geschäfts des täglichen Lebens** (z.B. Kauf von Lebensmitteln).
- Das Geschäft muss mit **geringwertigen Mitteln** bewirkt werden können. Maßgeblich ist das durchschnittliche Preis- und Einkommensniveau.[5]
- **Leistung und Gegenleistung** müssen bereits **bewirkt** sein.
- Es darf **keine erhebliche Gefahr** für die Person oder das Vermögen des Geschäftsunfähigen bestehen, § 105 a S. 2.

Rechtsfolge des § 105 a ist nach h.M., dass die Wirksamkeit der **Verpflichtungs-** und **Verfügungsgeschäfte** des Geschäftsunfähigen fingiert wird. Er wird verpflichtet und erwirbt bzw. verliert das Eigentum an der Leistung bzw. der Gegenleistung.[6] 9

Umstritten ist, welche Rechte der volljährige Geschäftsunfähige bei **Vertragsverletzungen seitens des Geschäftspartners** geltend machen kann. Zum Teil wird die Auffassung vertreten, dass keine vertraglichen Sekundärleistungsansprüche bestünden. Da kein Verpflichtungsvertrag im Rechtssinne, sondern nur eine Fiktion vorliege, könnten vertragliche Ansprüche auch nicht entstehen. Es könnten allerdings Ansprüche wegen Verletzung eines rechtsgeschäftsähnlichen Schuldverhältnisses aus §§ 311 Abs. 2 Nr. 3, 241 Abs. 2, 280 Abs. 1 entstehen.[7] Nach der Gegenauffassung stehen dem Geschäftsunfähigen im Falle des § 105 a S. 1 alle vertraglichen Folgeansprüche zu. Hierunter fielen insbesondere Gewährleistungsrechte, aber auch das Anfechtungsrecht.[8]

Für den **Zugang**[9] von Willenserklärungen gegenüber einem Geschäftsunfähigen gilt **§ 131 Abs. 1:** Die Erklärung wird erst wirksam, wenn sie dem gesetzlichen Vertreter zugeht. Dafür ist erforderlich, dass die Willenserklärung an den gesetzlichen Vertreter gerichtet oder zumindest für diesen bestimmt ist und dass sie in seinen Machtbereich gelangt ist. Die bloße Kenntnisnahme durch den gesetzlichen Vertreter reicht nicht aus. 10

Beispiel:[10] Der Arbeitgeber kündigt einem geschäftsunfähigen Arbeitnehmer. Die Kündigung muss dann an den Betreuer des Arbeitnehmers gerichtet sein und in dessen Machtbereich gelangen.

B. Nichtigkeit der Willenserklärung nach § 105 Abs. 2

Nach § 105 Abs. 2 ist auch eine Willenserklärung nichtig, die der Erklärende, ohne geschäftsunfähig zu sein, im Zustand der **Bewusstlosigkeit oder vorübergehender Störung der Geistestätigkeit** abgibt. Die vorübergehende Störung der Geistestätigkeit und die Bewusstlosigkeit (Rausch, Fieberwahn) bewirken keine Geschäftsunfähigkeit, es tritt aber dieselbe Rechtsfolge ein. 11

---

5 BR-Drucks. 107/02, S. 16.

6 Palandt/Ellenberger § 105 a Rn. 6 m.w.N.

7 Staudinger/Knothe § 105a Rn. 12.

8 Palandt/Ellenberger § 105 a Rn. 4; MünchKomm/Schmitt § 105 a Rn. 20.

9 Näher zum Zugang von Willenserklärungen AS-Skript BGB AT 1 (2017), Rn. 91.

10 Nach BAG, Urt. v. 28.10.2010 – 2 AZR 794/09, NJW 2011, 872.

Die Nichtigkeit einer während dieses Zustandes abgegebenen Erklärung tritt nur ein, wenn die Störung ein solches Ausmaß erreicht, dass die **freie Willensbestimmung ausgeschlossen** ist. Das ist zwar in § 105 Abs. 2 nicht erwähnt, aber aus § 104 zu ergänzen.[11]

12 Beim **Zugang** der Willenserklärung bei einer solchen Person ist zu unterscheiden:[12]

- Die **mündliche Erklärung** gegenüber demjenigen, der sich im Zustand des § 105 Abs. 2 befindet, wird nicht wirksam, da er sie nicht verstehen kann.
- Die **schriftliche Erklärung** wird dagegen mit ihrem Zugang wirksam, z.B. Einwurf eines Briefes in den Briefkasten des sinnlos betrunkenen Empfängers.

C. Beschränkte Geschäftsfähigkeit, §§ 106 ff.

13 Beschränkt geschäftsfähig sind **Minderjährige nach Vollendung des 7. Lebensjahres** (§ 106).

Es empfiehlt sich diese, sogleich näher dargestellte **Prüfungsreihenfolge:**

- Folgende Rechtsgeschäfte des Minderjährigen sind **wirksam**:
  - Nach § 112 und § 113 ist der Minderjährige für einen **bestimmten Teilbereich** unbeschränkt geschäftsfähig.
  - Der Minderjährige kann alle Rechtsgeschäfte allein wirksam tätigen, die **lediglich rechtlich vorteilhaft oder neutral** i.S.d. § 107 sind.
  - Rechtlich nachteilige Rechtsgeschäfte sind wirksam, wenn sie mit **Einwilligung (vorheriger Zustimmung)** des gesetzlichen Vertreters geschehen (§ 107).
  - Die ohne eine solche Einwilligung getätigten Rechtsgeschäfte sind wirksam, wenn der Minderjährige die Leistung **mit Mitteln bewirkt**, die ihm **zur freien Verfügung überlassen** wurden (§ 110).
- Greifen die oben aufgeführten Regeln nicht, sind **einseitige Rechtsgeschäfte** gemäß § 111 S. 1 (endgültig) **unwirksam**. **Verträge** sind **schwebend unwirksam**:
  - Nach § 108 werden Verträge wirksam, wenn der gesetzliche Vertreter (oder der volljährig Gewordene) die Genehmigung erteilt. Sie werden endgültig unwirksam, wenn die Genehmigung verweigert wird.
  - Bis zur Genehmigung besteht ein Widerrufsrecht des Vertragspartners im Rahmen des § 109.

I. Wirksame Rechtsgeschäfte

1. Teilgeschäftsfähigkeit, §§ 112 u. 113

14 Der Minderjährige kann **für bestimmte Lebensbereiche** mit Ermächtigung des gesetzlichen Vertreters (im Fall des § 112 auch des Familiengerichts) volle Geschäftsfähigkeit – sog. Teilgeschäftsfähigkeit – erhalten:

11 Palandt/Ellenberger § 105 Rn. 3.
12 Erman/Arnold § 131 Rn. 11.

Nach § 112 ist der Minderjährige, wenn er vom gesetzlichen Vertreter mit Genehmigung des Familiengerichts zum **selbstständigen Betrieb eines Erwerbsgeschäfts** ermächtigt worden ist, für solche Rechtsgeschäfte, die der Geschäftsbetrieb mit sich bringt, unbeschränkt geschäftsfähig. Er kann jedoch keine Rechtsgeschäfte tätigen, die der gesetzliche Vertreter nur mit Genehmigung des Familiengerichts vornehmen darf, §§ 112 Abs. 1 S. 2, 1643, 1821 f. Die Abschlussberechtigung des Minderjährigen kann nicht weitergehender sein als die des gesetzlichen Vertreters. 15

Beispiel: Der Minderjährige kann in seinem Erwerbsgeschäft gemäß §§ 112 Abs. 1 S. 2, 1643 Abs. 1, 1822 Nr. 11 keine Prokura erteilen.

Wenn der Minderjährige vom gesetzlichen Vertreter zur **Eingehung eines Dienst- oder Arbeitsverhältnisses** ermächtigt wird, so ist er gemäß § 113 für solche Geschäfte unbeschränkt geschäftsfähig, welche die Eingehung oder Aufhebung eines Dienst- oder Arbeitsverhältnisses der gestatteten Art oder die Erfüllung der sich aus einem solchen Verhältnis ergebenden Pflichten betreffen. Dabei sind jedoch – wie in § 112 Abs. 1 S. 2 – solche Geschäfte ausgenommen, zu denen der gesetzliche Vertreter der Genehmigung des Familiengerichts bedarf (§ 113 Abs. 1 S. 2). 16

2. Lediglich rechtlich vorteilhaftes und neutrales Rechtsgeschäft, § 107

Gemäß § 107 bedarf der Minderjährige der Einwilligung seines gesetzlichen Vertreters für jede Willenserklärung, durch die er **nicht lediglich einen rechtlichen Vorteil** erlangt. Abzustellen ist allein auf die rechtlichen Folgen eines Rechtsgeschäfts, nicht auf die wirtschaftlichen Auswirkungen. Die Formulierung „nicht lediglich rechtlich vorteilhaft“ wird allerdings als misslungen angesehen, da mit ihr **auch neutrale Rechtsgeschäfte** erfasst werden, die nach ihrer rechtlichen Bedeutung keiner Zustimmung durch den gesetzlichen Vertreter bedürfen. Das Erfordernis der Einwilligung besteht gemäß § 107 für alle Rechtsgeschäfte, die **rechtlich nachteilig** sind. 17

Auch mit einer Beschränkung auf rechtliche Nachteile ist der Wortlaut des § 107 nach einhelliger Ansicht zu weit, da jeder noch so geringfügige rechtliche Nachteil erfasst wird. Umstritten ist, wie eine **weitere Einschränkung** des § 107 vorzunehmen ist. 18

- Nach einer Ansicht[13] sind nur die **unmittelbaren** rechtlichen Folgen für die Bewertung entscheidend. Die **mittelbaren** Rechtsnachteile, die als weitere Rechtsfolge der Willenserklärung eintreten, ohne dass der Wille darauf gerichtet sein müsste, bleiben außer Betracht. Als mittelbare Rechtsnachteile werden z.B. die Vertragskosten, die steuerrechtlichen Folgen, die Polizeipflichtigkeit bezüglich der Sache und die öffentlichen Abgaben angesehen. 19
- Insbesondere der BGH[14] lehnt diese Differenzierung ab. Es komme nicht darauf an, ob ein rechtlicher Nachteil Gegenstand der zwischen den Parteien getroffenen rechtsgeschäftlichen Abrede oder nur deren mittelbare Folge sei. Denn das Vermö- 20

13 Staudinger/Knothe § 107 Rn. 6.

14 BGH, Beschl. v. 25.11.2004 – V ZB 13/04, RÜ 2005, 57; BGH, Beschl. v. 03.02.2005 – V ZB 44/04, NJW 2005, 1430; Palandt/Ellenberger § 107 Rn. 3

gen des Minderjährigen ist nicht weniger gefährdet, wenn der Eintritt eines Rechtsnachteils zwar von den Parteien des Rechtsgeschäfts nicht gewollt, vom Gesetzgeber jedoch als dessen Folge angeordnet ist. § 107 sei vielmehr in der Weise einschränkend auszulegen, dass von dem Anwendungsbereich der Vorschrift bestimmte Rechtsnachteile nicht erfasst werden, die **nach ihrer abstrakten Natur typischerweise keine Gefährdung** des Minderjährigen mit sich bringen.

Eine derartige Fallgruppe stellt beispielsweise die Verpflichtung des Minderjährigen dar, die laufenden öffentlichen Lasten zu tragen. Sie sind ihrem Umfang nach begrenzt, können in der Regel aus den laufenden Erträgen des Grundstücks gedeckt werden und führen typischerweise zu keiner Vermögensgefährdung. Weitere Fallgruppen dürften die oben als mittelbare Nachteile genannten Vertragskosten, steuerrechtlichen Folgen und die Polizeipflichtigkeit sein, sodass **im Ergebnis zwischen den beiden Ansichten kein Unterschied** besteht.

21 Im Einzelnen ist nach den **verschiedenen Rechtsgeschäften** zu unterscheiden:

a) Für das Verfügungsgeschäft gilt:

22 Rechtlich nachteilig sind die Rechtsgeschäfte, durch die der Minderjährige über **ein ihm zustehendes Recht verfügt**, indem er es überträgt, belastet, inhaltlich ändert oder aufgibt.

Lediglich rechtlich vorteilhaft ist grundsätzlich der **Erwerb** von Rechten, z.B. des Eigentums, einer Hypothek, Grundschuld, Forderung usw. Ein auf den Erwerb gerichtetes Rechtsgeschäft ist aber dann **nicht** lediglich rechtlich vorteilhaft, wenn der Minderjährige mit Verpflichtungen belastet wird, für die er nicht nur dinglich mit dem erworbenen Gegenstand, sondern auch **persönlich mit seinem sonstigen Vermögen haftet**.[15]

Nachteilig?

aa) Für den Erwerb eines i.w.S. belasteten Grundstücks gilt daher:

23 Der Erwerb eines mit einer **Grundschuld** belasteten Grundstücks ist lediglich rechtlich vorteilhaft, weil bei einer Grundschuld der Grundstückseigentümer gemäß §§ 1192 Abs. 1, 1147 nur mit dem Grundstück und nicht mit dem sonstigen Vermögen haftet.

⊖

Die **persönliche Haftung** des Grundstückseigentümers kann sich daraus ergeben, dass er die **Kosten des Titels** zwecks Zwangsvollstreckung in das Grundstück tragen muss. Der BGH hat offengelassen, ob daher der Erwerb eines mit einer Grundschuld belasteten Grundstücks nicht lediglich rechtlich vorteilhaft ist, da in dem zu entscheidenden Fall sich der Übertragende der sofortigen Zwangsvollstreckung (§§ 800 Abs. 1, 794 Abs. 1 Nr. 5 ZPO) unterworfen hatte, also ein Titel bereits vorlag.[16]

24 Der Erwerb eines **vermieteten oder verpachteten Grundstücks** ist hingegen nicht lediglich rechtlich vorteilhaft, da der Erwerber gemäß §§ 566 Abs. 1, 581 Abs. 2, 593 b mit dem Eigentumsübergang in sämtliche Rechte und Pflichten aus dem bestehenden Miet- oder Pachtverhältnis eintritt. Es können ihn Schadensersatz- und Aufwendungsersatzpflichten treffen (§§ 536 a, 581 Abs. 2, 586 Abs. 2) oder die Pflicht zur Rückgewähr einer vom Mieter oder Pächter geleisteten Sicherheit (§§ 566 a, 581 Abs. 2, 593 b).[17]

⊕

15 Zu einem Fall ohne rechtliche Nachteile BGH Brandenburg, Beschl. v. 24.03.2014 – 9 WF 48/14, NJW 2014, 1045.

16 BGH, Beschl. v. 25.11.2004 – V ZB 13/04, RÜ 2005, 57.

17 BGH, Beschl. v. 03.02.2005 – V ZB 44/04, NJW 2005, 1430.

Der Erwerb eines **mit einer Reallast belasteten Grundstücks** ist nicht lediglich rechtlich vorteilhaft, da der Eigentümer gemäß § 1108 persönlich zur Leistung verpflichtet ist. 25

Ist ein **Grundstück mit einem Nießbrauch** belastet, wird der Grundstückserwerb von der h.M. als lediglich rechtlich vorteilhaft angesehen. Zwar können den Eigentümer Verpflichtungen aus § 1049 und aus §§ 1056 i.V.m. 566 ff. treffen, diese entstehen aber nur aufgrund besonderer Handlungen des Nießbrauchers (Vornahme von Verwendungen, Versehen der Sache mit einer Einrichtung, Vermietung oder Verpachtung).[18] Der BGH hat den Erwerb eines mit einem Nießbrauch belasteten Grundstücks „jedenfalls dann" als lediglich rechtlich vorteilhaft angesehen, wenn der Nießbraucher über §§ 1042 S. 2, 1047 hinaus auch die Kosten außergewöhnlicher Grundstückslasten zu tragen hat.[19] 26

bb) Erwerb einer Eigentumswohnung

Anders als die früher h.Lit. hat der BGH entschieden, dass der Erwerb einer Eigentumswohnung nicht lediglich rechtlich vorteilhaft ist, weil der Minderjährige nicht nur einen Vermögensgegenstand erwirbt, sondern **Mitglied der Wohnungseigentümergemeinschaft** wird und dies mit **rechtlichen Nachteilen** verbunden ist.[20]

Als Mitglied der Wohnungseigentümergemeinschaft wäre der Minderjährige nach **§ 16 Abs. 2 WEG** den anderen Wohnungseigentümern verpflichtet, die Lasten des gemeinschaftlichen Eigentums sowie die Kosten der Instandhaltung, Instandsetzung, sonstigen Verwaltung und eines gemeinschaftlichen Gebrauchs zu tragen.

Weiterhin besteht gemäß **§ 10 Abs. 8 S. 1 WEG** eine Haftung gegenüber Gläubigern der Wohnungseigentümergemeinschaft.

cc) Sonstige Verfügungen

Die **Bestellung eines Nießbrauchs** zugunsten eines Minderjährigen ist nicht lediglich rechtlich vorteilhaft, da den Nießbraucher Pflichten zur Erhaltung (§ 1041), Versicherung (§ 1045) und zur Tragung der Lasten (§ 1047) treffen. 27

Der **rechtsgrundlose Erwerb** des Eigentums und/oder Besitzes ist lediglich rechtlich vorteilhaft. Der Minderjährige ist zwar gemäß § 812 Abs. 1 zur Rückgewähr verpflichtet. Diese Verpflichtung beschränkt sich aber gemäß § 818 Abs. 3 auf den noch vorhandenen Wert der rechtsgrundlosen Leistung. Das sonstige Vermögen ist nicht gefährdet.[21] 28

b) Verpflichtungsverträge

Verpflichtungsverträge sind rechtlich nachteilhaft, soweit sie den Minderjährigen **zu einer Leistung verpflichten.** Nachteilig sind demnach: 29

- die **gegenseitig verpflichtenden Verträge** wie Kauf-, Miet-, Werkvertrag usw.,

18 Staudinger/Knothe § 107 Rn. 16; MünchKomm/Schmitt § 107 Rn. 40.
19 BGH, Beschl. v. 25.11.2004 – V ZB 13/04, RÜ 2005, 57.
20 BGH, Beschl. v. 30.09.2010 – V ZB 206/10, Rn. 13, RÜ 2010, 749.
21 BGH, Beschl. v. 25.11.2004 – V ZB 13/04, RÜ 2005, 57.

- die **einseitig verpflichtenden Verträge zulasten des Minderjährigen**, und auch

  Beispiele: Bürgschaftsversprechen (§ 765); Annahme eines Auftrags als Beauftragter (§ 662)

- die **einseitig verpflichtenden Verträge zulasten des Vertragspartners,** wenn eine **Leistungsverpflichtung des Minderjährigen** (oft aufgrund einer disponiblen, aber nicht abbedungenen Vorschrift) besteht.

  Beispiele: Der minderjährige Auftraggeber schuldet gemäß § 670 Aufwendungsersatz. Der minderjährige Entleiher schuldet gemäß § 604 Rückgabe der Sache.

30 Letztlich ist nur der **Schenkungsvertrag** regelmäßig lediglich rechtlich vorteilhaft, weil der Beschenkte grundsätzlich zu keiner Gegenleistung verpflichtet wird. Aber selbst eine Schenkung kann für den beschenkten Minderjährigen rechtlich nachteilhaft sein, wenn in ihr weitere belastende Abreden enthalten sind.

Beispiel:[22] **Rücktrittsrecht** des Minderjährigen, das bei Ausübung eine Wertersatz- oder Schadensersatzpflicht wegen einer zwischenzeitlich eingetretenen Verschlechterung begründen kann.

c) Gesamtbetrachtung von Verpflichtungs- und Verfügungsvertrag?

31 Zweifelhaft ist, ob eine isoliert betrachtet vorteilhafte Verpflichtung dadurch nachteilig wird, dass sie auf eine nachteilige Verfügung gerichtet ist. Eine solche **Gesamtbetrachtung** der beiden Geschäfte würde über **§ 181** („Erfüllung einer Verbindlichkeit")[23] zu dem Ergebnis führen, dass beide Geschäfte wirksam sind. So ließe sich das Erfordernis der **§§ 1629 Abs. 2 S. 1, 1795 Abs. 2, 181** (näher Rn. 61 ff.), einen Ergänzungspfleger nach § 1909 zu bestellen, umgehen.

Hinweis: *Der folgende Fall beleuchtet die Konstellation, dass* ***der Minderjährige eine eigene, nach § 107 zustimmungspflichtige Erklärung*** *abgibt. Es geht dann um die Frage, ob diese Zustimmung des gesetzlichen Vertreters wirksam erteilt wurde. Es wird also im Rahmen des Merkmals „gesetzlicher Vertreter" der §§ 107, 108 inzident geprüft, ob der gesetzliche Vertreter angesichts der §§ 1795 Abs. 2, 181 die* ***Zustimmung zur Erklärung des Minderjährigen*** *ohne Ergänzungspfleger erteilen durfte.*

Davon zu unterscheiden ist der Fall, dass der ***gesetzliche Vertreter eine Erklärung im Namen des Minderjährigen*** *abgibt. In dieser Konstellation (näher Rn. 58 ff.) spielen die §§ 107, 108 keine Rolle! Es ist aber im Rahmen des Merkmals „Vertretungsmacht" des § 164 Abs. 1 S. 1 inzident zu prüfen, ob der gesetzliche Vertreter angesichts der §§ 1795 Abs. 2, 181 seine* ***Erklärung im Namen des Minderjährigen*** *ohne Ergänzungspfleger erteilen durfte.*

Fall 1: Geschenkte Belastung

Der verwitwete V schließt mit seinem minderjährigen Sohn S einen notariellen Schenkungsvertrag über ein Grundstück, wobei S in eigenem Namen auftritt. V und S erklären auch die Auflassung. Das Grundstück ist auf fünf Jahre fest an M vermietet. Sind Schenkung und Auflassung wirksam?

---

22 Nach BGH, Beschl. v. 25.11.2004 – V ZB 13/04, RÜ 2005, 57.

23 Vgl. zu § 181 AS-Skript BGB AT 1 (2017), Rn. 304 ff. bei der Darstellung der Stellvertretung.

A. Wirksamkeit der **Schenkung** 32

I. V und S haben sich jeweils im eigenen Namen formwirksam (§ 311 b Abs. 1 S. 1) über eine Schenkung geeinigt. Die Schenkung könnte **gemäß §§ 107, 108 Abs. 1 schwebend unwirksam** sein. Sie bedarf gemäß § 107 der **Einwilligung** des gesetzlichen Vertreters, wenn sie nicht lediglich rechtlich vorteilhaft ist.

Die Schenkung ist, **isoliert** gesehen, **lediglich rechtlich vorteilhaft**. Der Schenkungsvertrag selbst enthält keine den minderjährigen S belastenden Abreden.

Der spätere **Erwerb des Eigentums** am Grundstück durch Auflassung und Eintragung ist allerdings **rechtlich nachteilhaft**, da S gemäß § 566 Abs. 1 in sämtliche Rechte und Pflichten des Mietvertrags eintritt und ihn damit Schadensersatz- und Aufwendungsersatzpflichten treffen können. Sähe man die Schenkung als wirksam an, so würde die Vertretungsbeschränkung aus §§ 1629 Abs. 2 S. 1, 1795 Abs. 2, 181 nicht eingreifen, weil die Auflassung ausschließlich in der Erfüllung der wirksamen Schenkung besteht (§ 181 letzter Halbsatz). Der gesetzliche Vertreter könnte also im Ergebnis ohne die grundsätzlich erforderliche Zustimmung des Ergänzungspflegers eine rechtlich nachteilige Auflassung abschließen.

1. Es wäre möglich, dieses Ergebnis mittels einer **Gesamtbetrachtung** zu korrigieren.[24] Dafür wird angeführt, es sei mit dem Schutzzweck des § 107 nicht vereinbar, die Frage, ob die Schenkung lediglich rechtlich vorteilhaft sei, getrennt einerseits für den schuldrechtlichen Vertrag und andererseits für das dingliche Erfüllungsgeschäft zu beurteilen. Es bestehe die oben aufgezeigte Gefahr, dass der gesetzliche Vertreter eine ihm (insbesondere wegen ihrer Kosten oder ihrer Mieter) unbeliebte Immobilie ohne die Zustimmung des Ergänzungspflegers wirksam an den Minderjährigen verschenkt und übereignet. 33

   Aufgrund der Gesamtbetrachtung ist **schon die Schenkung rechtlich nachteilhaft**, da mit der Eigentumsübertragung der S gemäß § 566 Abs. 1 in den Mietvertrag eintritt und ihn Schadensersatz- und Aufwendungsersatzpflichten (§ 536 a) treffen können. Schon die Schenkung bedarf daher gemäß § 107 der Einwilligung des gesetzlichen Vertreters. Zwar kann man annehmen, dass der bei Vertragsschluss anwesende V zumindest konkludent die Einwilligung erteilt hat, die Einwilligung kann jedoch nur wirksam erteilt werden, wenn der gesetzliche Vertreter auch vertretungsberechtigt ist. Die Vertretungsmacht des V ist hier gemäß §§ 1629 Abs. 2 S. 1, 1795 Abs. 2, 181 ausgeschlossen, da V auf beiden Seiten des Rechtsgeschäfts auftritt.

   Bei einer Gesamtbetrachtung muss daher **schon für die Schenkung ein Ergänzungspfleger (§ 1909 Abs. 1) bestellt werden,** der der Schenkung zustimmt.

2. Die Gesamtbetrachtung könnte andererseits (mit der h.M.) **abzulehnen** sein.[25] Dafür wird angeführt, die Wirksamkeit des schuldrechtlichen Verpflichtungsgeschäfts von der Wirksamkeit des Erfüllungsgeschäfts abhängig zu machen, verletze das Trennungs- und Abstraktionsprinzip. Der Minderjährigen- 34

24 So die früher h.M., BGH, Beschl. v. 09.07.1980 – V ZB 16/79, NJW 1980, 416; nach wie vor Palandt/Ellenberger § 107 Rn. 6.

25 BGH, Beschl.. v. 30.09.2010 – V ZB 206/10, RÜ 2010, 749; Bork Rn. 1002; Erman/Müller § 107 Rn. 5.

schutz könne gewährleistet werden, indem der **letzte Halbsatz des § 181 teleologisch reduziert** und daher nicht angewendet werde, wenn und soweit das Erfüllungsgeschäft dem Minderjährigen nachteilig i.S.v. § 107 sei.

In der zitierten Entscheidung des **BGH** aus 2010 hatte nicht– wie vorliegend – der gesetzliche Vertreter mit dem Minderjährigen kontrahiert, sondern die Großeltern des Minderjährigen. Dieser Fall ist nicht von §§ 1795 Abs. 2, 181 erfasst, sondern von **§ 1795 Abs. 1 Nr. 1**. Der Wortlaut dieser Norm entspricht demjenigen des § 181, sodass die Entscheidung auch für den vorliegenden Fall maßgebend ist.

35 3. **Stellungnahme:** Zum Schutz des Minderjährigen bedarf es keiner Gesamtbetrachtung von Verpflichtung und Verfügung. Diese sind vielmehr nach dem Trennungs- und Abstraktionsprinzip getrennt voneinander auf ihre Wirksamkeit zu untersuchen. Eine teleologische Reduktion des § 181 bei der Prüfung des Erfüllungsgeschäfts reicht zum Schutz des Minderjährigen vor den nachteiligen Folgen dieses Geschäfts aus. Die Schenkung ist isoliert zu betrachten und damit auch ohne Zustimmung eines Ergänzungspflegers wirksam.

36 B. Wirksamkeit der **Auflassung**

Die Auflassung ist gemäß §§ 873 Abs. 1, 925 Abs. 1 S. 1 durch V und S erklärt worden. Sie könnte jedoch gemäß **§§ 107, 108 Abs. 1 schwebend unwirksam** sein. Die Grundstücksübertragung ist rechtlich nachteilhaft, da S gemäß § 566 Abs. 1 in den bestehenden Mietvertrag eintreten würde. Sie ist wirksam, wenn der auch bei der Auflassung anwesende V wirksam die **Einwilligung** erklären konnte.

Die Einwilligung ist aber nur wirksam, soweit V auch **vertretungsberechtigt** war. Die Vertretungsmacht könnte gemäß §§ 1629 Abs. 2 S. 1, 1795 Abs. 2, 181 ausgeschlossen sein. Dies ist gemäß § 181 letzter Halbsatz nicht der Fall, wenn die Auflassung ausschließlich der Erfüllung einer (wirksamen) Verbindlichkeit dient.

37 I. Nach der **Gesamtbetrachtungslehre** ist die Schenkung schwebend unwirksam und V daher nach dem Grundsatz des § 181 von der Zustimmung zur Auflassung ausgeschlossen.

Die **Schenkung** wird wirksam, wenn der **Ergänzungspfleger** sie **genehmigt**. Dann lägen die Voraussetzungen des § 181 vor und V selbst könnte die Auflassung genehmigen.

II. Nach der hier vertretenen Ansicht liegen die Voraussetzungen des § 181 letzter Halbsatz vor, es muss aber eine **teleologische Reduktion** erfolgen. Die Regelung ist nicht anwendbar, da die in der Erfüllung einer Verbindlichkeit bestehende Übereignung über den Erfüllungserfolg hinaus zu rechtlichen Nachteilen für den Vertretenen führt.[26] Die **Auflassung** ist schwebend unwirksam und muss durch einen **Ergänzungspfleger genehmigt** werden.

---

26 BGH, Beschl. v. 03.02.2005 – V ZB 44/04, NJW 2005, 1430.

d) Einseitige Rechtsgeschäfte

Bei den **einseitigen Rechtsgeschäften** ist nur die vom Minderjährigen erklärte Mahnung rechtlich vorteilhaft. Andere einseitige Rechtsgeschäfte (Auslobung, Kündigung, Anfechtung, Vollmachtserteilung usw.) sind rechtlich nachteilig und gemäß § 111 S. 1 unwirksam. 38

e) Neutrale Geschäfte

Zustimmungsfrei sind die **neutralen oder indifferenten Geschäfte**, die den beschränkt Geschäftsfähigen weder verpflichten noch eine Verfügung über sein Vermögen darstellen, sondern nur für bzw. gegen einen Dritten wirken. Der Minderjährige erlangt hier zwar keinen Vorteil, er steht aber außerhalb der rechtsgeschäftlich herbeigeführten Rechtsfolgen und erleidet daher auch keinen Nachteil. Er braucht daher nicht geschützt zu werden. Neutral in diesem Sinne sind insbesondere: 39

- Willenserklärungen, die von (§ 164 Abs. 1) bzw. gegenüber (§ 164 Abs. 3) einem **beschränkt Geschäftsfähigen als Vertreter** eines anderen (§ 165) abgegeben werden, unabhängig vom Bestehen der Vertretungsmacht (arg. e § 179 Abs. 3 S. 2) und
- **Verfügungen über fremde Rechte** im eigenen Namen **mit Ermächtigung** (§ 185 Abs. 1).
- **Verfügungen über fremde Rechte** im eigenen Namen ohne Ermächtigung, also als Nichtberechtigter. Zweifelhaft ist dann allerdings, ob ein gutgläubiger Erwerb möglich ist.

Beispiel: Der 16-jährige M hat sich von F ein Fahrrad geliehen. Da M sein Taschengeld aufbessern will, veräußert er das Fahrrad an D, der M für den Eigentümer hält. Ist D Eigentümer des Fahrrads geworden? 40

D könnte das Eigentum gemäß §§ 929 S. 1, 932 erworben haben.
1. Dann müssten sich D und M wirksam über den Eigentumsübergang **geeinigt** haben. Die Einigung ist gemäß **§§ 107, 108 Abs. 1** schwebend unwirksam, wenn der Minderjährige durch sie „nicht lediglich einen rechtlichen Vorteil erlangt“. Nicht zustimmungsbedürftig sind aber auch die **neutralen Rechtsgeschäfte**, sodass letztlich entscheidend ist, ob M einen **rechtlichen Nachteil** erlangt.
a) Da bei einem gutgläubigen Erwerb des D der bisherige Eigentümer F und nicht der Minderjährige M das Eigentum verliert, scheidet der **Eigentumsverlust** als rechtlicher Nachteil aus.
b) Im Fall eines gutgläubigen Erwerbs des D ist der M dem F gegenüber gemäß § 816 Abs. 1 S. 1 und §§ 687 Abs. 2, 681 667 zur **Herausgabe des Erlangten** verpflichtet. Diese Haftung ist aber nicht als rechtlich nachteilhafte Folge der Verfügung anzusehen, da sie sich auf das durch die Verfügung Erlangte beschränkt. Der Minderjährige ist durch § 818 Abs. 3 geschützt.[27]
c) Eine eventuelle **Haftung aus § 823 Abs. 1** begründet keinen rechtlichen Nachteil i.S.d. § 107, da insoweit der Schutz des beschränkt Geschäftsfähigen durch § 828 Abs. 2 und 3 gewährleistet wird.[28]
Die Einigung über den Eigentumsübergang an einer fremden Sache ist daher rechtlich neutral und bedarf nicht gemäß § 107 der Zustimmung des gesetzlichen Vertreters.
2. Die **Übergabe** der Sache ist erfolgt.
3. M war nicht Eigentümer und nicht nach § 185 Abs. 1 oder kraft Gesetzes ermächtigt, also nicht zur Übereignung **berechtigt**. D könnte aber **gutgläubig gemäß § 932** das Eigentum erworben haben.
a) Teilweise wird ein gutgläubiger Erwerb des Dritten bei der Verfügung eines Minderjährigen **abgelehnt**. Wäre M wirklich Eigentümer, wäre die Übereignung gemäß §§ 107, 108 Abs. 1 schwebend un-

27 BGH, Beschl. v. 25.11.2004 – V ZB 13/04, RÜ 2005, 57; Wolf/Neuner § 34 Rn. 34.
28 Wolf/Neuner § 34 Rn. 34.

wirksam und D wäre nicht Eigentümer geworden. Es sei kein Grund ersichtlich, den Erwerber besser zu stellen, als er bei Richtigkeit seiner Vorstellung von der Eigentumslage stehen würde.[29]
b) Die **h.M.** verweist zu Recht auf die unterschiedlichen Schutzzwecke des § 107 und des § 932. Im Rahmen des § 932 kommt es nur darauf an, dass der Erwerber bezüglich des Eigentums des Veräußerers gutgläubig ist. Gerade nicht entscheidend ist die Rechtslage, die bestünde, wenn der den Erwerber schützende Rechtsschein der Wirklichkeit entspräche.[30]
D war daher gutgläubig. Das Fahrrad ist auch nicht abhandengekommen (§ 935 Abs. 1), sodass D Eigentümer des Fahrrades geworden ist.

3. Einwilligung, § 107

41 Die Einwilligung, die vor Abschluss des Rechtsgeschäfts erteilt werden muss, kann gemäß **§ 182 Abs. 1** dem beschränkt Geschäftsfähigen oder dem anderen Teil gegenüber erklärt werden; sie ist bis zur Vornahme des Rechtsgeschäfts frei widerruflich (**§ 183**).[31]

Das Rechtsgeschäft des beschränkt Geschäftsfähigen ist wirksam, soweit es mit Einwilligung des **vertretungsberechtigten** gesetzlichen Vertreters vorgenommen wird. Soweit Vertretungsmacht beschränkt ist und der gesetzliche Vertreter daher für ein Rechtsgeschäft im Namen des Minderjährigen der Zustimmung des Familiengerichts bedarf (§§ 1643, 1821 f.), gelten diese Erfordernisse auch für die Einwilligung.[32]

Beispiel: Es soll ein Grundstück des Minderjährigen M an K verkauft werden. Handeln die Eltern bei dem Kaufvertrag im Namen des M als dessen Vertreter, bedürfen sie gemäß § 1643 Abs. 1 i.V.m. § 1821 Abs. 1 Nr. 4 der Genehmigung des Familiengerichts. Dieses Erfordernis kann nicht dadurch umgangen werden, dass M mit Einwilligung seiner Eltern den Kaufvertrag mit K in eigenem Namen abschließt. In diesem Fall muss das Familiengericht der Einwilligung der Eltern zustimmen.

42 Die Einwilligung kann auch generell im Hinblick auf einen bestimmten und abgrenzbaren Kreis von Rechtsgeschäften erteilt werden. Es ist also ein **beschränkter Generalkonsens** für einen Komplex von Geschäften, die mit einer bestimmten Art der Lebensbetätigung zusammenhängen, zulässig. Seine Reichweite ergibt sich im Einzelfall aus einer Auslegung. Diese ist im Zweifel eng vorzunehmen, damit der Vertreter sich nicht seiner erzieherischen Pflichten pauschal entledigen kann.[33]

Beispiel: Der 17-jährige A besucht mit Einverständnis der Eltern eine Schule in einer anderen Stadt. Er erhält monatlich 400 €. Er mietet ein Zimmer für 150 € und kauft sich ein Mofa als Teilzahlungskauf.
I. Der **Mietvertrag** ist wirksam. Da die Eltern als gesetzliche Vertreter den Umzug gestattet und A zu diesem Zweck 400 € monatlich überlassen haben, haben sie im Voraus in diejenigen Rechtsgeschäfte eingewilligt, die der Minderjährige zum Zweck des ordnungsgemäßen Schulbesuches abschließt.
II. Die Wirksamkeit des **Teilzahlungskaufs** ist vom Einzelfall abhängig. Er belastet A für die Zukunft und es besteht die Gefahr, dass er seine Leistungsfähigkeit überschätzt. Wenn jedoch in der Nähe der Schule kein Zimmer zu einem angemessenen Preis zu erhalten war und die Fahrtkosten für öffentliche Verkehrsmittel nicht wesentlich geringer sind, dann dürfte auch dieser Kaufvertrag über das Mofa vom beschränkten Generalkonsens erfasst und damit wirksam sein. Der Umfang der Einwilligung ist anhand der konkreten Umstände zu ermitteln. Im Interesse eines wirksamen Minderjährigenschutzes ist dabei in der Regel eine enge Auslegung des beschränkten Generalkonsenses geboten. Ein unbeschränkter Generalkonsens ist dagegen grundsätzlich unwirksam, da sich der gesetzliche Vertreter sonst seinen erzieherischen Pflichten entziehen könnte.

---

29 Medicus/Petersen AT Rn. 568, BR Rn. 542.

30 Staudinger/Knothe § 107 Rn. 20; MünchKomm/Schmitt § 107 Rn. 34; Soergel/Hefermehl § 107 Rn. 7; Wolf/Neuner § 34 Rn. 34.

31 Näher zur Einwilligung und auch zur Genehmigung AS-Skript BGB AT 1 (2017), Rn. 355 f.

32 MünchKomm/Schmitt § 107 Rn. 26.

33 Staudinger/Knothe § 107 Rn. 36; MünchKomm/Schmitt § 107 Rn. 13.

Die Einwilligung der Eltern zur Benutzung **öffentlicher Verkehrsmittel** erstreckt sich 43
nach h.M. nicht auf **Schwarzfahrten**. Die Allgemeinen Geschäftsbedingungen der Verkehrsbetriebe, die bei Schwarzfahrten zur Zahlung eines erhöhten Beförderungsentgeltes verpflichten, greifen demnach mangels eines wirksamen Beförderungsvertrags zulasten eines Minderjährigen nicht ein.[34]

4. Bewirken mit eigenen Mitteln, § 110

Nach der h.L. ist § 110 eine Form der **konkludenten Einwilligung** und damit ein **Son-** 44
derfall zu § 107.[35] Das hat zur Konsequenz, dass mittelbar die Reichweite des § 110 einer Auslegung im Einzelfall aus Sicht eines objektiven Empfängers unterliegt.

Die Gegenansicht nimmt an, dass die Wirksamkeit des Vertrags im Fall des § 110 allein auf der **Bewirkung** der vertragsgemäßen Leistung als Realakt beruht.[36]

a) Ein **Bewirken** der vertragsmäßigen Leistung i.S.d. § 110 erfordert (wie in § 362 bei der 45
Erfüllung), dass der Minderjährige die **gesamte Leistung mit den überlassenen Mitteln tatsächlich erbracht** hat. Es ist daher hinter „bewirkt" sinngemäß ein „hat" zu ergänzen. Teilweise Erfüllung genügt grundsätzlich nicht.

Kauft ein beschränkt Geschäftsfähiger eine Sache mit einer **Teilzahlungsvereinba-** 46
rung, wird der Vertrag mit der Zahlung der **letzten Teilzahlung** wirksam.

Nur bei zu erbringenden **Teilleistungen mit selbstständiger Bedeutung** führt die Teil- 47
leistung des Minderjährigen zur Teilwirksamkeit des Vertrags.

Beispiele: Ein Abonnementsvertrag ist für den Zeitraum wirksam, für den die Leistungen erbracht sind. Das gilt auch für einen Mobilfunkvertrag, allerdings wird bei Koppelungsgeschäften (subventioniertes Handy mit Mobilfunkvertrag) vertreten, dass § 110 regelmäßig nicht greife, weil der gesetzlich Vertreter seine Zustimmung (§ 110 als Sonderfall des § 107) für derartige Lockangebote nicht erteile.[37]

b) Dem Minderjährigen müssen die Gegenstände, die er an die Gegenseite „bewirkt" 48
hat, **zu diesem Zweck oder zur freien Verfügung überlassen** worden sein.

Soweit dem Minderjährigen **Bargeld** zur freien Verfügung überlassen ist, ist gleichwohl 49
nicht jeder Vertrag, der damit erfüllt wird, wirksam. Grenze ist die Auslegung der in § 110 für einen Sonderfall kodifizierten konkludenten Einwilligung nach § 107.

So kann **z.B.** der 8-Jährige sich von seinem Taschengeld keine Bekleidung in Erwachsenengröße kaufen. Dem Minderjährigen ist oft auch nicht erlaubt, sich aus seinem Taschengeld einen großen Betrag zusammenzusparen, um davon eine große Anschaffung zu machen.

Separat zu beurteilen ist durch Auslegung, ob der Minderjährige **über die Gegenstän-** 50
de verfügen kann, die er **mit den freien Mitteln erworben** hat.

Beispiel: Der 17-jährige S spielt im Lotto und bezahlt wöchentlich 5 € von seinem Taschengeld. Er gewinnt 5.000 €. Davon kauft er sich einen luxuriösen Roller.
Die konkludente, von § 110 kodifizierte Zustimmung des gesetzlichen Vertreters erfasst in der Regel nicht solche erlangten Gegenstände, die den Wert der ursprünglichen Mittel um ein Vielfaches überschreiten.[38] Der Kaufvertrag und die Übereignung des Geldes an den Verkäufer sind daher unwirksam.

34 Palandt/Ellenberger § 107 Rn. 9.
35 MünchKomm/Schmitt § 110 Rn. 5; Bork Rn. 1021.
36 Piras/Steglmeier JA 2014, 893, 894.
37 Derleder/Thielbar NJW 2006, 3233, 3234 f.
38 Palandt/Ellenberger § 110 Rn. 2; MünchKomm/Schmitt § 110 Rn. 31.

II. (Schwebend) unwirksame Rechtsgeschäfte

1. Unwirksamkeit einseitiger Rechtsgeschäfte, § 111

51 Bei einseitigen Rechtsgeschäften ist Rechtssicherheit geboten. Sie sind daher gemäß § 111 S. 1 endgültig unwirksam, wenn sie **ohne** die (nach § 107 und wegen Nichterfüllung der §§ 110, 112, 113) erforderliche **Einwilligung** vorgenommen werden.

Ebenfalls unwirksam ist gemäß § 111 S. 1 ein einseitiges Rechtsgeschäft, wenn es **zwar mit Einwilligung, aber ohne ihren schriftlichen Nachweis** vorgenommen und deswegen **zurückgewiesen** wird. Das Geschäft ist allerdings wirksam, wenn der Empfänger vom Vertreter zuvor über die Einwilligung in Kenntnis gesetzt wurde, § 111 S. 3.

Hinweis: *Für Vertreter enthalten die §§ 174, 180 eine ähnliche Regelung.*[39]

2. Schwebende Unwirksamkeit von Verträgen, §§ 108, 109

52 Der ohne die erforderliche Einwilligung abgeschlossene Vertrag ist schwebend unwirksam. Dieser Schwebezustand kann gemäß §§ 108, 109 beendet werden.

Hinweis: *Für Vertreter enthalten die §§ 177, 178 eine ähnliche Regelung.*[40]

a) Genehmigung oder deren Verweigerung, § 108

53 Der gesetzliche Vertreter kann die Genehmigung oder deren Verweigerung grundsätzlich **sowohl gegenüber dem Vertragspartner als auch gegenüber dem Minderjährigen** erklären (§ 182 Abs. 1). Mit der Genehmigung wird der Vertrag rückwirkend wirksam (§ 184 Abs. 1). Durch die Verweigerung wird der Vertrag endgültig unwirksam.

Die Genehmigung kann wie die Einwilligung nur **im Rahmen der Vertretungsmacht** des gesetzlichen Vertreters erteilt werden. Beschränkungen der Vertretungsmacht gemäß §§ 1821, 1822 (§ 1643 Abs. 1) oder deren Ausschluss gemäß § 1795 (§ 1629 Abs. 2 S. 1) wirken sich auch auf die Genehmigung aus.

Hat der Vertragspartner den gesetzlichen Vertreter **zur Genehmigung aufgefordert**, kann die Genehmigung nur ihm gegenüber erfolgen. Eine dem Minderjährigen gegenüber bereits erklärte Genehmigung oder Verweigerung wird unwirksam (§ 108 Abs. 2 S. 1). Wird die Genehmigung nicht innerhalb von **zwei Wochen** nach Zugang der Aufforderung erklärt, gilt sie als verweigert (§ 108 Abs. 2 S. 2).

Wird der Minderjährige während des Schwebezustands **volljährig**, so hat er anstatt seines ehemaligen gesetzlichen Vertreters die **Wahl**, ob er genehmigt oder dies verweigert, §§ 107, 108 Abs. 3. Das Rechtsgeschäft wird also nicht ipso iure wirksam.

---

39 Siehe zum einseitigen Rechtsgeschäft des Vertreters AS-Skript BGB AT 1 (2017), Rn. 344 ff.

40 Siehe zum Vertragsschluss ohne Vertretungsmacht AS-Skript BGB AT 1 (2017), Rn. 338 ff.

Fall 2: Günstige Briefmarkensammlung

V verkaufte dem 17-jährigen M eine Briefmarkensammlung für 1.000 €. M hat 500 € angezahlt und die Briefmarkensammlung erhalten. V, der die Familie des M kannte, ging davon aus, dass die Eltern des M einverstanden seien. Als die Eltern von diesem Geschäft Kenntnis erhielten, sagten sie zunächst M, sie hätten für den Kauf wenig Verständnis, er solle ihnen die Briefmarken einmal zeigen. Nach Durchsicht erkannten sie, dass der Wert der Briefmarken deutlich über 1.000 € lag und erklärten sich daher mit dem Kauf einverstanden. Als M die nächste Rate zahlte, erfuhr V vom zögerlichen Verhalten der Eltern und forderte sie auf, ihm mitzuteilen, ob sie mit dem Geschäft einverstanden seien. Die Eltern antworteten nicht, schließlich hatten sie ihr Einverständnis schon gegenüber M erklärt.

Ist der Kaufvertrag zwischen V und M wirksam? Hat M das Eigentum an der Briefmarkensammlung erlangt? Kann V die Briefmarkensammlung herausverlangen, nachdem er vom wahren Wert Kenntnis erlangt hat?

A. Ist der **Kaufvertrag** wirksam? **54**

I. V und M haben sich darüber **geeinigt**, dass V verpflichtet sein soll, die Briefmarkensammlung an M gegen Zahlung von 1.000 € zu übereignen. Wegen der Verpflichtung zur Kaufpreiszahlung aus § 433 Abs. 2 ist der Vertrag für den minderjährigen M **rechtlich nachteilig** (§ 107). Da eine Einwilligung der Eltern fehlte, war der Kaufvertrag zunächst **schwebend unwirksam** (§ 108 Abs. 1).

II. Der Vertrag könnte durch eine **Verweigerung der Genehmigung** endgültig unwirksam geworden sein. Die Eltern haben dem M zunächst zu verstehen gegeben, dass sie für den Vertragsschluss **„wenig Verständnis hätten"**. Da gemäß § 182 Abs. 1 die Genehmigung sowie die Verweigerung der Genehmigung auch wirksam gegenüber dem Minderjährigen erklärt werden kann, könnte das Verhalten der Eltern als Verweigerung zu verstehen und damit der Vertrag – endgültig – unwirksam sein. Doch die Genehmigung und die Verweigerung sind einseitige empfangsbedürftige rechtsgestaltende Willenserklärungen, die **eindeutig und endgültig** sein müssen, sodass kein Zweifel darüber aufkommen kann, dass die bestimmte, dadurch ausgelöste Rechtsfolge gewollt ist. Da die Eltern direkt um die Aushändigung der Briefmarken zwecks Durchsicht baten, deutet alles darauf hin, dass sie eine endgültige Entscheidung erst nach Bewertung der Briefmarken treffen wollten. Daher haben die Eltern die Genehmigung nicht verweigert.

Falls die Eltern die Genehmigung verweigert hätten, so hätten sie diese **Verweigerung** nach h.A. auch dann **nicht mehr widerrufen** können, wenn der Vertragspartner V von der Verweigerung keine Kenntnis erlangt hätte. Mit der Verweigerung wird der Vertrag endgültig unwirksam. Die Verweigerung ist nicht widerruflich. In Betracht kommt dann nur eine Neuvornahme.[41]

III. Nach Durchsicht der Briefmarkensammlung haben die Eltern **dem M gegenüber die Genehmigung erklärt**. Der Vertrag ist damit (zunächst) wirksam geworden.

41 Palandt/Ellenberger § 108 Rn. 3 und § 184 Rn. 4; Staudinger/Knothe § 108 Rn. 11.

IV. Aufgrund der **Aufforderung des V** gegenüber den Eltern, sich zu entscheiden, ob sie genehmigen wollen, ist diese Genehmigung aber wieder erloschen, § 108 Abs. 2 S. 1 Hs. 2.

V. Auf diese Aufforderung haben die Eltern länger als zwei Wochen geschwiegen, sodass die **Genehmigung als verweigert gilt**, § 108 Abs. 2 S. 2 Hs. 2.

Der Kaufvertrag ist daher endgültig unwirksam.

55 B. Hat der Minderjährige M das **Eigentum** an der Briefmarkensammlung erworben?

V könnte die Briefmarken an M **gemäß § 929 S. 1 übereignet** haben.

I. V und M müssten sich wirksam über den Eigentumsübergang **geeinigt** haben.

1. Als V dem M die Briefmarkensammlung aushändigte, brachte er **konkludent** zum Ausdruck, dass er das Eigentum auf M übertragen wolle, um seine Verpflichtung aus dem – vermeintlich wirksamen – Kaufvertrag zu erfüllen. Dieses **Angebot** des V hat M **angenommen**.

2. Diese Einigung ist gemäß § 107 wirksam, wenn sie für den beschränkt geschäftsfähigen M **lediglich rechtlich vorteilhaft** ist. Nach dem Inhalt der Einigung erstrebten die Parteien ausschließlich den Eigentumsübergang von V auf M. Der M sollte nach dem Inhalt dieses Rechtsgeschäfts weder verpflichtet noch in seinen Rechten beeinträchtigt werden. Der Eigentumserwerb ist für M daher lediglich rechtlich vorteilhaft.

Die Einigung zwischen V und M über den Eigentumsübergang ist wirksam.

II. V hat M die Briefmarken **übergeben**, indem er ihm die tatsächliche Gewalt über die Briefmarken und somit gemäß § 854 Abs. 1 den unmittelbaren Besitz verschaffte. Dies ist ein Realakt und kein Rechtsgeschäft, sodass die §§ 104 ff. für den Besitzerwerb und die Besitzübertragung nicht gelten. Es genügt die – bei M vorhandene – natürliche Fähigkeit, eine Sache in der tatsächlichen Gewalt zu haben.

III. V war als verfügungsbefugter Eigentümer auch zur Übereignung **berechtigt**.

M hat von V gemäß § 929 S. 1 das Eigentum an den Briefmarken erworben.

56 C. Kann V die **Herausgabe der Briefmarkensammlung** verlangen?

I. Mangels Eigentums hat V keinen Herausgabeanspruch aus **§ 985**.

II. Da M **Eigentum und Besitz** an den Briefmarken **durch Leistung** des V aufgrund eines unwirksamen Kaufvertrags, also **ohne Rechtsgrund** erlangt hat, kann V gemäß **§ 812 Abs. 1 S. 1 Var. 1** Rückübereignung und Herausgabe verlangen.

Der Anspruch aus § 812 bestünde nicht, soweit M **entreichert** ist, § 818 Abs. 3. Hierin liegt der eigentliche Wert des Abstraktionsprinzips, es schützt den gutgläubig Entreicherten.

---

b) Beendigung der schwebenden Unwirksamkeit durch Widerruf, § 109

Der **Vertragspartner** ist gemäß § 109 zum Widerruf des schwebend unwirksamen Vertrags berechtigt. Dieser kann **auch dem Minderjährigen gegenüber** erklärt werden. 57

Das Widerrufsrecht besteht nicht, wenn der Vertragspartner die **Minderjährigkeit gekannt** hat, es sei denn, der Minderjährige hat der Wahrheit zuwider die **Einwilligung des Vertreters behauptet**. Der andere Teil kann auch dann nicht widerrufen, wenn ihm das **Fehlen der Einwilligung** beim Abschluss des Vertrags **bekannt** war (§ 109 Abs. 2).

Die **Aufforderung zur Erklärung** nach § 108 Abs. 2 schließt das Widerrufsrecht nicht aus.[42] Jedoch kann in einem unmittelbar anschließenden Widerruf ein rechtsmissbräuchliches und daher gemäß § 242 unwirksames Verhalten liegen.[43]

D. Gesetzliche Vertretung

Minderjährige werden von den **Eltern** (§§ 1626 Abs. 1 S. 1, 1629), wenn existent, und sonst von ihrem **Vormund** (§ 1793) gesetzlich vertreten. Der **Betreuer** (§ 1896) vertritt geisteskranke Volljährige. Soweit die vorgenannten Vertreter verhindert sind, springt der **Ergänzungspfleger** (§ 1909) ein. 58

Die **elterliche Sorge**[44] umfasst (neben der Personensorge und der Vermögenssorge, § 1626 Abs. 1 S. 2) die **Vertretung** des Kindes. Sie erfolgt grundsätzlich **gemeinschaftlich**, § 1629 Abs. 1 S. 2 Hs. 1.

Die gesetzlichen Vertreter sind in ihrer Vertretungsmacht bei bestimmten Geschäften **beschränkt** (dazu I.) oder sogar von der Vertretung **ausgeschlossen** (dazu II.).

I. Beschränkung der Vertretungsmacht, §§ 1643 Abs. 1, 1821, 1822

Die gesetzliche Vertretungsmacht ist **beschränkt**: 59

- gemäß § 1821 Abs. 1 (Vormund) bzw. §§ 1643 Abs. 1, 1821 Abs. 1 (Eltern) hinsichtlich bestimmter **Grundstücksgeschäfte**,
- hinsichtlich bestimmter **anderer riskanter Rechtsgeschäfte**, wobei für den Vormund der Katalog des § 1822 komplett gilt, während Eltern gemäß § 1643 Abs. 1 nur bezüglich der in § 1822 Nr. 1, 3, 5 u. 8 bis 11 genannten Geschäfte beschränkt sind

  Genannt sind insbesondere der **Gesellschaftsvertrag**, die **Kreditaufnahme** und die **Bürgschaft**.
- und für die Eltern gemäß § 1821 Abs. 2 hinsichtlich bestimmter **erbrechtlicher Geschäfte** (Erbschafts- und Vermächtnisausschlagung sowie Pflichtteilsverzicht).

Nimmt der gesetzliche Vertreter ein solches Geschäft vor, so ist dessen Wirksamkeit von der **Zustimmung des zuständigen Familiengerichts** abhängig.

Hinweis: *Die §§ 1821 ff. bezeichnen die vorherige Zustimmung als „Genehmigung" und die nachträgliche Zustimmung als „nachträgliche Genehmigung", vgl. § 1829 Abs. 1 S. 1. Im Folgenden wird die allgemeine, weniger verwechslungsanfällige Terminologie der §§ 182 ff.*[45] *verwendet, also vorherige Einwilligung und nachträgliche Genehmigung.*

---

42 Palandt/Ellenberger § 109 Rn. 3.

43 MünchKomm/Schmitt § 108 Rn. 28.

44 Ausführlich zur elterlichen Sorge AS-Skript Familienrecht (2015), Rn. 96 ff.

45 Näher zu den §§ 182 ff. AS-Skript BGB AT 1 (2017), Rn. 355 f.

Hat das Familiengericht **vor Geschäftsabschluss eingewilligt**, so ist das Geschäft sofort wirksam. Gemäß § 1825 (i.V.m. § 1643 Abs. 3) kann das Gericht auch eine allgemeine Ermächtigung für bestimmte Geschäfte erteilen.

60 **Ohne vorherige Einwilligung** gilt:

- **Einseitige Rechtsgeschäfte** sind gemäß § 1831 (i.V.m. § 1643 Abs. 3) **unwirksam** und auch nicht nachträglich genehmigungsfähig.
- **Verträge** sind zunächst **schwebend unwirksam**. Dieser Zustand wird nach Maßgabe der §§ 1828, 1829, 1830 (bei Eltern jeweils i.V.m. § 1643 Abs. 3) beendet:
  - Das **Familiengericht** kann (nur) gegenüber dem gesetzlichen Vertreter **genehmigen** (§ 1828). Dieser entscheidet, ob er dem Vertragspartner die **Genehmigung mitteilt** und so die Genehmigung (§ 1829 Abs. 1 S. 2) und mithin den Vertrag wirksam werden lässt.
  - Der Vertragspartner kann den gesetzlichen Vertreter **auffordern**, mitzuteilen, ob die Genehmigung des Familiengerichts erteilt sei. Nach Ablauf von vier Wochen **gilt** die Genehmigung **als verweigert** (§ 1829 Abs. 2).
  - Dem Vertragspartner steht gemäß § 1830 ein **Widerrufsrecht** zu.
  - Ist der Vertretene **volljährig geworden**, so tritt dessen Genehmigung an die Stelle der Genehmigung des Familiengerichts (§ 1829 Abs. 3).

Beispiel: Die Eltern E des 14-jährigen S können ein Baugrundstück des S an Käufer K auf folgendem Wege veräußern:
I. Entweder **einigt S sich im eigenen Namen mit K** über den Kaufvertrag und die Auflassung, wobei die E in diese Geschäfte entweder vorher einwilligen (§ 107) oder sie nachher genehmigen (§ 108) müssen oder die **E vertreten den S bei diesen Geschäften** im Namen des S.
II. Entweder die Zustimmung der E zu den Geschäften des S oder aber die Vertretung des S durch die E bedürfen aber der **Zustimmung des Familiengerichts** gemäß §§ 1643, 1821 Abs. 1 Nr. 1 und 4. Hat das Familiengericht im Vorfeld eingewilligt, so sind beide Geschäft wirksam.
III. Anderenfalls sind beide Geschäfte schwebend unwirksam. Ist das Familiengericht mit den Rechtsgeschäften einverstanden, so muss es die **Genehmigung** gemäß §§ 1643 Abs. 3, 1828 **gegenüber den E** erklären. Diese entscheiden dann darüber, ob sie die **Genehmigung dem K mitteilen** und so die beiden Geschäfte wirksam werden lassen (§§ 1643 Abs. 3, 1829 Abs. 1 S. 2). Dabei kann K die Eltern dazu **auffordern**, mitzuteilen, ob die Genehmigung erteilt worden ist oder er kann die Geschäfte **widerrufen** (§§ 1643 Abs. 3, 1829, 1830).

Hinweis: *Die §§ 1828–1831 ähneln den §§ 108, 109, 111. Lernen Sie vernetzt!*

II. Ausschluss von der gesetzlichen Vertretung, §§ 1629 Abs. 2 S. 1, 1795

61 Der Vormund und die Eltern (letztere über § 1629 Abs. 2 S. 1) sind nach Maßgabe des § 1795 hinsichtlich Geschäften, in welchen sie bei der Vertretung typischerweise in einem Interessenkonflikt stehen, **von der Vertretung ausgeschlossen**.

Zudem kann das Familiengericht in Einzelfällen mit erheblichem Interessenwiderstreit, die nicht in § 1795 benannt sind, gemäß § 1796 (i.V.m. § 1629 Abs. 2 S. 3) die **Vertretungsmacht entziehen.**

Anders als bei der Beschränkung wirken in diesen Fällen die gesetzlichen Vertreter bei der Vertretung nicht mit dem Familiengericht zusammen, sondern **an ihre Stelle** tritt ein **Ergänzungspfleger** (§ 1909).

Nach **§ 1795 Abs. 1** ist die Vertretung bei Geschäften zwischen bestimmten verwandten (§ 1589) oder verheirateten Personen (Nr. 1), u.a. bei Geschäften über gesicherte Forderungen oder die Sicherheit selbst (Nr. 2) und bei den korrespondierenden Rechtsstreiten (Nr. 3) ausgeschlossen. **62**

Beispiel: Der minderjährige M hat ein Mofa von V erworben. Die Eltern (E) machen M zunächst Vorhaltungen. Im Einverständnis mit E verkauft und übergibt M das Mofa seinem volljährigen Bruder B. –
I. Zwischen **M und V** gilt:
1. Den schwebend unwirksamen (§ 107) **Kaufvertrag** haben die E konkludent genehmigt (§§ 108, 182, 184), als sie ausdrücklich der Weiterveräußerung an B zustimmten, denn sonst hätte M an B eine Sache veräußert, die er V nach §§ 812 ff. zurückgewähren müsste.
2. Die **Übereignung** (§ 929 S. 1) an M ist für ihn rechtlich vorteilhaft und ohne Zustimmung wirksam.
II. Zwischen **M und B** gilt:
I. Auch dieser **Kaufvertrag** bedarf gemäß § 107 der Einwilligung. Die Einwilligung der E ist unwirksam, denn sie waren gemäß §§ 1629 Abs. 2 S. 1, 1795 Abs. 1 Nr. 1 von der Vertretung ausgeschlossen. Es ging um ein Rechtsgeschäft zwischen einerseits dem B als Sohn und daher geradliniger Verwandter ersten Grades (§ 1589) und andererseits dem M als Mündel der E. Ferner stellt der Kaufvertrag auch nicht die Erfüllung einer Verbindlichkeit (§ 1795 Abs. 1 Nr. 1 Hs. 1) dar, sondern er begründet vielmehr für M eine solche aus § 433 Abs. 1 S. 1. Der Kaufvertrag ist daher nach wie vor schwebend unwirksam, über sein endgültiges Schicksal entscheidet der Ergänzungspfleger (§§ 1909, 108).
II. Parallel dazu ist auch die einwilligungsbedürftige **Übereignung** (§§ 929 S. 1, 107) an B gemäß §§ 1629 Abs. 2 S. 1, 1795 Abs. 1 Nr. 1 schwebend unwirksam. Sie stellt auch nicht die Erfüllung einer (wirksamen) Verbindlichkeit dar, denn der Kaufvertrag ist (derzeit schwebend) unwirksam.

Gemäß § 1795 Abs. 2 bleibt § 181 unberührt. Wie für jeden anderen Vertreter auch sind **Insichgeschäfte** dem Vormund bzw. den Eltern (§ 1629 Abs. 2 S. 1) nur unter bestimmten Voraussetzungen gestattet. **63**

Auch in dieser Konstellation gelten weitgehend die anerkannten **ungeschriebenen Erweiterungen und Einschränkungen** des § 181.[46] Nach h.M. kann allerdings eine **Gestattung** i.S.d. § 181 **nicht** erfolgen.

Im allgemeinen Vertretungsrecht spricht der (voll geschäftsfähige) Vertretene diese Gestattung aus. Im Fall des § 1795 Abs. 2 gibt es aber **niemanden, der gestatten kann**: Ist der Vertretene beschränkt geschäftsfähig, kann er eine solche Gestattung nicht wirksam aussprechen. Es liegt auf der Hand, dass auch der im Interessenkonflikt befindliche gesetzliche Vertreter die Gestattung nicht aussprechen kann. Nach h.M. ist das Familiengericht als reine Kontrollinstanz für fremde Entscheidungen nicht dafür zuständig, eine eigene Entscheidung über die Gestattung zu treffen. Der Ergänzungspfleger schließlich ist ebenfalls nicht zur Gestattung berufen, sondern er wird bei Erfüllung der §§ 1795 Abs. 2, 181 selbst zum gesetzlichen Vertreter.[47]

Erforderlichenfalls sind die §§ 1821 u. 1822 und § 1795 **zu kombinieren**, denn sie haben verschiedene Schutzrichtungen.

Beispiel: Wie in Rn. 62, aber anstatt eines Mofas ist ein Grundstück Gegenstand der Geschäfte.
Wie in Rn. 62 tritt der Ergänzungspfleger an die Stelle der E, um den **Interessenkonflikt** zu beseitigen. Gleichwohl muss zusätzlich gemäß §§ 1643 Abs. 1, 1821 Abs. 1 Nr. 1 u. 4 das Familiengericht sowohl den Verpflichtungen als auch den Verfügungen zustimmen, um dem Umstand Rechnung zu tragen, dass der gesetzliche Vertreter (seien es die Eltern oder der Ergänzungspfleger) nicht alleine über die Wirksamkeit der besonders **riskanten Geschäfte** entscheiden soll.

46 Vgl. allgemein zu § 181 AS-Skript BGB AT 1 (2017), Rn. 305.
47 MünchKomm/Spickhoff,§ 1795 Rn. 19; Palandt/Götz § 1795 Rn. 11.

E. Sonstige Rechtshandlungen, Realakte und Wissenszurechnung

64 **Im Übrigen** gilt für den beschränkt Geschäftsfähigen und für den Geschäftsunfähigen:

- Die **Deliktsfähigkeit**, also die Haftung für rechtswidrige Realakte, ist in den §§ 828, 829 geregelt.[48]
- Führt eine **Bösgläubigkeit** zu einer **Haftung** (z.B. nach § 990 Abs. 1 i.V.m. §§ 987, 989 oder nach §§ 819 Abs. 1, 818 Abs. 4), so haftet der Geschäftsunfähige nur, soweit der gesetzliche Vertreter bösgläubig ist. Hinsichtlich des beschränkt Geschäftsfähigen differenziert die h.M.:[49]
  - Soweit **unwirksame Verträge rückabgewickelt** werden (im Bereicherungsrecht in der Regel durch die Leistungskondiktion), so kommt es nach dem Gedanken der §§ 107 ff. auf den Kenntnisstand des gesetzlichen Vertreters an.
  - Die **übrigen Fallgestaltungen** (im Bereicherungsrecht regelmäßig Fälle der Eingriffskondiktion) sind oft deliktsähnlich, daher kommt es hier nach dem Gedanken der §§ 828, 829 auf den Kenntnisstand des beschränkt Geschäftsfähigen an, soweit er deliktsfähig ist.
- Der **Besitz** erfordert neben der objektiven tatsächlichen Herrschaft (vgl. § 854 Abs. 1) den subjektiven, rein faktischen Willen bzw. die Erkenntnis, diese Sachherrschaft auszuüben (vgl. § 872). Den Besitz kann daher selbst der Geschäftsunfähige ausüben, soweit er diese faktische Einsichtsfähigkeit hat.[50]
- Ein **Rechtserwerb kraft Gesetzes** tritt selbst beim Geschäftsunfähigen ein. Das gilt auch dann, wenn das Gesetz eine Handlung des Erwerbers fordert (z.B. §§ 946 ff.), denn diese ist ein **Realakt**, der keine Geschäftsfähigkeit erfordert.
- Der nicht voll Geschäftsfähige kann ein **vorvertragliches Schuldverhältnis** i.S.d. § 311 Abs. 2 und daher eine Haftung nach **§§ 280 Abs. 1, 311 Abs. 2, 241 Abs. 2** nur begründen, sofern der gesetzliche Vertreter den in § 241 Abs. 2 genannten Handlungen zugestimmt hat oder sofern eine solche Zustimmung für einen Vertrag nicht erforderlich wäre.[51]

65

- Der **Erwerb eines Rechts** (insbesondere des Eigentums) ist – wie ausgeführt – grundsätzlich rechtlich vorteilhaft und daher ohne Zustimmung wirksam. Soweit der Erwerb allerdings geschieht, weil der andere Teil einen Anspruch gegenüber dem nicht voll Geschäftsfähigen erfüllen will, würde der Anspruch zu dessen Nachteil erlöschen (§ 362 Abs. 1). Es besteht daher Einigkeit, dass die **Erfüllungswirkung** nur mit Zustimmung des gesetzlichen Vertreters eintritt. Anderenfalls fehlt die **Empfangszuständigkeit** (entsprechend § 131, h.M.) bzw. nach a.A eine wirksame Tilgungsbestimmung bzw. eine wirksame Einigung über die Erfüllung.[52]

---

48 Näher zur Deliktsfähigkeit AS-Skript Schuldrecht BT 4 (2015), Rn. 216 ff.

49 Näher und jeweils mit Beispiel AS-Skript Sachenrecht 1 (2015), Rn. 531 und AS-Skript Schuldrecht BT 3 (2017), Rn. 180.

50 Palandt/Bassenge § 854 Rn. 4.

51 Erman/Kindl § 311 Rn. 24; MünchKomm/Emmerich § 311 Rn. 62.

52 Näher mit Beispielsfall AS-Skript Schuldrecht AT 2 (2016), Rn. 5 ff.

Beschränkte Geschäftsfähigkeit

Wirksame Geschäfte des beschränkt Geschäftsfähigen

Beschränkt geschäftsfähig ist der Minderjährige, der das siebte Lebensjahr vollendet hat (§ 106).

- Nach den §§ 112 und 113 kann der Minderjährige für bestimmte **Teilbereiche** unbeschränkte Geschäftsfähigkeit erlangen.
- Der Minderjährige kann allein alle Rechtsgeschäfte wirksam tätigen, die **lediglich rechtlich vorteilhaft oder neutral** sind, arg. § 107.
  - Verpflichtungsverträge sind rechtlich nachteilig, soweit sie den Minderjährigen zu einer Leistung verpflichten.
  - Verfügungsverträge
    - sind nachteilig, wenn der Minderjährige über ein ihm zustehendes Recht durch Aufhebung, Belastung, Inhaltsänderung oder Übertragung verfügt.
    - die zum Rechtserwerb führen, sind grundsätzlich vorteilhaft. Ausnahme: damit einhergehende Belastung, für die der Rechtsinhaber nicht nur dinglich mit dem erworbenen Gegenstand (z.B. Hypothek), sondern auch persönlich mit seinem sonstigen Vermögen (z.B. WEG-Mitgliedschaft, § 566) haftet.
- Rechtlich **nachteilige Rechtsgeschäfte** sind wirksam, wenn sie mit der **Einwilligung** des gesetzlichen Vertreters getätigt werden.
- Die ohne eine erforderliche Einwilligung getätigten Rechtsgeschäfte werden gemäß § 110 wirksam, wenn der Minderjährige die Leistung **mit Mitteln bewirkt**, die ihm zur freien Verfügung oder für diesen Zweck **überlassen** worden sind.

(Schwebend) unwirksame Geschäfte

- **Einseitige Rechtsgeschäfte** ohne die erforderliche Einwilligung sind gemäß § 111 nichtig und nicht genehmigungsfähig.
- **Verträge** ohne die erforderliche Genehmigung sind schwebend unwirksam. Der Schwebezustand kann beendet werden:
  - Indem der Vertragspartner wirksam widerruft, § 109, oder den gesetzlichen Vertreter zur Genehmigung auffordert, § 108 Abs. 2; im Falle des Schweigens gilt die Genehmigung als verweigert, § 108 Abs. 2 S. 2.
  - Der gesetzliche Vertreter kann dem Vertragspartner oder dem beschränkt Geschäftsfähigen gegenüber die Genehmigung oder ihre Verweigerung erklären, im Falle der Aufforderung aber nur noch ersterem, § 108 Abs. 2 S. 1 Hs. 2.

Beschränkte Geschäftsfähigkeit

Gesetzliche Vertretung, Beschränkung und Ausschluss

- **Beschränkung** der gesetzlichen Vertretung, §§ 1821, 1822, für den Vormund und über § 1643 für die Eltern
  - Im Falle der Einwilligung durch das **Familiengericht** wird das Rechtsgeschäft wirksam begründet.
  - Bei fehlender erforderlicher Einwilligung des Familiengerichts sind einseitige Rechtsgeschäfte gemäß § 1831 nichtig.
  - Verträge sind schwebend unwirksam. Der Schwebezustand wird „zweigliedrig" beendet.
    - Das Gericht kann nur gegenüber dem gesetzlichen Vertreter genehmigen.
    - Der gesetzliche Vertreter oder der Vertragspartner können sodann gemäß §§ 1829, 1830 den Schwebezustand beenden, ähnlich §§ 108, 109.
- **Ausschluss** der Vertretung gemäß **§ 1795 Abs. 1** (Eltern: § 1629 Abs. 2 S. 1)
  - § 1795 Abs. 1 Nr. 1 letzter Halbsatz ist nicht anzuwenden, wenn das Verfügungsgeschäft rechtlich nachteilig ist (wie bei § 181 auch).
  - Der Vertrag ist schwebend unwirksam und kann durch Genehmigung eines **Ergänzungspflegers** wirksam werden.
- Ausschluss gemäß **§§ 181, 1795 Abs. 2** (Eltern: § 1629 Abs. 2 S. 1)
  - Es gilt das Verbot des Insichgeschäfts (Selbstkontrahieren, Mehrvertretung), wie für jeden Vertreter.
  - Eine „Gestattung" i.S.d. § 181 ist aber nicht denkbar bzw. möglich.

Rechtshandlungen im Übrigen

- **Deliktsfähigkeit**: § 828 Abs. 2 und 3.
- **Bösgläubigkeit**:
  - vertragsähnlich: §§ 107, 108 entsprechend
  - deliktsähnlich: §§ 828, 828 entsprechend
- Für **Besitz** genügt tatsächlicher Herrschaftswille.
- **Realakte** nach §§ 946 ff. erfordern überhaupt keinen Willen, sind also möglich.
- Der beschränkt Geschäftsfähige kann allein **kein vorvertragliches Schuldverhältnis** begründen.
- Die Entgegennahme der geschuldeten Leistung durch einen beschränkt Geschäftsfähigen führt nicht zur **Erfüllung**.

2. Abschnitt: Nichtigkeit nach §§ 134, 138

Die **Privatautonomie** gilt nicht uneingeschränkt. Rechtsgeschäfte, die gesetzlich verboten sind, unter Missbrauch wirtschaftlicher Macht zustande kommen oder sittenwidrig sind, sind nach Maßgabe des § 134 bzw. des § 138 nichtig. 66

A. Gesetzliches Verbot, § 134

Nach § 134 ist ein Rechtsgeschäft, das gegen ein **gesetzliches Verbot** verstößt, nichtig, wenn sich nicht aus dem Gesetz ein anderes ergibt. 67

I. Verhältnis zu anderen Normen

Die unter Verstoß gegen **§ 263 StGB** zustande gekommenen Verträge sind nicht von vornherein nach § 134 nichtig, sondern lediglich gemäß § 123 Abs. 1 Var. 1 anfechtbar. § 123 ist lex specialis, da § 123 dem Getäuschten zu dessen Vorteil ein Wahlrecht zubilligt, ob dieser an seine Willenserklärung gebunden sein möchte oder nicht.

§ 134 ist gegenüber **§ 138 Abs. 1** vorrangig. **§ 138 Abs. 2** ist neben § 134 anwendbar.

II. Verbotsgesetz

Gesetz i.S.d. § 134 sind alle Rechtsnormen (Art. 2 EGBGB), d.h. nicht nur Gesetze im formellen Sinn, sondern auch Rechtsverordnungen und Gewohnheitsrecht.[53] 68

Verbotsgesetze verbieten die Vornahme eines Rechtsgeschäfts **generell**.

- Keine Verbotsgesetze sind daher solche Gesetze, die es **nur** verbieten, ein weitgehend erlaubtes Rechtsgeschäft an bestimmten **Orten**, zu bestimmten **Zeiten** oder auf eine bestimmte **Art und Weise** vorzunehmen.

  Beispiel: V verkauft K einen Computer am Ostersonntag, obwohl das einschlägige Ladenöffnungsgesetz es verbietet, einen solchen Vertrag am Sonntag abzuschließen. –
  V mag ordnungswidrig gehandelt und sich bußgeldpflichtig gemacht haben (vgl. z.B. § 13 LÖG NRW). Zivilrechtlich ist der Kaufvertrag aber wirksam und insbesondere nicht nach § 134 nichtig.

- Andererseits sind solche Gesetze keine Verbotsgesetze, die nicht nur ein mögliches Geschäft verbieten und so das **rechtliche Dürfen** reglementieren, sondern die tiefergehender festlegen, dass ein Geschäft nicht möglich sein soll, die also bereits das **rechtliche Können** verneinen. Bei ihnen greift nicht die abgeschwächte Rechtsfolge des § 134 , sondern die in ihnen bestimmte (oft: ausnahmslose Nichtigkeit).

  Beispiele: § 105; § 118; § 181; § 400; § 1153 Abs. 2

Im Übrigen ist im **Einzelfall** durch **Auslegung** zu ermitteln, ob ein Verbotsgesetz vorliegt. Grenzfälle bestehen insbesondere, wenn nicht das Rechtsgeschäft an sich, sondern lediglich seine **Durchführung** den Tatbestand der Norm erfüllt. 69

Beispiel: Gemäß §§ 1 Abs. 1 u. 2 Nr. 2 SchwarzArbG[54] soll die Praxis bekämpft werden, Dienst- oder Werkleistungen zu **erbringen** oder **ausführen zu lassen** und dabei gegen steuerliche Pflichten zu verstoßen. Darunter fällt u.a. die Ausführung „ohne Rechnung", also ohne Einzug der Umsatzsteuer.

---

53 Vgl. zum Folgenden Palandt/Ellenberger § 134 Rn. 1 ff.

54 Schönfelder Ergänzungsband Ordnungsziffer 94 b.

Die bloße **Vereinbarung** eines solchen Verpflichtungsvertrags ist hingegen vom Wortlaut der Norm nicht erfasst. Gleichwohl ergibt eine Auslegung, dass es sich jedenfalls bei einem beiderseitigen Verstoß um ein Verbotsgesetz handelt. Gemäß § 1 Abs. 1 SchwarzArbG ist der **Zweck des Gesetzes** die Intensivierung der Bekämpfung der Schwarzarbeit. Diesem Zweck entspricht es, wenn schon die Vornahme des Rechtsgeschäfts verboten ist. Das Gesetz will **nicht nur den tatsächlichen Vorgang** der Schwarzarbeit eindämmen, sondern im Interesse der rechtlichen Ordnung **schon die zugrundeliegenden Rechtsgeschäfte** verbieten. Zur Rechtsfolge eines Verstoßes sogleich in Rn. 77 ff.

III. Verstoß gegen das Verbotsgesetz

70 Grundsätzlich genügt die Verwirklichung des **objektiven Tatbestands**. Die Verwirklichung des subjektiven Tatbestands ist nur in Straf- oder Bußgeldnormen erforderlich.[55]

Beispiel: Wird durch Abtretung einer Honorarforderung die ärztliche Schweigepflicht verletzt, ist die Abtretung bereits gemäß § 134 nichtig, wenn nur der objektive Tatbestand des § 203 StGB erfüllt ist.

71 In den Anwendungsbereich des § 134 fallen nicht nur Rechtsgeschäfte, die **unmittelbar** gegen das Verbotsgesetz verstoßen, sondern auch **Umgehungsgeschäfte**. Ein solches liegt vor, wenn ein Rechtsgeschäft zwar nicht gegen ein gesetzliches Verbot verstößt, aber so konzipiert ist, dass im Ergebnis der widerrechtliche Erfolg eintritt. Verbietet das Gesetz hingegen nicht das Ergebnis des Geschäfts, sondern nur einen bestimmten Weg dorthin, so sind andere Wege zulässig.[56]

Gesetzliche Regelungen dieses Verbots finden sich z.B. in §§ 306 a, 312 k Abs. 1 S. 2.

Eine Umgehungsabsicht ist für den Eintritt der Nichtigkeit nicht erforderlich, jedoch können **subjektive Momente** im Einzelfall den Ausschlag für die Nichtigkeit geben.[57]

IV. Rechtsfolgen

1. Nichtigkeit, wenn sich nicht ein anderes aus dem Gesetz ergibt

72 Rechtsfolge des Verstoßes ist die Nichtigkeit, „wenn sich nicht aus dem Gesetz ein anderes ergibt". Dies ist nach **Sinn und Zweck** der jeweiligen Verbotsvorschrift zu beurteilen.

73 Entscheidend ist, ob das Gesetz sich nicht nur gegen den Abschluss des Rechtsgeschäfts wendet, sondern auch **gegen seine privatrechtliche Wirksamkeit** und damit **gegen seinen wirtschaftlichen Erfolg**.[58] Starkes Indiz dafür ist, ob nur eine oder beide Parteien gegen das Gesetz verstoßen und ob die Nichtigkeit erforderlich ist, um den Zweck des Gesetzes zu erreichen.[59]

a) Beiderseitiger Verstoß

74 Sind beide Parteien Adressaten der gesetzlichen Regelung, ist also beiden Parteien ein bestimmtes Verhalten oder eine bestimmte Regelung untersagt und haben beide Parteien gegen das Verbot verstoßen, so ist das Rechtsgeschäft **grundsätzlich nichtig**.

---

55 Staudinger/Sack/Seibl § 134 Rn. 84.

56 Palandt/Ellenberger § 134 Rn. 28.

57 MünchKomm/Armbrüster § 134 Rn. 16; Bork Rn. 1121.

58 BGH, Urt. v. 25.07.2002 – III ZR 113/02, RÜ 2002, 485.

59 Palandt/Ellenberger § 134 Rn. 8, m.w.N. zur Rspr.

Die Nichtigkeitsfolge tritt jedoch **nicht** ein, **wenn** der Sinn und Zweck des Gesetzes dies nicht erfordert, wenn also **anderweitige Sanktionsmöglichkeiten** bestehen, also die Verhängung einer Strafe oder eines Bußgeldes oder die Begründung einer Schadensersatzpflicht ausreichend ist, um das mit dem Verbotsgesetz verfolgte Ziel zu erreichen.

b) Einseitiger Verstoß

Richtet sich das Verbot nur gegen das Verhalten einer Partei – oder hat nur eine Partei gegen ein beiderseitiges Verbot verstoßen –, so ist das unter Verstoß gegen das Verbotsgesetz abgeschlossene Rechtsgeschäft **grundsätzlich wirksam**. 75

Die Nichtigkeitsfolge tritt in diesem Fall nur **ausnahmsweise** ein, **wenn** der **Zweck** des Gesetzes **anders als durch die Nichtigkeit nicht zu erreichen** ist und die durch das Rechtsgeschäft getroffene inhaltliche Regelung nicht hingenommen werden kann.

c) Beispiele

aa) § 370 AO (Steuerhinterziehung)

Verträge, die zu unrichtigen Angaben bei Steuererklärungen führen, können die unterschiedlichsten **Erscheinungsformen** haben 76

Beispiel:[60] Rückdatierung eines Vertrags, damit er in einem früheren Steuerjahr Wirkung entfaltet.

Insbesondere bei komplexen Vertragswerken kann es sein, dass den Parteien nicht bewusst ist, dass ihre Vereinbarungen zu einer unrichtigen oder unvollständigen Steuererklärung führen. Ein Vertrag, mit dem eine Steuerhinterziehung verbunden ist, ist daher nur dann nichtig, wenn die Steuerhinterziehung **Hauptzweck des Vertrags** ist.[61]

Ist dies nicht der Fall, ist **nur die der Steuerhinterziehung dienende Abrede** gemäß § 134 i.V.m. § 370 AO[62] nichtig. Die **Wirksamkeit des restlichen Vertrags** beurteilt sich nach **§ 139**. Gesamtnichtigkeit tritt nur dann nicht ein, wenn angenommen werden kann, dass auch bei ordnungsgemäßer Rechnungslegung und Steuerabführung der Vertrag zu den gleichen Konditionen, insbesondere mit der gleichen Vergütungsregelung, abgeschlossen worden wäre.

bb) § 1 Abs. 2 Nr. 2 SchwarzArbG

Einen (aus der Warte des § 134 betrachteten) Sonderfall der Steuerhinterziehung stellt die Schwarzarbeit dar. Sie führt in **weitaus größerem Umfang** zur Nichtigkeit **als § 370 AO**. Die folgenden Ausführungen gelten daher nur für die Tatbestände des SchwarzArbG, sie sind auf andere Fälle der Steuerhinterziehung nicht übertragbar.[63] 77

§ 1 Abs. 2 SchwarzArbG verbietet die Schwarzarbeit in verschiedenen Formen, die in Nr. 1–5 des Absatzes aufgeführt sind. Die weitaus größte praktische und examenstypi- 78

---

60 Nach BGH, Urt. v. 14.12.2016 – IV ZR 7/15, NJW 2017, 11.

61 BGH, Urt. v. 24.04.2008 – VII ZR 42/07, RÜ 2008, 409.

62 Schönfelder Ergänzungsband Ordnungsziffer 88 b.

63 BGH, Urt. v. 14.12.2016 – IV ZR 7/15, NJW 2017, 11.

sche Bedeutung hat ein Verstoß gegen die Nr. 2 in der Form, dass vereinbart wird, eine Werkleistung **„ohne Rechnung"** zu erbringen, um **Umsatzsteuer zu sparen**.

79 Zweifelhaft ist, ob der Verstoß **beidseitig oder nur einseitig** ist

Der **Werkunternehmer verstößt** gegen § 1 Abs. 2 Nr. 2 SchwarzArbG, denn er erbringt Werkleistungen, ist Steuerpflichtiger (§ 33 Abs. 1 AO) und verstößt gegen die Pflicht, eine Rechnung auszustellen (§ 14 Abs. 2 S. 1 UStG).

Umstritten ist, ob auch der **Besteller** des Werks gegen § 1 Abs. 2 Nr. 2 SchwarzArbG verstößt. Der Besteller ist nach der Begriffsbestimmung des § 33 Abs. 2 AO nicht Steuerpflichtiger. Er hat zwar die Pflicht, Rechnungen aufzubewahren (§ 14 b UStG). Aufbewahrungspflichten führen aber gemäß § 33 Abs. 2 AO nicht dazu, dass eine Person als Steuerpflichtiger anzusehen ist. Teilweise wird die in § 33 Abs. 2 AO enthaltene Begriffsbestimmung auf das SchwarzArbG übertragen. Danach ist der Besteller nicht Steuerpflichtiger und verstößt nicht gegen § 1 Abs. 2 Nr. 2 SchwarzArbG.[64] Nach der Gegenansicht kann auch der Besteller Steuerpflichtiger i.S.d. § 1 Abs. 2 Nr. 2 SchwarzArbG sein. Schon die Formulierung „wer Dienst- oder Werkleistungen erbringt oder ausführen lässt" zeige, dass das SchwarzArbG grundsätzlich beide Parteien erfassen wolle.[65]

80 Eine Streitentscheidung ist meist nicht erforderlich, da **regelmäßig auch ein einseitiger Verstoß** gegen § 1 Abs. 2 Nr. 2 SchwarzArbG **zur Nichtigkeit des Werkvertrags führt**, denn auf anderem Wege lässt sich das Ziel des Gesetzes nicht erreichen. Ziel des SchwarzArbG ist es, die Schwarzarbeit wirkungsvoll zu bekämpfen und soweit wie möglich zu verhindern (§ 1 Abs. 1 SchwarzArbG). Daher reicht für die Nichtigkeit von Werkverträgen bereits ein einseitiger Gesetzesverstoß des Unternehmers, wenn der **Besteller den Verstoß kennt und bewusst zu seinem eigenen Vorteil ausnutzt**.[66]

81 ***Klausurhinweis:*** *In Klausuren prüfen Sie in der Regel Ansprüche. Daher ist die Nichtigkeit des Werkvertrags in der Regel nicht isoliert darzustellen, sondern in eine Anspruchsprüfung einzubetten. Der BGH tendiert dazu, in sehr weitem Rahmen sowohl dem Werkunternehmer als auch dem Besteller Ansprüche zu versagen.*[67] *Dazu der folgende knappe* ***Exkurs:***[68]

82 ■ *Ein Anspruch aus* ***§ 631*** *auf den* ***Werklohn*** *bzw. auf das* ***Werk*** *besteht nicht, da der Werkvertrag gemäß § 134 i.V.m. § 1 Abs. 2 SchwarzArbG nichtig ist.*

83 ■ *Beim Anspruch des Werkunternehmers auf* ***Aufwendungsersatz*** *nach Erbringung des Werks aus* ***§§ 677, 683, 670*** *ist generell umstritten, ob die Geschäftsführung ohne Auftrag auf nichtige Verträge anwendbar ist.*[69] *In der Lit. wird das überwiegend verneint, die §§ 812 ff. seien leges speciales. Nach der Rspr. stehen die Regelungsbereiche nebeneinander, allerdings dürfe der Geschäftsführer solche Aufwendungen nicht für „erforderlich" (§ 670) halten, die gegen ein Verbotsgesetz verstoßen. Im Ergebnis besteht der Anspruch daher nach beiden Seiten nicht*

84 ■ *Ein Anspruch beider Parteien auf* ***Rückgewähr*** *der rechtsgrundlos aufgewendeten Leistung aus* ***§ 812 Abs. 1 S. 1 Var. 1*** *oder aus* ***§ 817 S. 1*** *ist gemäß § 817 S. 2 ausgeschlos-*

64 Stamm NZBau 2014, 131, 132.

65 Jerger NZBau 2014, 415, 416; Stadler JA 2014, 65, 67.

66 BGH, Urt. v. 01.08.2013 – VII ZR 6/13, Rn. 23, RÜ 2013, 409.

67 BGH, Urt. v. 01.08.2013 – VII ZR 6/13, RÜ 2013, 618; BGH, Urt. v. 10.04.2014 – VII ZR 241/13, RÜ 2014, 409, und BGH, Urt. v. 11.06.2015 – VII ZR 216/14, RÜ 2015, 625.

68 Einen ausführlich gutachtlich gelösten Fall zu dieser Thematik finden Sie in AS-Skript Schuldrecht BT 3 (2017), Rn. 140 ff. Vgl. ferner die gutachtliche Aufbereitung der Urteile des BGH in der RÜ, s. vorherige Fußnote.

69 Näher AS-Skript Schuldrecht BT 3 (2017), Rn. 74 ff.

sen. § 817 S. 2 ist nicht nur auf den Anspruch aus § 817 S. 1 (Fall des beiderseitigen Verstoßes), sondern erst recht auf § 812 (Verstoß nur des Leistenden) anwendbar. Ferner ist § 817 S. 2 nach der Rspr. zum 2004 reformierten SchwarzArbG – anders als etwa im Falle eines Schenkkreises[70] *– auch nicht nach § 242 einzuschränken.*

- *Wenn der Werkunternehmer Sachen eingebaut hat, kommt ein Anspruch aus* ***§§ 951 Abs. 1, 812 Abs. 1 S. 1 Var. 1 oder 2*** *in Betracht. Umstritten ist, ob trotz des Eigentumserwerbs kraft Gesetzes eine Leistung vorliegt. Bejaht man dies, so ist zu entscheiden, ob § 951 Abs. 1 nur auf die Eingriffs-, oder auch auf die Leistungskondiktion verweist.*[71] 85
  - *Nach h.M. besteht ein solcher Anspruch schon deswegen nicht, weil § 951 BGB nicht auf die Leistungskondiktion verweist.*
  - *Jedenfalls wäre auch ein Anspruch aus §§ 951 Abs. 1, 812 Abs. 1 S. 1 Alt. 1 BGB gemäß § 817 S. 2 BGB ausgeschlossen.*
- *Schließlich hat der Besteller nicht die in* ***§ 634*** *aufgezählten* ***Gewährleistungsansprüche****. Der Werkvertrag ist nichtig und es ist dem Besteller – anders als nach der früheren Rspr. – auch nicht nach § 242 verwehrt, sich auf diese Nichtigkeit zu berufen.* 86

cc) § 3 RDG

§ 3 RDG[72] bestimmt, dass die **selbstständige Erbringung außergerichtlicher Rechtsdienstleistungen** nur soweit zulässig ist, wie dies gesetzlich erlaubt wird. Dies hat gemäß § 1 Abs. 1 S. 2 RDG den Zweck, die Rechtssuchenden, den Rechtsverkehr und die Rechtsordnung vor unqualifizierten Rechtsdienstleistungen zu schützen. 87

Dieser Zweck lässt sich nur dadurch erreichen, dass der auf eine nicht zulässige Rechtsdienstleistung gerichtete Vertrag **nichtig** ist. Würde nämlich der Auftraggeber seinen Erfüllungsanspruch behalten, so liefe das darauf hinaus, dass der Rechtsberater vertraglich verpflichtet wäre, eine unerlaubte Tätigkeit auszuüben oder fortzusetzen.[73] **Auch ein einseitiger Verstoß** gegen das § 3 RDG führt zur Nichtigkeit des Vertrags. Auch eine in diesem Zusammenhang erteilte **Vollmacht** ist nichtig. 88

dd) § 203 StGB: Verletzung von Privatgeheimnissen

Die **Abtretung von Honorar- oder Provisionsforderungen** der in § 203 Abs. 1 StGB genannten Personen ist regelmäßig nichtig, da die mit den Abtretungen nach **§ 402** verbundenen umfassenden **Informationspflichten** mit den beruflichen Geheimhaltungspflichten kollidieren.[74] 89

2. Gesamtnichtigkeit und Teilnichtigkeit

Ist gegen ein Verbotsgesetz verstoßen worden, ist grundsätzlich von der **Gesamtnichtigkeit** des Rechtsgeschäfts auszugehen (§ 134: „ist nichtig"). 90

---

70 Vgl. zur Einschränkung des § 817 S. 2 nach § 242 AS-Skript Schuldrecht BT 3 (2017), Rn. 138.

71 Vgl. ausführlich zu den denkbaren Konstellationen AS-Skript Schuldrecht BT 3 (2017), Rn. 257 ff.

72 Schönfelder Ergänzungsband Ordnungsziffer 99.

73 BGH, Urt. v. 17.02.2000 – IX ZR 50/98, RÜ 2000, 311; BGH, Urt. v. 21.06.2005 – XI ZR 88/04, NJW 2005, 2985; BGH, Urt. v. 15.02.2005 – XI ZR 396/03, ZIP 2005, 1361.

74 BGH, Urt. v. 10.10.2010 – VIII ZR 53/09, Rn. 19, RÜ 2010, 210.

Die Nichtigkeit tritt nur ein, wenn das Verbotsgesetz schon **bei Vornahme** des Rechtsgeschäfts bestand.[75] Wenn das Verbotsgesetz **nachträglich wegfällt**, wird ein Rechtsgeschäft nur dann wirksam, wenn es von den Parteien gemäß § 141 bestätigt wird.[76]

Ausnahmsweise tritt nur **Teilnichtigkeit** des verbotenen Teils des Rechtsgeschäfts ein, wenn sich „aus dem Gesetz eine anderes [ausdrücklich oder nach Sinn und Zweck] ergibt" (§ 134 a.E.). Das gilt insbesondere bei Verstößen gegen preisrechtliche Verbotsgesetze, die verhindern sollen, dass zu hohe Preise verlangt werden.

Beispiel:[77] Vermieter und Mieter vereinbaren entgegen § 5 Abs. 1 WiStG eine unangemessen hohe Miete. Der Mietvertrag ist wirksam, der Mieter schuldet aber nicht die vereinbarte Miete. Er schuldet aber auch nicht nur die ortsübliche[78], sondern vielmehr die gerade noch zulässige[79] Miete. Es findet also, anders als bei der Nichtigkeit nach §§ 307–309, vgl. § 306 Abs. 2 und Rn. 315 – eine geltungserhaltende Reduktion statt.

91 Die Nichtigkeit bezieht sich **regelmäßig nur** auf das schuldrechtliche **Verpflichtungsgeschäft**, das Erfüllungsgeschäft bleibt unberührt (Abstraktionsprinzip). Die Auslegung des Verbotsgesetzes kann aber ergeben, dass neben dem Verpflichtungsgeschäft **auch das dingliche Erfüllungsgeschäft** nichtig sein soll. Das ist insbesondere dann der Fall, wenn die Umstände, die den Gesetzesverstoß begründen, zugleich und unmittelbar auch das Erfüllungsgeschäft betreffen, wenn also auch die Vermögensverschiebung als solche verhindert werden soll.[80]

Beispiel: Gemäß § 134 i.V.m. § 29 Abs. 1 Nr. 1 BtMG[81] ist der Verkauf und die Übereignung von Betäubungsmitteln nichtig.

92 Richtet sich hingegen das Verbotsgesetz **gegen das Erfüllungsgeschäft**, so ist grundsätzlich **auch das Verpflichtungsgeschäft** nichtig.[82]

B. Nichtigkeit nach § 138

I. Konkurrenz zu anderen Normen

93 Wenn ein Verhalten einer Partei vorliegt, welches einen Verstoß gegen § 138 begründet, sind häufig auch die Normen der **§§ 134, 123, 826** betroffen.

- Besteht die Sittenwidrigkeit ausschließlich in der **Täuschung** eines Vertragspartners, ist der Vertrag nicht nach § 138 Abs. 1 nichtig, sondern **lediglich gemäß § 123 anfechtbar.**[83] § 138 Abs. 1 ist dagegen anwendbar, wenn neben der durch arglistige Täuschung bewirkten Willensbeeinflussung weitere, die Sittenwidrigkeit begründende Umstände hinzukommen.[84]

---

75 OLG Düsseldorf, Urt. v. 30.04.1992 – 10 U 98/91, NJW-RR 1993, 249, 250; offengelassen in BGH, Urt. v. 04.04.1966 – VIII ZR 20/64, NJW 1966, 1265.

76 BGH, Urt. v. 03.11.1953 – I ZR 155/52, NJW 1954, 549; OLG Brandenburg, Urt. v. 18.07.1994 – 3 U 18/94, MDR 1995, 30.

77 Nach BGH, Beschl. v. 11.01.1984 – VIII ARZ 13/83, NJW 1984, 722, 723.

78 So OLG Hamburg, Urt. v. 15.11.1982 – 4 U 181/81, NJW 1983, 1004.

79 BGH, Beschl. v. 11.01.1984 – VIII ARZ 13/83, NJW 1984, 722, 723 f.

80 Palandt/Ellenberger § 134 Rn. 13 m.w.N.

81 Schönfelder Ergänzungsband Ordnungsziffer 86.

82 Palandt/Ellenberger § 134 Rn. 13 m.w.N.

83 BGH, Urt. v. 14.12.1987 – II ZR 166/87, NJW 1988, 902, 903; Petersen Jura 2005, 387.

84 BGH, Urt. v. 29.06.2005 – VIII ZR 299/04, RÜ 2005, 624.

- Verstößt ein Verhalten zugleich gegen § 134 und § 138, so **geht § 134 als lex specialis dem § 138 vor**.

  Von diesem Grundsatz mach die h.M. eine **Ausnahme**, wenn § 138 Abs. 2 und § 134 i.V.m. § 291 Abs. 1 StGB (welcher mit § 138 Abs. 2 nahezu wortidentisch ist) miteinander konkurrieren.[85] Nach der Gegenansicht[86] ist § 134 i.V.m. § 291 StGB als vorrangig anzusehen. Dagegen spricht jedoch, dass dann § 138 Abs. 2 überflüssig wäre.

- **§ 826 und § 138** haben unterschiedliche Funktionen und stehen daher **nebeneinander**. § 138 führt zur Nichtigkeit, § 826 begründet eine Schadensersatzpflicht.[87]

II. Wucher, § 138 Abs. 2

Der Wuchertatbestand des § 138 Abs. 2 stellt einen **Spezialfall der allgemeinen Sittenwidrigkeit** des § 138 Abs. 1 dar. 94

Aufbauhinweis: *Sie beginnen mit § 138 Abs. 2. Ist er erfüllt, so ist § 138 Abs. 1 nicht zu prüfen. Ist § 138 Abs. 2 nicht erfüllt, so prüfen Sie § 138 Abs. 1, denn dieser kann wegen derselben (wucherähnliches Rechtsgeschäft) oder wegen weiterer Umstände erfüllt sein.*

1. Auffälliges Missverhältnis zwischen Leistung und Gegenleistung

Objektiv setzt § 138 Abs. 2 das Vorliegen eines auffälligen Missverhältnisses zwischen Leistung und Gegenleistung voraus. Eine Gegenleistung gibt es **nur bei synallagmatischen Verträgen**. Daher ist § 138 Abs. 2 beispielsweise bei der Bürgschaft nicht anwendbar – zu prüfen bleibt dann § 138 Abs. 1. 95

Zur Ermittlung des Missverhältnisses ist vom **Vergleich des objektiven, marktüblichen Wertes der beiderseitigen Leistungen** unter Zugrundelegung der **beim Vertragsschluss** bestehenden Verhältnisse auszugehen.

- Als **grobe Faustregel** kann eine Diskrepanz von etwa dem **doppelten Wert** oder mehr ausgegangen werden, nach den Umständen des Einzelfalls kann die Grenze aber auch höher oder niedriger liegen.[88]

  Beispiel: Wenn K bei V einen Pkw mit einem Wert von 10.000 € für 18.000 € kauft, dann ist die Grenze der Faustformel unterschritten. Wenn allerdings dabei die Gewährleistungsrechte des V in weitem, kaufrechtlich erlaubtem Umfang ausgeschlossen sind, dann kann dies die Bejahung eines auffälligen Missverhältnisses rechtfertigen.

- Ein **Darlehenszins** ist regelmäßig **auch** dann sittenwidrig, wenn der vereinbarte Zins den marktüblichen Zins um **12 Prozentpunkte** übersteigt.[89]

  Hinweis: *Beachten Sie den Unterschied zwischen Prozent und Prozentpunkten. Wenn z.B. der Umsatzsteuersatz von 19% auf 20,9% des Nettopreises erhöht wird, dann steigt der Umsatzsteuersatz nur um 1,9 Prozentpunkte, aber um 10 Prozent.*

---

85 Palandt/Ellenberger § 138 Rn. 13; MünchKomm/Armbrüster § 138 Rn. 4, 140.

86 Jauernig/Mansel § 138 Rn. 19.

87 Palandt/Ellenberger § 138 Rn. 17.

88 Staudinger/Sack/Fischinger § 138 Rn. 208.

89 Vgl. Palandt/Ellenberger § 138 Rn. 27 m.w.N. zur Rspr., auch zu Sonderfällen.

Beispiele: Bei einem üblichen Zins von 15% liegt bei Zinssätzen ab ca. 30% bereits nach der Faustregel ein auffälliges Missverhältnis vor. Zudem stehen aber bereits Zinssätze ab 27% (15% + 12%) in einem auffälligen Missverhältnis. Die 12-Prozentpunkte-Regel hat also nur Relevanz, wenn der marktübliche Zins über 12% liegt.

Wirken bei dem Rechtsgeschäft **mehrere Personen** als Leistende, Vermittler oder in anderer Weise mit, so ist analog § 291 Abs. 1 S. 2 StGB als Grundlage für die Feststellung des Missverhältnisses die Summe der Leistungen und Gegenleistungen heranzuziehen, sog. **Additionsklausel**.[90]

Beispiel:[91] K kauft bei V eine Heißmangel (Wert: 3.200 €) für 6.900 € = 215% des Werts, also Faustformel verletzt. Zur Finanzierung nimmt K bei B ein Darlehen (üblicher Zins ca. 17% p.a.) zu 26% p.a. auf (Faustformel nicht verletzt). Daher muss K insgesamt für die Heißmangel inklusive Zinsen ca. 10.500 € aufwenden, während er bei einem Kaufpreis in Höhe des Werts und einem Darlehen zu üblichen Zinsen nur ca. 4.300 € hätte zahlen müssen. Daraus resultiert in Wertverhältnis von 244% (10.500 € / 4.300 €; Faustformel erfüllt), das für beide Verträge gilt. Sowohl Kauf- als auch Darlehensvertrag sind daher gemäß § 138 Abs. 2 nichtig, soweit die weiteren Voraussetzungen der Norm vorliegen(!).

2. Defizit des Bewucherten

96 Ferner muss bei Vertragsschluss[92] **objektiv** ein Defizit beim Bewucherten vorliegen, aufgrund dessen er das für ihn auffällig nachteilige Geschäft abgeschlossen hat.

- **Zwangslage**: Für den Betreffenden besteht ein **zwingendes Bedürfnis nach einer Geld- oder Sachleistung**. Es genügt, dass sonst erhebliche Nachteile drohen, die nicht wirtschaftlicher Natur zu sein brauchen. Auch die Bedrängnis eines Dritten kann ausreichen.
- **Unerfahrenheit** ist ein Mangel an Lebenserfahrung und an Kenntnis in **geschäftlichen Dingen**. Sie kann insbesondere bei Jugendlichen, älteren Menschen oder geistig Beschränkten gegeben sein.
- **Mangelndes Urteilsvermögen** liegt vor, wenn der Betroffene im konkreten Fall nicht in der Lage ist, die beiderseitigen Leistungen richtig zu bewerten und Vor- und Nachteile des Geschäfts sachgerecht gegeneinander abzuwägen.[93]
- Eine **erhebliche Willensschwäche** ist anzunehmen, wenn der Betroffene zwar den Inhalt und die Folgen des Rechtsgeschäfts erfassen kann (Einsichtsfähigkeit), aber wegen der verminderten psychischen Widerstandsfähigkeit nicht in der Lage ist, die zutreffende Beurteilung des Geschäfts in die Tat umzusetzen (mangelnde Steuerungsfähigkeit). Eine Willensschwäche kann insbesondere bei Alkohol- und Drogenabhängigkeit gegeben sein.[94]

Liegt ein auffälliges Missverhältnis, aber kein Defizit vor, kann ein Rechtsgeschäft nach § 138 Abs. 1 als **wucherähnliches Rechtsgeschäft** sittenwidrig sein (vgl. unten Rn. 102).

90 Staudinger/Sack/Fischinger § 138 Rn. 207.
91 Nach BGH, Urt. v. 07.02.1980 – III ZR 141/78, NJW 1980, 1155.
92 BGH, Urt. v. 19.02.2003 – XII ZR 142/00, RÜ 2003, 340, 341.
93 BGH, Urt. v. 23.06.2006 – V ZR 147/05, Rn. 28, NJW 2006, 3054.
94 Staudinger/Sack/Fischinger § 138 Rn. 210.

3. Ausbeutung des Bewucherten

Der Wucherer muss einen dieser Umstände **subjektiv** ausgebeutet haben. Er muss **Kenntnis von dem auffälligen Missverhältnis und dem Defizit** haben und sich diese Situation **vorsätzlich zunutze machen**. Nicht erforderlich ist Ausbeutungsabsicht.[95]

4. Rechtsfolgen

Grundsätzlich tritt **Gesamtnichtigkeit** des **Verpflichtungsgeschäfts** ein. 97

Anders ist es beim **Mietwucher**, weil die Gesamtnichtigkeit nicht dem Schutzinteresse des betroffenen Mieters entsprechen würde. Wie bei einem Verstoß gegen § 134 i.V.m. § 5 Abs. 1 WiStG (s. Rn. 90) ist auch bei § 138 Abs. 2 umstritten, ob der Mietvertrag mit der höchstzulässigen Miete[96] oder mit der ortsüblichen Vergleichsmiete[97] aufrechtzuerhalten ist.

Aus der Formulierung des § 138 Abs. 2 „oder gewähren lässt" ergibt sich, dass auch das **Verfügungsgeschäft des Bewucherten nichtig** ist.[98]

Das **Verfügungsgeschäft des Wucherers** ist dagegen wirksam. Der Wucherer kann allerdings nach § 812 Abs. 1 S. 1 Var. 1 kondizieren, soweit nicht § 818 Abs. 3 greift.

III. (Allgemeine) Sittenwidrigkeit, § 138 Abs. 1

Ein Rechtsgeschäft ist sittenwidrig, wenn es das **Anstandsgefühl aller billig und gerecht Denkenden** verletzt. Bei der Bewertung werden die Grundsätze der herrschenden Rechts- und Sozialmoral herangezogen. Abzustellen ist also zum einen auf die in der Gesellschaft aufgrund der Gesamtheit der **Wertvorstellungen** bestehenden moralischen Anschauungen, daneben aber werden auch die der **Rechtsordnung** selbst immanenten rechtsethischen Grundwertungen berücksichtigt.[99] 98

Ebenso wie die Gesetze unterliegen die guten Sitten einem **ständigen Wandel**. Im Wirtschaftsrecht sind die Maßstäbe strenger geworden, während Familien- und Sexualmoral eine deutliche Liberalisierung erfahren haben. Maßgeblich sind jeweils die Sitten im **Zeitpunkt der Vornahme des** zu beurteilenden **Rechtsgeschäfts**. Schlägt die Sittenwidrigkeit der Verpflichtung auf die Verfügung durch (s. Rn. 112), so ist der Zeitpunkt der Verpflichtung maßgeblich.[100]

Beispiel:[101] Die Erbeinsetzung einer Geliebten durch einen verheirateten Mann (**Mätressentestament**) wurde anfänglich als sittenwidrig beurteilt. Etwa ab 1960 wurde dies nur noch vertreten, wenn die Erb-einsetzung nicht (auch) aus persönlicher Verbundenheit, sondern ausschließlich als Gegenleistung für sexuelle Handlungen („Hergabe für Hingabe") erfolgte. Seit Einführung des ProstG im Jahr 2001 (s. sogleich Rn. 101) hält die h.M. selbst ein solches Testament – gleich welchen Geschlechts die „Geliebte", der „Mann" und seine „Frau" sein mögen – für wirksam.

---

95 Palandt/Ellenberger § 138 Rn. 74.

96 So BGH, Beschl. v. 11.01.1984 – VIII ARZ 13/83, NJW 1984, 722, 723 f.

97 So Staudinger/Sack/Fischinger § 138 Rn. 139.

98 Palandt/Ellenberger § 138 Rn. 75 m.w.N.

99 Palandt/Ellenberger § 138 Rn. 2 f.; BeckOK BGB/Wendtland § 138 Rn. 18.

100 BGH, Urt. v. 12.04.2016 – 305/14, Rn. 46, RÜ 2016, 625 (ergänzend dargestellt in RÜ2 2016, 226).

101 Vgl. Staudinger/Sack/Fischer § 138 Rn. 604 m.w.N.

1. Objektiver Tatbestand

99 Die **objektive Verletzung des Anstandsgefühls** durch ein Rechtsgeschäft kann sich aus der Art und Weise des Zustandekommens, seinem Inhalt und oder den Umständen wie etwa Motiv und Zweck des Vertragsschlusses ergeben.

Es kommt in besonders hohem Maße auf **alle Umstände des Einzelfalls** an. Gleichwohl haben sich insbesondere die folgenden **Fallgruppen** herausgebildet:[102]

Klausurhinweis: *Wenn ein Sachverhalt die Merkmale der gängigen Fallgruppen erfüllt und keine atypischen Umstände vorliegen, dann sollten Sie die Sittenwidrigkeit nach entsprechender Argumentation am Einzelfall („Fallgruppe" ist kein Argument!) bejahen. Liegt keine der Fallgruppen vor, dann müssen Sie den Sachverhalt unter die allgemeine Definition der Sittenwidrigkeit subsumieren. In der Sache sind dann regelmäßig beide Positionen vertretbar, obgleich die Klausurtaktik für die Einnahme einer der Positionen sprechen kann.*

a) Missbräuchliche Ausnutzung einer Machtposition

100 Das sittenwidrige Verhalten kann darin bestehen, dass eine **Macht- oder Monopolstellung** zur Erzwingung unangemessener Vertragsbedingungen **missbraucht** wird oder **Knebelungsverträge** abgeschlossen werden, die den Vertragspartner seiner **wirtschaftlichen Dispositionsfreiheit** berauben.

Beispiel:[103] F erwartet ein Kind ihres Verlobten M. M erklärt, er werde F nur heiraten, wenn sie einen Ehevertrag unterzeichnet, der einseitig den M begünstigt. Anderenfalls könne sie sich schon einmal nach einem anderen Ernährer für ihr Kind umsehen.

b) Verstoß gegen die herrschende Rechts- und Sozialmoral

101 Verstöße gegen die herrschende Rechts- und Sozialmoral sind sittenwidrig. Insbesondere bei dieser „Auffangfallgruppe" ist ein **strenger Maßstab** anzulegen, da es (auch) auf die nicht normierten sozialen Wertvorstellungen ankommt.

Hinweis: *Der Wille des Gesetz- und auch des Verfassungsgebers (Stichwort: Grundrechtskonforme Auslegung der unbestimmten Rechtsbegriffe des einfachen Rechts) und daher des gesamten Volkes (Art. 20 Abs. 2 GG) darf zwar durch die (vermeintlich nach Ansicht des einzelnen Rechtsanwenders) herrschenden Wertvorstellungen ergänzt, jedoch nicht leichtfertig durch sie ersetzt werden. Bedenken Sie, dass in der Zeit des Nationalsozialismus mehrere Gesetze*[104] *Rechtsfolgen an das „gesunde Volksempfinden" geknüpft haben. Sie müssen daher in diesem Bereich besonders darauf achten, dass Ihnen nicht eine Argumentation „auf Stammtischniveau" vorgeworfen wird.*[105]

Beispiel:[106] A zahlt B 30.000 € für die Verschaffung eines Doktorgrades, ohne dass A hierfür eine wissenschaftliche Arbeit anfertigen und ein Promotionsverfahren durchlaufen muss.
I. Der Doktorgrad soll die in einem speziellen Verfahren nachgewiesene wissenschaftliche Qualifikation des Trägers bekunden. Ein gekaufter Titel spiegelt eine solche Qualifikation wahrheitswidrig vor und

---

102 Ausführliche Nachweise zu diesen Fallgruppen und zur Kasuistik bei Palandt/Ellenberger § 138 Rn. 24 ff.
103 Nach BGH, Urt. v. 25.05.2005 – XII ZR 296/01, NJW 2005, 2386.
104 Beispiele bei https://de.wikipedia.org/wiki/Gesundes_Volksempfinden (abgerufen am 13.01.2017).
105 Sehr zutreffend Bork Rn. 1180.
106 Nach OLG Koblenz, Urt. v. 16.12.1998 – 7 U 124/98, RÜ 1999, 487.

täuscht die Öffentlichkeit. Der Vertrag ist sittenwidrig und daher gemäß § 138 Abs. 1 nichtig. Gemäß § 817 S. 2 kann A von B nicht nach § 812 Abs. 1 S. 1 Var. 1 die Rückzahlung des Geldes verlangen.
II. Ein Anspruch auf Rückzahlung der 30.000 € scheidet aus, da ein Anspruch aus § 812 nach § 817 S. 2 ausgeschlossen ist.

Beispiel:[107] K kauft von V ein Radarwarngerät, um dieses im Straßenverkehr zu benutzen. –
I. Der Kaufvertrag ist nicht nach **§ 134 i.V.m. § 23 Abs. 1b StVO** nichtig. Diese Norm verbietet nur das Mitsichführen eines solchen Geräts im Straßenverkehr, nicht aber seinen Besitz und Kauf.
II. Der Kaufvertrag ist nach § **138 Abs. 1** nichtig, da der Vertragszweck auf die Verwendung des Radarwarngerätes im Geltungsbereich des § 23 Abs. 1 b StVO und daher auf seine Verletzung gerichtet ist.

Inwiefern ein Vertrag über die **entgeltliche Vornahme sexueller Handlungen** gegen die herrschende Rechts- und Sozialmoral verstößt, ist auch nach Einführung des § 1 S. 1 ProstG[108] im Jahr 2002 umstritten geblieben.

- Es besteht dabei Einigkeit, dass gegen den bzw. die Dienstverpflichtete(n) **kein einklagbarer Anspruch auf Vornahme der sexuellen Handlung** besteht. Eine solche Pflicht würde gegen die Menschenwürde (Art. 1 Abs. 1 GG) verstoßen, welche auch nicht zur Disposition einer sich wandelnden Sozialmoral steht. Daher liegt insofern auch ein Verstoß gegen § 138 Abs. 1 vor.
- Hinsichtlich der **Zahlungspflicht des bzw. der Beauftragenden** wird hingegen teilweise[109] angenommen, sie bestehe von Anfang an (§ 1 S. 1 ProstG „begründet"), selbst wenn die Handlung nicht vorgenommen werde, sodass es sich um einen einseitig verpflichtenden Vertrag handele. Andere[110] meinen, diese Pflicht entstehe erst nach Vornahme der Handlung (§ 1 S. 1 ProstG „vorgenommen worden, so").

Am 01.07.2017 tritt ergänzend zum ProstG das **ProstSchG**[111] in Kraft. § 2 ProstSchG enthält **Definitionen** u.a. der Begriffe, die auch in § 1 ProstG verwendet werden. Die Frage der Sittenwidrigkeit wird durch das ProstSchG nicht beeinflusst. Auch enthält insbesondere **§ 12 ProstSchG** kein gesetzliches Verbot (§ 134) der eigentlichen Prostitution ohne Erlaubnis, denn die Norm stellt Erlaubnispflichten nur für die Organisation der Prostitution und den Betrieb von Bordellen u.ä. auf.[112]

Ein Vertrag über **Telefonsexdienstleistungen** ist hingegen nicht sittenwidrig.[113]

c) Wucherähnliche Rechtsgeschäfte, insbesondere Kreditverträge

Besteht ein **auffälliges Missverhältnis** zwischen Leistung und Gegenleistung (Rn. 95), 102
liegt aber **kein Defizit** beim Bewucherten (Rn. 96) vor, so ist das Rechtsgeschäft als wucherähnliches Rechtsgeschäft gleichwohl gemäß § 138 Abs. 1 nichtig, wenn **weitere Umstände** hinzutreten.[114]

Insbesondere bei wucherischen **Kreditverträgen** lässt sich in der Praxis oft ein Defizit nicht beweisen. Weitere Umstände müssen erforderlich sein, denn ansonsten wäre bei einem auffälligen Missverhältnis stets § 138 Abs. 1 erfüllt und das von § 138 Abs. 2 geforderte Defizit wäre obsolet.

107 Nach BGH, Urt. v. 25.11.2009 – VIII ZR 318/08, RÜ 2010, 69.
108 Schönfelder Ergänzungsband Ordnungsziffer 29 a.
109 MünchKomm/Armbrüster § 1 ProstG Rn. 7 u. 19.
110 OLG Schleswig, Urt. v. 13.05.2004 – 16 U 11/04, NJW 2005, 225; Palandt/Ellenberger Anh. zu § 138, ProstG § 1 Rn. 2.
111 BGBl. I 2016, 2372.
112 Vgl. BT Drs. 18/8556 S. 75.
113 BGH, Urt. v. 08.11.2007 – III ZR 102/07, NJW 2008, 140.
114 Vgl. zum Folgenden BGH, Urt. v. 29.06.2007– V ZR 1/06, RÜ 2007, 565; BGH, Urt. v. 09.10.2009 – V ZR 178/08, RÜ 2010, 5; Palandt/Ellenberger § 138 Rn. 34 a m.w.N. zur Rspr.

103 Ein solcher Umstand ist insbesondere das **subjektive** Merkmal der **verwerflichen Gesinnung** des Kreditgebers. Diese liegt insbesondere vor, wenn er die schwächere Lage bewusst zu seinem Vorteil ausnutzt oder sich leichtfertig der Erkenntnis verschließt, dass der Kreditnehmer nur wegen seiner schwächeren Position den Vertrag abschließt.

Bei einem nicht nur auffälligen, sondern **besonders groben Missverhältnis** wird die verwerfliche Gesinnung **vermutet**. Ein solches ist in der Regel anzunehmen, wenn die eine Leistung doppelt so viel Wert ist wie die andere, bei Grundstücken bereits beim 1,9-fachen (während das auffällige Missverhältnis – wie ausgeführt – aufgrund der Umstände des Einzelfalls bereits bei einer geringeren Diskrepanz vorliegen kann). Die Vermutung ist z.B. widerlegt, wenn der Verkäufer aufgrund eines (falschen) Wertgutachtens über die Kaufsache darauf vertraut hat, dass er einen marktüblichen Preis verlangt.

104 **Beispiel:** Der 30-jährige D nimmt bei B ein Darlehen über 30.000 € zu einem effektiven Jahreszins von 12% auf, wobei 5% marktüblich sind. Das Darlehen wird valutiert (d.h. B zahlt an D die 30.000 €). – **I.** B hat gegen D keinen Anspruch aus **§ 488 Abs. 1 S. 2** auf Rückzahlung der Valuta nebst vereinbarter Zinsen. Es liegt ein auffälliges Missverhältnis (Diskrepanz: 240%, keine dagegensprechenden Umstände) vor. Gleichwohl ist der Darlehensvertrag (§ 488) nicht nach **§ 138 Abs. 2** nichtig, denn es ist nicht ersichtlich, dass bei B ein von § 138 Abs. 2 gefordertes Defizit bei Vertragsschluss vorlag. Der Vertrag ist aber nach **§ 138 Abs. 1** nichtig, denn das Missverhältnis ist besonders grob, sodass die verwerfliche Gesinnung der B als weiterer erforderlicher Umstand vermutet wird. B widerlegt diese Vermutung nicht. **II.** B hat aber gegen D dem Grund nach einen Anspruch aus **§ 812 Abs. 1 S. 1 Var. 1** auf Rückzahlung der ohne Rechtsgrund erlangten **Valuta** i.H.v. 30.000 €. Insofern ist der Anspruch nicht nach § 817 S. 2 ausgeschlossen, denn B hat die Valuta nicht in ihrer Substanz, sondern nur die zeitweilige Nutzungsmöglichkeit erlangt. Das wusste B auch, sodass er sich nach § 819 Abs. 1 nicht auf § 818 Abs. 3 berufen kann. **Zinsen** (auch die marktüblichen) schuldet B hingegen nicht, denn diese hat er nicht zuvor von D „erlangt" i.S.d. § 812. Betrachtet man die Zinsen als Wertersatz (§ 818 Abs. 2) für die Nutzungsmöglichkeit, so ist insofern jedenfalls der Anspruch nach § 817 S. 2 (der auch für § 812 gilt) ausgeschlossen.[115]

105 Bei **Internetauktionen und Versteigerungen** kann **nicht** bereits aus dem besonders groben Missverhältnis von Leistung und Gegenleistung **auf das Vorliegen einer verwerflichen Gesinnung geschlossen werden**. Der Verkäufer hofft auf einen möglichst hohen und der Käufer auf einen möglichst niedrigen Preis. Beide Parteien hoffen auf ein für sie günstiges Missverhältnis und gehen bewusst und ohne Zwang spiegelbildlich das Risiko eines für sie nachteiligen Missverhältnisses ein.[116]

106 Die Sittenwidrigkeit erstreckt sich **nicht auf Folgeverträge**. Dient ein Darlehen der Ablösung eines – für wirksam gehaltenen – früheren Darlehens, führt die Sittenwidrigkeit des früheren Vertrags allein nicht zur Nichtigkeit des neuen Vertrags.[117]

d) Kreditsicherung

107 Die darlehensgebende Bank verlangt oft eine **Sicherheit** (z.B. Bürgschaft, Sicherungsübereignung, Grundschuld) **für das Darlehen**. Das Geschäft bzw. die Geschäfte, mit denen die Sicherheit eingeräumt wird, ist in vier anerkannten Fallgruppen sittenwidrig:

115 Vgl. AS-Skript Schuldrecht BT 3 (2017), Rn. 137; Palandt/Sprau § 817 Rn. 21.

116 Vgl. AS-Skript BGB AT 1 (2017), Rn. 135, unter Verweis auf BGH, Urt. v. 28.03.2012 – VII ZR 244/10, RÜ 2012, 341; BGH, Urt. v. 08.01.2014 – VIII ZR 63/13, RÜ 2014, 205; BGH, Urt. v. 12.11.2014 – VIII ZR 42/14 und Urt. v. 10.12.2014 – VIII ZR 90/14, RÜ 2015, 205.

117 BGH, Urt. v. 26.02.2002 – XI ZR 226/01, WM 2002, 955.

Hinweis: *Die letzten beiden Fallgruppe werden nur knapp zusammengefasst. Um die Problematik zu durchdringen, müssen Sie Grundkenntnisse im Kreditsicherungsrecht haben, diese finden Sie im AS-Skript Schuldrecht BT 2.*[118] *Eine ausführliche Darstellung finden Sie im Zusammenhang mit der Darstellung des jeweiligen Sicherungsmittels, vgl. Fußnoten.*

- Es kann zu einer **Knebelung** des Sicherungsgebers kommen (vgl. Rn. 100).

  Hat dieser noch **andere Gläubiger,** so werden zugleich diese durch seine übermäßige Inanspruchnahme **sittenwidrig gefährdet**. Für den Sittenwidrigkeitsvorwurf genügt dann aber nicht, dass der Sicherungsnehmer aufgrund veralteter Informationen generell davon ausgeht, der Sicherungsgeber sei ein „Sanierungsfall". Ihm schadet es nur, wenn er sich trotz aktueller Kenntnisse von der finanziellen Situation die Sicherheit gewähren lässt.[119]

- **Schuldbeitritt** und **Bürgschaftsvertrag**[120] sind sittenwidrig,[121] **108**

  - wenn eine Inanspruchnahme den Bürgen bzw. den Beitretenden **krass finanziell überfordert**, was regelmäßig der Fall ist, wenn er nicht einmal die laufenden Zinsen aus der gesicherten Schuld begleichen kann, und

  - wenn **weitere Umstände hinzutreten**. Solche Umstände sind etwa gegeben, wenn der Gläubiger die **enge emotionale Verbundenheit** zwischen Hauptschuldner und Bürgen in verwerflicher Weise ausnutzt. Die emotionale Verbundenheit wird vermutet bei Ehe- oder Lebenspartnern, engen Verwandten oder engen Freunden, die eine Bürgschaft übernehmen. Ebenso sind solche Umstände gegeben, wenn der Gläubiger **Umfang und Tragweite der Haftung verharmlost**, ungewöhnliche und schwerwiegende Haftungsrisiken verschweigt, einen unvorbereiteten Bürgen **überrumpelt** oder ihn in eine Zwangslage versetzt.

    Beispiel:[122] Der Arbeitgeber „bittet" seinen Arbeitnehmer um eine Bürgschaft für ein Darlehen. Anderenfalls fielen die kommenden Gehaltserhöhungen aus, und auch mit betriebsbedingten Kündigungen sei zu rechnen.

    Die **Verharmlosung durch einen Dritten** wird dem Sicherungsnehmer nur zugerechnet, wenn der Dritte sein Angestellter oder Beauftragter ist.[123]

  Der Vertrag ist hingegen wirksam, wenn der Sicherungsgeber **Mitdarlehensnehmer** ist.[124] Dies ist ungeachtet der Bezeichnung im Vertrag in aller Regel nur derjenige, der für den Darlehensgeber erkennbar ein **eigenes sachliches und/oder persönliches Interesse** an der Kreditaufnahme hat und im Wesentlichen **gleichberechtigt** über Auszahlung und Verwendung der Darlehensvaluta mitentscheiden darf.

- Divergieren der Wert der gesicherten Forderung und der Wert der Sicherheit zu stark, so liegt eine **Übersicherung** vor.[125] **109**

  - Ist sie **anfänglich**, also bereits bei Vertragsschluss angelegt, so ist sie unnötigerweise und unredlicherweise vorhanden. Sowohl der Sicherungsvertrag, der als

---

118 AS-Skript Schuldrecht BT 2 (2016), Rn. 335 ff. einschließlich Auflistung, welches Sicherungsmittel wo dargestellt wird.

119 BGH, Urt. v. 12.04.2016 – 305/14, Rn. 46, RÜ 2016, 625 (ergänzen dargestellt in RÜ2 2016, 226).

120 Zur Bürgschaft, zum Schuldbeitritt und zu ihrer Abgrenzung AS-Skript Schuldrecht BT 2 (2016), Rn. 350, 353 ff. und AS-Skript Schuldrecht AT 2 (2016), Rn. 406 ff.

121 Vgl. zum Folgenden Palandt/Ellenberger § 138 Rn. 37 ff. m.w.N.

122 Nach BGH, Urt. v. 14.10.2003 – XI ZR 121/02, RÜ 2004, 13.

123 OLG Brandenburg, Urt. v. 13.08.2014 – 4 U 108/12, RÜ 2014, 749, 751.

124 BGH, Urt. v. 16.06.2009 – XI ZR 539/07, RÜ 2009, 545.

125 Näher AS-Skript Schuldrecht AT 2 (2016), Rn. 378 ff.; AS-Skript Sachenrecht 1 (2015), Rn. 315 ff.

Verpflichtungsgeschäft die Pflichten im Zusammenhang mit der Sicherung festlegt, als auch die sichernde Verfügung (z.B. die Sicherungsabtretung einer Forderung oder die Sicherungsübereignung einer Sache) sind nach h.M. nichtig.

- Mit Begleichung der gesicherten Forderung tritt unausweichlich eine **nachträgliche** Übersicherung ein, auch bei Redlichkeit des Darlehensgebers. Die Verträge sind daher wirksam, der Sicherungsgeber hat aber gegen den Sicherungsnehmer einen ermessensunabhängigen Freigabeanspruch auf Rückübertragung der Sicherheit. Da die nachträgliche Übersicherung wesentlich vorhersehbarer ist als die anfängliche, liegt allerdings die Grenze für die Diskrepanz bei ihr niedriger.

110 ■ Gewerbetreibende nehmen oft Darlehen auf und treten der Bank zur Sicherheit sämtliche künftige Forderungen gegen ihre Kunden ab (**Globalzession**). Sodann kaufen sie beim Hersteller Waren, um nicht sofort bezahlen zu müssen, unter **verlängertem Eigentumsvorbehalt**. Dieser beinhaltet ebenfalls eine Sicherungsabtretung derselben Forderungen. Nach dem **Prioritätsprinzip** ist die Abtretung an die Bank wirksam und an den Hersteller unwirksam. Wenn die Bank dies weiß, dann **verleitet** sie aber den Gewerbetreibenden beim Abschluss des Darlehens zum **Bruch des Vertrags** mit dem Hersteller. Als Folge ist dann der Darlehensvertrag sittenwidrig. Die Bank kann dies nur verhindern, indem sie im Darlehensvertrag festschreibt, dass solche Forderungen, die zur Absicherung des Herstellers erforderlich sind, ipso iure nicht von der Globalzession umfasst sind (**dingliche Teilverzichtsklausel**).[126]

2. Subjektiver Tatbestand

111 Die **Rspr.** verlangt, dass die objektiv sittenwidrig handelnde Partei die zugrundeliegenden Umstände **kannte oder grob fahrlässig nicht erkannt** hat.[127]

Nach der **h.Lit.** genügt regelmäßig ein objektiver Sittenverstoß.[128] Subjektive Voraussetzungen sind nur erforderlich, wenn im konkreten Einzelfall die Sittenwidrigkeit gerade auch auf der Verwirklichung eines subjektiven Tatbestands beruht, z.B. beim wucherähnlichen Kreditgeschäft (Rn. 103).

3. Rechtsfolge

112 Rechtsfolge ist **grundsätzlich** die **Nichtigkeit des gesamten Verpflichtungsgeschäfts. Verfügungen** sind hingegen grundsätzlich sittlich neutral und daher nur nichtig, wenn die Sittenwidrigkeit gerade im Vollzug der Verpflichtung liegt.[129]

Nur dann, wenn ausschließlich ein Teil des Rechtsgeschäfts (z.B. eine Klausel) nichtig ist, kann **Teilnichtigkeit** angenommen werden. Ob sich diese auf den gesamten Vertrag auswirkt, richtet sich nach **§ 139**.

---

126 Näher AS-Skript Schuldrecht AT 2 (2016), Rn. 390 f.

127 BGH, Urt. v. 05.11.2008 – XII ZR 157/06, Rn. 40, NJW 2009, 842.

128 Staudinger/Sack/Fischinger § 138 Rn. 74; Bork Rn. 1199.

129 Näher Palandt/Ellenberger § 138 Rn. 19 f.; OLG Hamm, Urt. v. 08.11.2016 – 10 U 36/15, RÜ 2017, 205 (Sittenwidrigkeit der schuldrechtlichen Vereinbarung kann auf Erbverzicht durchschlagen).

Verstoß gegen ein Verbotsgesetz, § 134; Wucher und Sittenwidrigkeit, § 138

Verstoß gegen ein Verbotsgesetz, § 134

- Verbotsgesetze sind alle Rechtsnormen, die die Vornahme eines Rechtsgeschäfts generell verbieten („rechtliches Dürfen").
- § 134 erfasst auch Umgehungsgeschäfte.
- Rechtsfolge des Verstoßes: Nichtigkeit, „wenn sich nicht aus dem Gesetz ein anderes ergibt".
  - Beiderseitiger Verstoß führt grundsätzlich zur Nichtigkeit, es sei denn, Sinn und Zweck des Gesetzes erfordern dies nicht, weil andere Sanktionsmöglichkeiten bestehen.
  - Bei einem einseitigen Gesetzesverstoß ist das Rechtsgeschäft grundsätzlich wirksam, es sei denn, der Zweck des Gesetzes ist nur durch die Nichtigkeitsanordnung zu verwirklichen.

Wucher, § 138 Abs. 2

- Auffälliges Missverhältnis zwischen Leistung und Gegenleistung.
- In § 138 Abs. 2 aufgeführtes Defizit.
- Ausbeutung, d.h. Kenntnis von Missverhältnis und Defizit
- Rechtsfolge:
  - Grundsätzlich Gesamtnichtigkeit; bei Mietwucher Fortführung des Vertrags mit höchstzulässiger Miete (str.).
  - Beim wucherischen Darlehen besteht wegen § 817 S. 2 kein Zinsanspruch

Sittenwidrigkeit, § 138 Abs. 1

- Ein Rechtsgeschäft verstößt gegen die guten Sitten, wenn dadurch das „Anstandsgefühl aller billig und gerecht Denkenden" verletzt wird.
- Die objektive Sittenwidrigkeit kann gegeben sein,
  - weil das Zustandekommen des Rechtsgeschäfts anstößig ist,
  - weil der Inhalt des Vertrags verwerflich ist, beispielsweise
    - Missbrauch von Macht- oder Monopolstellung oder ein Knebelungsvertrag,
    - Verstoß gegen die herrschende Rechts- und Sozialmoral,
    - wucherähnliche Kreditverträge,
    - krasse finanzielle Überforderung des Sicherungsgebers; anfängliche Übersicherung; Verleitung zum Vertragsbruch.
- Kenntnis der die Sittenwidrigkeit begründenden Umstände

3. Abschnitt: Formerfordernisse und Formnichtigkeit

113 Ein Rechtsgeschäft, das eine **gesetzlich bestimmte Form** nicht einhält, ist gemäß § 125 S. 1 grundsätzlich nichtig. Der Verstoß gegen eine **vertraglich vereinbarte Form** führt gemäß § 125 S. 2 im Zweifel zur Nichtigkeit. Diese Rechtsfolge tritt abgesehen von Ausnahmen (dazu C.) ein, wenn ein Formerfordernis (dazu A.) nicht gewahrt ist (dazu B.). Ist das Rechtsgeschäft wirksam, so ist es wie jedes Rechtsgeschäft auszulegen (dazu D.).

Klausurhinweis: *In Ihren Obersatz gehört stets die Rechtsfolge des Tatbestands, den Sie prüfen wollen. Wenn Sie die Wirksamkeit eines Rechtsgeschäfts prüfen, dann dürfen Sie nicht mit der isolierten Prüfung, ob ein Formerfordernis besteht, beginnen. Sie müssen vielmehr die Rechtsfolge der Nichtigkeit an den Anfang stellen („Der Kaufvertrag könnte gemäß § 125 S. 1 nichtig sein. Dazu müsste zunächst...“).*

Die Anordnung einer besonderen Form dient einem oder mehreren **Formzwecken**. Diese sind insbesondere:

- **Warn- und Schutzfunktion:** Der Erklärende soll keine übereilten, unüberlegten Erklärungen abgeben.

  Beispiele: Grundstücksgeschäfte, § 311 b Abs. 1; Bürgschaft, § 766

- **Beweisfunktion:** Der Inhalt der Erklärung soll klar und eindeutig festgelegt werden, auch um in einem späteren Rechtsstreit den Inhalt der Erklärung beweisen zu können (vgl. § 416 ZPO).

  Beispiele: Grundstücksgeschäfte, § 311 b Abs. 1; abstraktes Schuldversprechen und -anerkenntnis, §§ 780 f.

- **Belehrungsfunktion:** In den Fällen der **notariellen Beurkundung** (§ 128) sollen die Parteien rechtlich beraten und über die durch das Rechtsgeschäft ausgelösten Rechtsfolgen belehrt werden, vgl. § 17 BeurkG.

  Beispiele: Grundstücksgeschäfte, § 311 b Abs. 1; Schenkung, § 518

- **Erkennbarkeit** des Rechtsgeschäfts für Dritte

  Beispiel: Eheschließung, § 1311

Klausurhinweis: *Sie müssen die Formzwecke nutzen, um Formvorschriften teleologisch auszulegen. So ist z.B. die Bevollmächtigung zum Abschluss einer Bürgschaft oder die unwiderrufbare Bevollmächtigung zum Abschluss eines Grundstücksgeschäfts formbedürftig. Das ist zwar gesetzlich so nicht geregelt und verstößt im Gegenteil gegen den Wortlaut des § 167 Abs. 2, ist aber aufgrund des Zwecks des § 766 bzw. des § 311 b Abs. 1 geboten.*[130]

A. Formerfordernisse

114 Rechtsgeschäfte sind **grundsätzlich formlos** gültig, arg. e § 125 S. 1 u. 2.

I. Die wichtigsten gesetzlichen Formerfordernisse

Bestimmte Formerfordernisse sind **regelmäßig Klausurgegenstand**.

130 Vgl. AS-Skript BGB AT 1 (2017), Rn. 275.

1. Grundstücksgeschäfte, § 311 b Abs. 1 S. 1

Nach § 311 b Abs. 1 S. 1 ist ein Vertrag beurkundungsbedürftig, der eine **Verpflichtung** zur **Übertragung** oder zum **Erwerb** des **Eigentums** an einem **Grundstück** enthält. 115

Klausurhinweis: *Die mit Abstand meisten examensrelevanten Formprobleme bestehen bezüglich § 311 b Abs. 1. Einige der hier exemplarisch an ihm dargestellten Problemfelder lassen sich auf die übrigen Formvorschriften übertragen (z.B. nachträgliche Änderungen, zusammengesetzte Verträge und Aufhebungen). Ob die Lösung des Problems dann ebenso wie bei § 311 b Abs. 1 S. 1 ausfällt, ist im Einzelfall zu diskutieren.*

a) Übertragungs- bzw. Erwerbsverpflichtung

Klassisches Beispiel für die Verpflichtung zur Übertragung und zum Erwerb eines Grundstücks ist der **Kauf** eines Grundstücks, vgl. § 433 Abs. 1 S. 1 Var. 2 u. Abs. 2 Var. 2. Aber auch der **Tausch** (§ 480 i.V.m. § 433 Abs. 1 S. 1 Var. 2 u. Abs. 2 Var. 2) und die (zugleich gemäß § 518 beurkundungspflichtige) **Schenkung** (§ 516) fallen hierunter. 116

Auch die **bedingte** Eigentumsübertragungs- oder Erwerbsverpflichtung ist formbedürftig.[131] Um einen bedingten Kauf handelt es sich bei der Vereinbarung eines **Vorkaufsrechts**. Der Kaufvertrag, der zur Eigentumsübertragung verpflichtet, kommt zustande, wenn der Vorkaufsverpflichtete an einen Dritten verkauft und der Vorkaufsberechtigte das Vorkaufsrecht ausübt (doppelte aufschiebende Bedingung, § 158 Abs. 1).

- Dementsprechend ist die **Vereinbarung** eines **schuldrechtlichen Vorkaufsrechts** (§§ 463 ff.) zu beurkunden. Die spätere **Ausübung** des Vorkaufsrechts ist dagegen formfrei, § 464 Abs. 1 S. 2, weil die Verpflichtung zur Eigentumsübertragung bereits mit Abschluss des beurkundungspflichtigen Vorkaufsvertrags begründet wurde.[132]

- Die **Verpflichtung**, ein **dingliches Vorkaufsrecht** an einem Grundstück zu bestellen, ist ebenfalls formbedürftig. Die **verfügende Bestellung** des Vorkaufsrechts gemäß §§ 873 Abs. 1, 1094 ist hingegen formlos möglich. § 311 b Abs. 1 S. 1 gilt nicht für Verfügungen. Auch eine Verfügung an einem Grundstück ist gemäß § 873 Abs. 1 grundsätzlich formlos möglich.[133]

  § 873 Abs. 2 bestimmt lediglich, dass die Einigung über die Verfügung vor ihrer Beurkundung zwar wirksam, aber nicht verbindlich ist und daher (in Ausnahme zu § 130) auch nach Zugang der Erklärungen bis zur Eintragung im Grundbuch noch widerrufen werden kann.

Der **Auftrag** zum Eigentumserwerb gemäß § 662 kann eine Erwerbspflicht sowohl des **Beauftragten** als auch des **Auftraggebers** begründen.[134] 117

---

131 Palandt/Grüneberg § 311 b Rn. 11.

132 OLG Frankfurt, Urt. v. 23.04.1998 – 15 U 165/97, NJW-RR 1999, 16; für das Ankaufsrecht BGH, Urt. v. 28.06.1996 – V ZR 136/95, NJW-RR 1996, 1167.

133 BGH, Urt. v. 08.04.2016 – V ZR 73/15, RÜ 2016, 562, unter Aufgabe seiner bisherigen Rspr.

134 Vgl. zum folgenden Fall Palandt/Grüneberg § 311 b Rn. 18; BGH, Urt. v. 02.05.1996 – III ZR 50/95, NJW 1996, 1960; BGH, Urt. v. 14.02.2008 – III ZR 145/07, BeckRS 2008, 03950.

Fall 3: Auftrag zum Grundstückserwerb

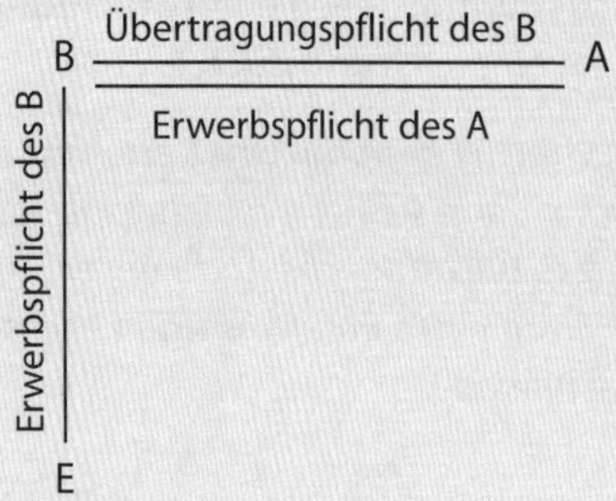

A beauftragt den B, für ihn von dem E ein Grundstück zu erwerben. B kauft das Grundstück von E und wird als Eigentümer im Grundbuch eingetragen. Den Kaufpreis bezahlt B mit einem von A erhaltenen Vorschuss. Als A von B Übereignung und Übergabe des Grundstücks verlangt, wendet B ein, der Auftrag sei formnichtig.

Ein Anspruch des A gegen B auf Übergabe und Übereignung des Grundstücks kann sich aus **§ 667** ergeben. Dies setzt voraus, dass ein wirksames Auftragsverhältnis besteht. Der zwischen A und B vereinbarte Auftrag könnte jedoch gemäß **§§ 125 S. 1, 311 b Abs. 1, 128** aus drei Gründen formnichtig sein.

I. In aller Regel besteht eine bedingte **Erwerbspflicht des Beauftragten vom Eigentümer**. Der Auftrag bedurfte der Form des § 311 b Abs. 1 S. 1, da B verpflichtet wurde, das Grundstück von E zu erwerben. Insoweit ist die Nichteinhaltung der Form aber unbeachtlich, da der Erwerber B als Eigentümer im Grundbuch eingetragen worden ist und dadurch **Heilung gemäß § 311 b Abs. 1 S. 2** (näher zur Heilung Rn. 145) eingetreten ist.

II. Die Vereinbarung der **Übertragungspflicht des Beauftragten an den Auftraggeber** bedarf nicht der Form des § 311 b Abs. 1 S. 1. Zwar ist der B nach dem Erwerb aufgrund des Auftrags zur Weiterübertragung an A verpflichtet, doch diese Verpflichtung tritt **gemäß § 667 kraft Gesetzes** ein, sodass die Aufnahme dieser Pflicht in den Auftrag rein **deklaratorisch** und daher nicht beurkundungspflichtig ist.

III. Regelmäßig ergibt sich aus dem Auftragsverhältnis auch eine **Erwerbspflicht des Auftraggebers gegenüber dem Auftragnehmer**. Diese Form ist hier nicht eingehalten. Auch eine **Heilung** gemäß § 311b Abs. 1 S. 2 scheidet aus, da A nicht in das Grundbuch eingetragen wurde.

Es kann dem Auftragnehmer aber **gemäß § 242 verwehrt** sein, **sich auf die Formnichtigkeit zu berufen** (näher hierzu Rn. 147 ff.). Soweit das Formbedürfnis die Erwerbspflicht des Auftraggebers betrifft, besteht es zu seinem Schutz und nicht zum Schutz des Beauftragten. Vor allem dann, wenn der Beauftragte das Grundstück mit Mitteln des Auftraggebers erworben hat, ist es mit Treu und Glauben nicht zu vereinbaren, dass der Beauftragte sich der Herausgabepflicht des § 667 durch die Berufung auf die Formnichtigkeit entzieht. Anders ist es, wenn der Beauftragte das Grundstück mit eigenen Mitteln erworben hat. Hier hat B das Grundstück mit Mitteln des A erworben. B kann sich gemäß § 242 nicht auf die Formnichtigkeit berufen.

Es besteht ein Anspruch des A gegen B auf Übergabe und Übereignung des Grundstücks aus § 667.

118 Auch **mittelbare** Übertragungs- und Erwerbsverpflichtungen sind gemäß § 311 b Abs. 1 S. 1 beurkundungspflichtig.

- **Vorverträge**, in denen sich die Parteien verpflichten, einen Hauptvertrag über die Übertragung oder den Erwerb eines Grundstücks abzuschließen, sind formbedürftig gemäß § 311 b Abs. 1 S. 1.

  Hinweis: *Wird die Form nicht eingehalten, tritt bereits mit Abschluss des Hauptvertrags Heilung des Vorvertrags gemäß § 311 b Abs. 1 S. 2 ein.*[135]

- Analog § 311 b Abs. 1 S. 1 können auch Verträge formbedürftig sein, bei denen sich eine Partei zwar nicht rechtlich, aber **wirtschaftlich bindet**, indem für den Fall des Unterbleibens des Grundstücksgeschäfts erhebliche wirtschaftliche Nachteile vereinbart werden.

Beispiele: Für den Fall des Nichtabschlusses des Grundstücksgeschäfts wird eine Vertragsstrafe, der Verfall der Kaufpreiszahlung und/oder eine erfolgsunabhängige Maklerprovision versprochen.

Die Vorschrift des § 311 b Abs. 1 gilt entsprechend bei Verpflichtungen zur Übertragung oder zum Erwerb des **Anwartschaftsrechts am Eigentum** an einem Grundstück.[136] 119

b) Umfang des Formerfordernisses

Das Formbedürfnis erstreckt sich nicht nur auf die Übertragungs- oder Erwerbsverpflichtung, sondern auf den **gesamten Vertragsinhalt**, einschließlich aller Nebenabreden. Dem Beurkundungserfordernis unterliegen alle Vereinbarungen, aus denen sich nach dem Parteiwillen das schuldrechtliche Veräußerungsgeschäft zusammensetzt. 120

Beispiel:[137] K kauft von V ein Grundstück für 100.000 €. Bereits vor Abschluss des notariellen Kaufvertrags hatte K an V 80.000 € gegen Quittung gezahlt. Die Vereinbarung, diese Summer auf den Kaufpreis anzurechnen, wurde aber nicht beurkundet. –
I. Die **Vereinbarung über die Anrechnung der Vorauszahlung** ist gemäß §§ 311 b Abs. 1, 128 formbedürftig, weil sie eine Einigung über die Frage enthält, wie der Kaufpreis erbracht werden soll. Sie ist daher gemäß § 125 S. 1 **formnichtig**.
II. Gemäß **§ 139** führt diese Teilnichtigkeit zur Gesamtnichtigkeit des **Kaufvertrags**, wenn K und V den Kaufvertrag nicht auch ohne die Anrechnungsvereinbarung geschlossen hätten. V hat die Zahlung quittiert, sodass K die Anzahlung im Falle eines Prozesses über den Anspruch aus § 433 Abs. 2 sogar beweisen könnte. Das spricht dafür, dass K und V den Kaufvertrag auch ohne die Anrechnungsabrede geschlossen hätten. Der Kaufvertrag im Übrigen ist daher **wirksam**.

Beispiel:[138] Der 70-jährige V verkauft sein Grundstück an K. Als Gegenleistung soll K dem V 150.000 €, ein 5-jähriges Wohnrecht und eine monatliche Rente von 1.000 € bis zum Ableben des V schulden. In die notarielle Kaufvertragsurkunde wird die Rentenzahlung versehentlich nicht aufgenommen. – Hinsichtlich der Rentenzahlungspflicht ist die Vereinbarung gemäß §§ 125 S. 1, 311 b Abs. 1, 128 teilnichtig und nach der Grundregel des § 139 Hs. 1 gesamtnichtig. V hätte den Kaufvertrag ohne die Rentenzahlungspflicht nicht abgeschlossen, die drei vereinbarten Gegenleistungen sollten in ihrer Summe den Gegenwert des Grundstücks widerspiegeln. Das war für K auch erkennbar. 121

135 BGH, Urt. v. 08.10.2004 – V ZR 178/03, RÜ 2005, 13.

136 BGH, Urt. v. 30.04.1982 – V ZR 104/81, NJW 1982, 1639; näher zum Anwartschaftsrecht am Grundstückseigentum AS-Skript Sachenrecht 2 (2016), Rn. 35 ff.

137 Nach BGH, Urt v. 17.03.2000 – V ZR 362/98, NJW 2000, 2100.

138 Nach BGH, Urt. v. 20.06.1980 – V ZR 84/79, NJW 1981, 222.

122 Bei **zusammengesetzten Verträgen**, die rechtlich eine Einheit bilden, unterliegt der gesamte Inhalt der Einigung dem Formerfordernis. Die rechtliche Einheit ist dann gegeben, wenn das **Grundstücksgeschäft mit der Wirksamkeit des anderen Geschäfts stehen und fallen** soll. Unerheblich ist hingegen, ob umgekehrt auch die Wirksamkeit des anderen Geschäfts von der Wirksamkeit des Grundstücksgeschäfts abhängen soll.[139]

Eine solche Konstellation kann auch dann bestehen, wenn die **Parteien** der Verträge **nicht identisch** sind.

Beispiel: Die Brauerei V verkauft dem K notariell ein Grundstück mit einer Gaststätte. In einem privatschriftlichen Vertrag verpflichtet sich der K der V gegenüber zum ausschließlichen Bierbezug von V. – Der Grundstücksvertrag ist abhängig vom Abschluss des Bierbezugsvertrags. Der Kaufvertrag wäre ohne den Abschluss des Bierbezugsvertrags nicht getätigt worden. Der Bierbezugsvertrag ist daher gemäß §§ 311 b Abs. 1 S. 1, 128 beurkundungspflichtig und gemäß § 125 S. 1 formnichtig. Das führt dazu, dass gleichsam der Kaufvertrag gemäß § 139 Hs. 1 nichtig ist, denn V hätte ohne die Bezugsverpflichtung das Grundstück nicht verkauft und K konnte dies erkennen.

Beispiel 2:[140] K will von V ein Grundstück kaufen. Die finanzielle Situation des K ist angespannt, daher schließt V den Vertrag erst ab, nachdem B sich für die Kaufpreisschuld des K verbürgt. –
Die Bürgschaftserklärung des B bedarf nicht – wie üblich – nur der Schriftform der §§ 766 S. 1, 126, sondern sogar der notariellen Beurkundung. Die korrespondierende Erklärung des V gegenüber B (die Bürgschaft ist gemäß § 765 Abs. 1 ein Vertrag) ist hingegen (wohl) wie üblich formlos wirksam, denn es ist nicht ersichtlich, dass ein Formzweck eine Form gebietet.

c) Abänderung, Ergänzung und Aufhebung

123 § 311 b Abs. 1 S. 1 gilt nicht nur für die Begründung der rechtsgeschäftlichen Verpflichtung, sondern grundsätzlich auch für die spätere **Abänderung oder Ergänzung**.

Beispiel:[141] V verkauft dem K ein Grundstück und lässt es auf. Einige Tage später vereinbaren V und K schriftlich ein Wiederkaufsrecht des V. Der Eigentumswechsel wird sodann eingetragen. –
Die Vereinbarung der Wiederkaufsberechtigung verpflichtet V und K zum Erwerb bzw. zur Übertagung des Eigentums an dem Grundstück. Sie ist daher gemäß §§ 125 S. 1, 311 b Abs. 1, 128 formnichtig. Dieser Formmangel wurde auch nicht gemäß § 311 b Abs. 1 S. 2 durch Auflassung an und Eintragung des K geheilt. Die Heilung betrifft nur Erklärungen, die vor Auflassung und Eintragung abgegeben wurden, das Wiederkaufsrecht wurde aber nach der Auflassung vereinbart.

Nur solche Abänderungen sind **formlos** gültig, die der Beseitigung einer bei der Abwicklung des Rechtsgeschäfts **unerwartet hervorgetretenen Schwierigkeit** dienen, vorausgesetzt, dass die zu diesem Zweck getroffene Abrede die beiderseitigen Verpflichtungen des Vertrags **nicht wesentlich verändert**.[142]

Beispiel: Einvernehmliche Verlängerung einer im Kaufvertrag vereinbarten Rücktrittsfrist

Formbedürftig sind dagegen der Erlass, die Herabsetzung oder Erhöhung des **Kaufpreises**[143] oder Veränderungen der vereinbarten **Leistungszeit**.[144] **Nach der Auflassung** sind diese Änderungen hingegen **nicht mehr** formbedürftig, weil die Übereignungs- bzw. Erwerbsverpflichtung nicht mehr besteht.[145]

139 BGH, Urt. v. 12.02.2009 – VII ZR 230/07, Rn. 13 ff., NJW-RR 2009, 953; Palandt/Grüneberg § 311 b Rn. 32 ff.

140 Nach Palandt/Grüneberg § 311 b Rn. 34.

141 Nach BGH, Urt. v. 24.11.1995 – V ZR 40/94, NJW 1996, 452; BGH, Urt. v. 06.05.1988 – V ZR 50/87, NJW 1988, 2237.

142 Staudinger/Schumacher § 311 b Abs. 1 Rn. 201; MünchKomm/Kanzleiter § 311 b Rn. 58.

143 BGH, Urt. v. 06.11.1981 – V ZR 138/80, NJW 1982, 434.

144 BGH, Urt. v. 26.10.1973 – V ZR 194/72, NJW 1974, 271.

145 BGH, Urt. v. 28.09.1984 – V ZR 43/83, NJW 1985, 266; a.A. Hennemann/Nemeczek, ZGS 2011, 157.

Bei **zusammengesetzten Verträgen** kann das andere Geschäft nach der für es isoliert betrachtet geltenden Form geändert werden, sobald das Grundstücksgeschäft formwirksam beurkundet wurde.[146]

Für die **Aufhebung** eines von § 311 b Abs. 1 S. 1 erfassten Verpflichtungsgeschäfts gilt: 124

- **Bis zur Auflassung** ist sie formlos möglich, da keine Übereignungs- und keine Erwerbspflicht begründet wird.
- **Nach der Auflassung, aber vor der Eintragung** ist sie formbedürftig, wenn der Auflassungsempfänger die Eintragung beantragt hat oder zu seinen Gunsten eine Auflassungsvormerkung (§ 883) eingetragen ist, weil sie dann das Anwartschaftsrecht des Auflassungsempfängers zerstört.[147]
- Ist der Käufer **nach Auflassung und Eintragung** Eigentümer geworden, so begründet die Aufhebung des Kaufvertrags die Verpflichtung des Käufers zur Rückübertragung und bedarf daher gemäß § 311 b Abs. 1 S. 1 notarieller Beurkundung.[148]

2. Weitere wichtige Formerfordernisse

125

Schuldrecht	Sachenrecht	Familien-/Erbrecht	Gesellschaftsrecht
▪ § 311 b Abs. 1 S. 1 Verpflichtungsvertrag zum Erwerb oder zur Übertragung von Grundstücken – **notarielle Beurkundung** – ▪ § 518 Abs. 1 Schenkungsversprechen – **notarielle Beurkundung** – ▪ § 766 S. 1* Bürgschaftsversprechen – **Schriftform** – weitere Fälle: § 311b Abs. 3, 5; § 492 Abs. 1; § 761; § 780*; § 781*. Ausnahme: § 350 HGB	▪ § 925 Abs. 1 Auflassung – **vor dem Notar** unter gleichzeitiger Anwesenheit – ▪ § 1154 Übertragung der Hypothek – **schriftliche** Abtretungserklärung plus Übergabe des Briefes oder Eintragung im Grundbuch – ▪ § 1155 **öffentlich beglaubigte** Abtretungserklärung plus Übergabe des Briefes	▪ § 1410 Abschluss des Ehevertrags – **notarielle Beurkundung** unter gleichzeitiger Anwesenheit – ▪ § 2247 Testament – ganze Erklärung muss **handschriftlich** geschrieben und **unterschrieben** sein – ▪ § 2276 Erbvertrag – **notarielle Beurkundung** unter gleichzeitiger Anwesenheit –	▪ § 2 Abs. 1 GmbHG GmbH-Vertrag – **notarielle Beurkundung** – ▪ § 15 Abs. 3 u. 4 GmbHG Abtretung von Geschäftsanteilen sowie Verpflichtung dazu – **notarielle Beurkundung** – ▪ § 53 Abs. 2 GmbHG Beschluss über Satzungsänderung – **notarielle Beurkundung** – ▪ § 23 Abs. 1 AktG Satzung der AG – **notarielle Beurkundung** –

* Betrifft nur die Erklärung des Verpflichteten.

Hinweis: *Auf die aufgezählten Formerfordernisse wird – mit Ausnahme des unter 1. dargestellten § 311 b Abs. 1 – in den AS-Skripten im jeweiligen Sachzusammenhang eingegangen.*

146 Maier-Reimer NJW 2004, 3741, 3745.
147 MünchKomm/Einsele § 125 Rn. 15; Palandt/Grüneberg § 311 b Rn. 40.
148 BGH, Urt. v. 07.10.1994 – V ZR 102/93, NJW 1994, 3346.

II. Vertraglich vereinbarte Form

126 Die Parteien können aufgrund der **Vertragsfreiheit** grundsätzlich bestimmen, dass ein Rechtsgeschäft in einer Form abgeschlossen werden soll, die **strenger** als die gesetzlich vorgeschriebene Form ist. Sie können dabei an die **gesetzlich definierten Formen** (§§ 126 ff.) anknüpfen, doch ist es ihnen unbenommen, **andere Formen** als Wirksamkeitsvoraussetzungen zu bestimmen.

127 Für die **Aufhebung** (oder **Veränderung**) einer Formvereinbarung gilt:[149]

- Eine **einfache Formklausel** können die Parteien aufgrund der Vertragsfreiheit jederzeit formlos und sogar konkludent aufheben.

  Beispiel: Ein schriftlicher Kaufvertrag zwischen K und V enthält folgende Klausel: „Änderungen dieses Vertrags bedürfen der Schriftform." V liefert 100 kg Pfirsiche Güteklasse B, obwohl Güteklasse A schriftlich vereinbart war. K rügt dies mündlich gegenüber V, der daraufhin sagt, er reduziere den Preis um 15%, woraufhin K die Ware in sein Lager räumt und den reduzierten Preis zahlt. –
  V und K haben den Vertrag wirksam geändert.

- Bei **doppelten** (auch: **qualifizierten**) **Formklauseln** ist zu differenzieren:

  Beispiel: Im obigen Beispiel lautet die Klausel: „Änderungen dieses Vertrages bedürfen der Schriftform. Das gilt auch für eine Änderung dieser Schriftformklausel."

  - Eine in einem **Individualvertrag** enthaltene doppelte Formklausel kann entsprechend ihrem Wortlaut nur in der vereinbarten Form aufgehoben werden. Andernfalls wäre § 125 S. 2 weitgehend sinnlos. Die Parteien haben insofern wirksam ihre Privatautonomie beschränkt.

  - Für **Allgemeine Geschäftsbedingungen** gilt gemäß § 305 b der Vorrang der (formlosen) Individualabrede. Eine in Allgemeinen Geschäftsbedingungen enthaltene doppelte Schriftformklausel ist daher gemäß § 307 Abs. 3 S. 1 u. Abs. 1 unwirksam, weil sie den unzutreffenden Eindruck erweckt, dieser Vorrang würde nicht gelten.

B. Wahrung des Formerfordernisses, §§ 126–129

128 Mitunter stellt die Norm, die eine gesetzliche Form **vorschreibt**, **auch die Anforderungen** an diese Form auf.

Beispiele: § 925 Abs. 1; § 1310; §§ 2231 Nr. 2, 2247 Abs. 1

Die grundsätzlichen Anforderungen an die **üblichen gesetzlichen Formen** sowie an die **vertragliche Schriftform** sind aber in den §§ 126–129 geregelt.

Klausurhinweis: *Sie sollten diese Vorschriften stets mitzitieren. Es schadet nicht, dies bereits zusammen mit der Formvorschrift zu tun (z.B. „§§ 766 S. 1, 126").*

I. Gesetzliche Schriftform, § 126

129 Nach § 126 Abs. 1 muss die Urkunde von dem Aussteller **eigenhändig unterzeichnet** werden. Der Text der Urkunde darf hingegen maschinenschriftlich sein (beachte aber (§ 2247 Abs. 1).

---

149 Vgl. zum Folgenden Palandt/Ellenberger § 125 Rn. 19 m.w.N.

Bedarf ein **Vertrag** der Schriftform, müssen gemäß § 126 Abs. 2 S. 1 grundsätzlich beide Parteien auf **derselben Urkunde** unterzeichnen. Werden über einen Vertrag, der der Schriftform bedarf, mehrere **gleichlautende (!) Urkunden** aufgenommen, so genügt es, dass jede Partei die für die andere Partei bestimmte Urkunde unterzeichnet (§ 126 Abs. 2 S. 2). Jede Urkunde muss die Erklärungen beider Parteien enthalten.[150]

Aus der gesetzlichen Formulierung **„die" Urkunde** ergibt sich weiterhin, dass es sich um **eine einzige Urkunde** handeln muss. Besteht eine Urkunde aus mehreren Blättern, ist eine feste Verbindung nicht unbedingt erforderlich. Es reicht, wenn sich die **Einheit der Urkunde** aus fortlaufenden Seitenzahlen, der fortlaufenden Nummerierung der einzelnen Bestimmungen, einheitlicher grafischer Gestaltung, inhaltlichem Zusammenhang des Textes oder vergleichbaren Merkmalen **zweifelsfrei ergibt**.[151] 130

Aussteller der Urkunde ist **auch der Erklärungsvertreter** i.S.d. § 164 Abs. 1. 131

- Unterzeichnet dieser entsprechend dem Wortlaut des § 126 Abs. 1 **mit seinem eigenen Namen**, muss nach dem Offenkundigkeitsprinzip die Vertretung erkennbar sein, sei es durch einen entsprechenden Zusatz („i.V.") oder auf andere Weise.

  Beispiel:[152] Geht aus der Urkunde an anderer Stelle hervor, dass die Erklärung für und gegen die natürliche Person „Anton" wirken soll, dann kann eine Unterschrift des Volker mit seinem Namen nur bedeuten, dass Volker den Anton vertritt.

- Der Vertreter kann auch **mit dem Namen des Vertretenen** unterschreiben.[153]

Der Name braucht **nicht lesbar** zu sein. Ausreichend ist das Vorliegen eines die Identität des Unterschreibenden kennzeichnenden individuellen Schriftzugs, der sich als **Wiedergabe des Namens** darstellt und die **Absicht einer vollen Unterschriftsleistung** erkennen lässt. Bloße Handzeichen, einzelne Buchstaben oder Buchstabenfolgen reichen nicht.[154] 132

Beispiel: Wenn Karl Müller mit „Müller" unterzeichnet, darf dieser Schriftzug unleserlich sein. Eine Unterzeichnung mit „K. M." reicht aber nicht.

Empfangsbedürftige Willenserklärungen, die der Schriftform bedürfen, werden nur wirksam, wenn sie **im Original zugehen**. Dazu genügt nicht die Übersendung eines Telefaxes, eines PDF-Scans oder eines (digitalen oder gedruckten) Fotos der Urkunde.

Beispiel: Die Bürgschaftserklärung per Telefax ist gemäß §§ 125 S. 1, 766 S. 1, 126 unwirksam. Das Original ist unterschrieben, verbleibt aber beim Erklärenden. Der Adressat erhält nur eine Kopie.

Nach § 126 Abs. 3 kann die Schriftform **durch die elektronische Form ersetzt** werden, soweit sich nicht aus dem Gesetz ein anderes ergibt. 133

Beispiele: Bei der Bürgschaftserklärung ist die Ersetzung gemäß § 766 S. 2 ausgeschlossen. Beim Verbraucherdarlehensvertrag ist sie mangels Verbots in § 492 Abs. 1 zulässig.[155]

Nach § 126 Abs. 4 kann die Schriftform stets **durch die notarielle Beurkundung ersetzt** werden.

---

150 BGH, Urt. v. 18.10.2000 – XII ZR 179/98, RÜ 2001, 61.

151 BGH, Urt. v. 29.09.1999 – XII ZR 313/98, NJW 2000, 354.

152 Nach BGH, Urt. v. 07.05.2008 – XII ZR 69/06, Rn. 28, RÜ 2008, 422.

153 Palandt/Ellenberger § 126 Rn. 9.

154 BGH, Urt. v. 15.11.2006 – IV ZR 122/05, NJW-RR 2007, 351.

155 Palandt/Weidenkaff § 492 Rn. 2.

II. Elektronische Form, § 126 a

134 Die elektronische Form wird gemäß § 126 a Abs. 1 dadurch gewahrt, dass der Aussteller der Erklärung dieser seinen **Namen hinzufügt** und das elektronische Dokument mit einer **qualifizierten elektronischen Signatur** nach dem Signaturgesetz versieht. Eine einfache E-Mail ohne entsprechende Signatur wahrt diese Form daher nicht.

§ 126 a Abs. 2 enthält für **Verträge** eine an § 126 Abs. 2 angelehnte Regelung.

III. Textform, § 126 b

135 Die Textform ist **eine Art Schriftform ohne eigenhändige Unterschrift**. Sie setzt gemäß § 126 b S. 1 lesbare Schriftzeichen, die Abgabe auf einem dauerhaften Datenträger und die Erkennbarkeit des Urhebers sowie des Abschlusses der Erklärung voraus.

Letztgenannte Voraussetzung ist seit Juni 2014 nicht mehr ausdrücklich in § 126 b genannt, sie ist aber weiterhin erforderlich, da der Gesetzgeber die Norm **inhaltlich nicht verändern** wollte.[156]

Der **Abschluss** kann sich z.B. aus einem maschinenschriftlichen Namenszug, einer eingescannten Unterschrift oder auch einer Formulierung wie etwa „elektronisch erstellte und daher nicht unterschriebene Erklärung" ergeben.[157]

Dauerhafter Datenträger ist gemäß § 126 b S. 2 jedes Medium, das **Speicherung** für einen angemessenen Zeitraum **ermöglicht** sowie **geeignet** ist, die Erklärung **unverändert wiederzugeben**. Gespeicherte Erklärung und Datenträger müssen (auch) vom Empfänger beherrscht werden (nicht zwingend: sich in seiner Wohnung befinden). Ob er die Erklärung tatsächlich speichert und z.B. durch Ausdruck wiedergibt, ist unerheblich („ermöglicht", „geeignet"). Die Erklärung muss auf diesem Medium vom Erklärenden abgegeben werden, anderenfalls wird sie erst wirksam, wenn der Empfänger sie auf dem von ihm beherrschten Medium dauerhaft (und nicht nur im Arbeitsspeicher) abspeichert.[158]

Beispiele: Papier; digitale Speicher im Machtbereich des Empfängers (USB-Medium, Speicherkarte, CD, DVD, Blu-ray, Festplatten); digitale Speicher in einem Rechenzentrum, auf die der Empfänger zugreifen kann (E-Mail-Postfach, auch wenn der Inhalt nicht auf das Endgerät heruntergeladen wird; „Cloud-Speicher" wie z.B. Dropbox). Die Bereitstellung eines Textes auf einer Homepage genügt hingegen erst dann, wenn der Empfänger den Text dauerhaft auf den o.a. Medien abspeichert.

IV. Vereinbarte Formen, insbesondere vereinbarte Schriftform, § 127

136 Nach § 127 Abs. 1 gelten für vertraglich vereinbarte Formerfordernisse grundsätzlich die **gesetzlichen Formerfordernisse**.[159] Gemäß § 127 Abs. 2 S. 1 wir allerdings die **Schriftform** gegenüber § 126 abgeschwächt:

- Die Erklärung kann grundsätzlich auch **„telekommunikativ"**, d.h. auf den unter § 126 b fallenden Wegen (nicht aber durch ein Telefonat) erfolgen. Im Ergebnis be-

156 Palandt/Ellenberger § 126 b Rn. 5; BT Drs. 17/12637, S. 44.

157 BGH, Urt. v. 10.11.2010 – VIII ZR 300/09, NJW 2011, 295.

158 Palandt/Ellenberger § 126 b Rn. 3; BGH, Urt. v. 29.04.2010 – I ZR 66/08, NJW 2010, 3566.

159 Vgl. zum Folgenden Palandt/Ellenberger § 127 Rn. 2 ff.

deutet vertragliche Schriftform also **Textform**! Das gilt nur ausnahmsweise nicht, wenn ein anderer Wille der Parteien anzunehmen ist. Ein solcher Wille liegt insbesondere vor, wenn die Parteien ausnahmsweise Warnungen und Schutz einer Partei bezwecken. In aller Regel streben sie aber nur die Beweisbarkeit der Erklärung an, dann genügt die Textform.

Der Empfänger kann gemäß § 126 Abs. 2 S. 2 die **nachträgliche Beurkundung auf Papier** verlangen. Das dient aber nur Beweiszwecken, die Erklärung ist bereits wirksam, sobald sie auf telekommunikativem Wege zugeht.

- Bei Verträgen genügt der **Briefwechsel**. Anders als bei § 126 Abs. 2 S. 2 müssen die Erklärungen **nicht identisch** sein, die Annahme eines komplexen Angebots ist also durch einen Einzeiler („Ich bin einverstanden.") möglich. Zudem liegt die Betonung auf „Wechsel" und nicht auf „Brief", sodass eine oder beide Erklärungen auch **anstatt auf Papier telekommunikativ** abgegeben werden können.

§ 126 Abs. 3 trifft eine vergleichbare Regelung für die **vereinbarte elektronische Form**. Für diese genügt eine einfache anstatt einer qualifizierten Signatur (vgl. § 2 SigG zu den Signaturarten).

Per **AGB** darf für eine empfangsbedürftige Erklärung oder Anzeige (insbesondere: Kündigungserklärung) seit dem 01.10.2016 gemäß § 309 Nr. 13 b) grundsätzlich keine strengere Form als die Textform (zuvor: Schriftform) konstitutiv festgelegt werden.[160] Der Gesetzgeber trägt damit dem Umstand Rechnung, dass Laien unter „Schriftform" in der Regel „Textform" verstehen (vgl. § 127 Abs. 2). Soweit die AGB aber einem zu beurkundenden Vertrag entstammt, ist auch Festlegung der Schriftform zulässig, § 309 Nr. 13 a).

V. Notarielle Beurkundung, §§ 128, 127 a

Die Anforderungen an die notarielle Beurkundung sind zuvorderst im **BeurkG**[161] geregelt. Mit seiner Unterschrift bestätigt der Notar, dass der Erklärende die Erklärung **tatsächlich abgegeben** und sie **eigenhändig unterschrieben** hat, vgl. § 13 BeurkG. 137

Allerdings führen **nur wesentliche Verfahrensfehler** zur materiell-rechtlichen Nichtigkeit der Erklärung. Das Fehlen der Datums- und Ortsangabe ist z.B. unschädlich (§ 9 Abs. 2 BeurkG).[162]

Hinweis: *Im Verwaltungsrecht (und dazu gehört das BeurkG) gilt allgemein, dass auch eine rechtswidrige Maßnahme wirksam ist, solange sie nicht ausnahmsweise nichtig ist, vgl. §§ 43 Abs. 2, 44 VwVfG.*

§ 128 erlaubt die **Sukzessivbeurkundung eines Vertrags**. Angebot und Annahme können also zeitlich versetzt (auch vor verschiedenen Notaren) abgegeben werden.

Ein **protokollierter gerichtlicher Vergleich** (vgl. § 160 Abs. 3 Nr. 1 ZPO) ersetzt gemäß § 127 a die notarielle Beurkundung (sowie die Schriftform, § 126 Abs. 4, und die Beglaubigung, § 129 Abs. 2).

VI. Öffentliche Beglaubigung, § 129

Bei der öffentlichen Beglaubigung muss die Erklärung **schriftlich abgefasst** und die **Unterschrift oder ein Handzeichen** des Erklärenden nach Maßgabe des § 40 BeurkG von einem Notar **beglaubigt** werden, § 129 Abs. 1. 138

---

160 In der alten Fassung war auch die Schriftform noch zulässig. Vgl. zu der Änderung Nissen, Wirtz, RÜ 2016, 706, 707.

161 Schönfelder Ordnungsziffer 23.

162 Palandt/Ellenberger § 128 Rn. 1.

Die öffentliche Beglaubigung dient nur dem Nachweis der **Identität** des Unterzeichners und damit der **Echtheit** der Urkunde. Sie bezeugt nicht den Inhalt der Erklärung.

Die öffentliche Beglaubigung wird durch die **notarielle Beurkundung** ersetzt, § 129 Abs. 2.

C. Rechtsfolgen des Formmangels

139 Ein Formverstoß führt nach Maßgabe des § 125 (in der Regel) zur **Nichtigkeit** (dazu I.). Manche Formverstöße sind aber **heilbar** oder gemäß § 242 **unbeachtlich** (dazu I. und II.).

I. Nichtigkeit, § 125 S. 1 u. 2

140 Die Nichteinhaltung der **gesetzlichen Form** führt gemäß § 125 S. 1 grundsätzlich zur Nichtigkeit. Mitunter ist aber in einer spezielleren Norm bestimmt, dass das Geschäft mit (zugunsten der schwächeren Partei) modifiziertem Inhalt wirksam ist.

Beispiele: Wohnraummietverträge, die für länger als ein Jahr befristet werden, ohne dass dies schriftlich geschieht, gelten gemäß § 550 S. 1 als unbefristet

Nach der **Auslegungsregel** des § 125 S. 2 hat die Nichteinhaltung der **vereinbarten Form** nur im Zweifel die Nichtigkeit zur Folge. Insbesondere wenn die Parteien die Form nur zu Beweis-, nicht aber zu Warn- und Schutzzwecken vereinbart haben, führt ein Verstoß nicht zur Nichtigkeit.

Beispiel:[163] P kündigt seinen Pachtvertrag mit V nicht wie vereinbart per eingeschriebenem Brief, sondern per E-Mail. –
P und V haben die Form vereinbart, um im beiderseitigen Interesse das Ende des Dauerschuldverhältnisses rechtssicher feststellen zu können. Insofern abweichend von § 126 Abs. 1 wahrt die E-Mail daher gemäß § 127 Abs. 1 u. 2 S. 1 die vereinbarte Schriftform per (einfachem) Brief. Gegen das Erfordernis des Einschreibens hat P zwar verstoßen. Dieses diente aber nur Beweiszwecken, daher führt der Verstoß nicht zur Nichtigkeit. Die Kündigung ist wirksam. B kann von P nach § 127 Abs. 2 S. 2 nachträgliche Beurkundung verlangen.

Hinweis: *Daher empfiehlt es sich, die Rechtsfolge des Verstoßes gegen eine gewillkürte Form im Vertrag ausdrücklich zu benennen, damit keine „Zweifel" i.S.d. § 125 S. 2 aufkommen.*

141 Sind in einem Vertrag nur bestimmte Abreden formbedürftig, ist **Teilnichtigkeit** gegeben, die nach Maßgabe des **§ 139** zur **Gesamtnichtigkeit** führen kann (näher Rn. 261).

II. Heilung des Formmangels

142 Die Heilungswirkung erstreckt sich auf den **gesamten Inhalt** des Rechtsgeschäfts, aber nur **ex nunc**. Die Parteien sind jedoch **analog § 141 Abs. 2** (s. Rn. 272 zu § 141) verpflichtet, sich gegenseitig das zu gewähren, was sie haben würden, wenn der Vertrag **von Anfang an gültig gewesen wäre**[164]

Sie ist nur in den **gesetzlich bestimmten Fällen** möglich, insbesondere

143 ■ durch **Erfüllung** gemäß § 311 b Abs. 1 S. 2; § 766 S. 3; § 15 Abs. 4 S. 2 GmbHG,

Bei einem **Grundstückskaufvertrag** (§ 311 b Abs. 1) tritt die Erfüllung (§ 362 Abs. 1) der Übereignungspflicht (§ 433 Abs. 1 S. 1 Var. 2) mit Eigentumserwerb, also mit Auflassung und Eintragung

---

163 Vgl. Palandt/Ellenberger § 125 Rn. 17; MünchKomm/Einsele § 125 Rn. 69.

164 MünchKomm/Einsele § 125 Rn. 51; Palandt/Ellenberger § 125 Rn. 13.

(§§ 873, 925) ein. Es ist erforderlich, dass diese in Erfüllung des formnichtigen Vertrags erfolgen. Daran fehlt es, wenn der Verkäufer das Grundstück ohne Verpflichtung aus dem Kaufvertrag an einen Dritten übereignet, selbst wenn der Käufer diesen Dritten vermittelt hat.[165]

- durch **Bewirken** des **geschenkten Vermögenswertes** gemäß § 518 Abs. 2 144

  Auch das Bewirken muss auf Erfüllung gerichtet sein, allerdings genügt bereits die Vornahme aller geschuldeten **Handlungen**, der **Erfolg** muss noch nicht eingetreten sein. Bei nach §§ 158 ff. bedingten oder befristeten Vermögensübertragungen fallen diese Zeitpunkte auseinander.[166] Bei Grundstücksschenkungen ist gemäß § 925 Abs. 2 eine solche Konstellation nicht möglich, jedoch bei der Übertragung von beweglichen Sachen (§§ 929 ff., 158 ff.) oder Forderungen (§§ 398, 158 ff.).

- und gemäß § 494 Abs. 2 S. 1, soweit der Verbraucher das **Darlehen empfängt oder in Anspruch nimmt**.

  Bei dieser Heilung wird allerdings der **Vertragsinhalt modifiziert**, vgl. § 494 Abs. 2 S. 2 u. Abs. 3–6.

Ist auf ein gesetzlich nicht geregeltes Rechtsgeschäft eine Formvorschrift **entsprechend** anzuwenden und enthält diese Formvorschrift eine Heilungsregelung, dann ist diese Heilungsregelung ebenfalls entsprechend anwendbar.[167] 145

Beispiele (vgl. Rn. 116): Vorvertrag über den Verkauf eines Grundstücks; Verpflichtungsvertrag über die spätere Bestellung eines dinglichen Vorkaufsrechts.

Die Heilung erfasst **alle Vertragsteile**, die nach der jeweiligen Formvorschrift **formbedürftig waren**. Andere Gründe, aus denen der Vertrag nicht zustande gekommen oder nichtig ist, werden hingegen nicht überwunden. 146

Beispiel:[168] V gibt schriftlich ein Angebot auf Abschluss eines Grundstückskaufvertrags gegenüber K ab, befristet auf den 16.06. Am 24.06. lässt K seine Annahme beurkunden. Ferner erklären K und V die Auflassung und K wird als Eigentümer eingetragen.
Der Formmangel des Angebots ist gemäß § 311 b Abs. 1 S. 2 geheilt. Gleichwohl ist der Kaufvertrag gemäß § 147 Abs. 2 nicht zustande gekommen. K kann von V gemäß § 812 Abs. 1 S. 1 Var. 1 Rückauflassung verlangen.

III. Unzulässiges Berufen auf den Formmangel

Im Interesse der Formzwecke und der Rechtssicherheit dürfen Formvorschriften nicht leichtfertig außer Acht gelassen werden. Eine Einschränkung der Nichtigkeitsanordnung des § 125 durch § 242 wegen **unzulässiger Rechtsausübung** ist aber in Ausnahmefällen zulässig, wenn die Nichtigkeit zu einem schlechthin untragbaren Ergebnis führen würde. Es genügt dabei jedoch nicht, wenn lediglich die Voraussetzungen der ebenfalls unter § 242 fallenden Verwirkung (Umstands- und Zeitmoment, Rn. 342) erfüllt sind. Allerdings die folgenden zwei Fallgruppen anerkannt.[169] 147

1. Existenzgefährdung

Gefährdet die Vereinbarung die **wirtschaftliche Existenz** einer Partei, so ist es der anderen Partei gemäß § 242 verwehrt, sich auf den Formmangel zu berufen. 148

---

165 BGH, Urt. v. 08.10.2004 – V ZR 178/03, RÜ 2005, 13.

166 Palandt/Weidenkaff § 518 Rn. 9.

167 BGH, Urt. v. 08.10.2004 – V ZR 178/03, RÜ 2005, 13; Palandt/Grüneberg § 311 b Rn. 52.

168 Nach BGH, Urt. v. 13.05.2016 – V ZR 265/14, MDR 2016, 1081.

169 BGH, Urt. v. 16.07.2004 – V ZR 222/03, RÜ 2004, 449; Palandt/Ellenberger § 125 Rn. 29 f.; MünchKomm/Einsele § 125 Rn. 56 ff.

Beispiel: E verspricht seinem damals 20 Jahre alten Sohn S, der seit dem 18. Lebensjahr im Einzelhandelsgeschäft des E tätig ist, am Hochzeitstag schriftlich, sein Grundstück nebst Einzelhandelsgeschäft auf S gegen Einräumung eines Altenteilrechts zu übertragen, sobald er – E – 65 Jahre alt ist. Als E dieses Alter erreicht hat, weigert er sich, die Zusage zu halten. S ist inzwischen 41 Jahre alt und hat im Vertrauen auf das Versprechen darauf verzichtet, eine Berufsausbildung zu absolvieren oder sich anderweitig eine Existenzgrundlage zu schaffen. –
Das Versprechen bedurfte, gleich ob man es bereits als Verpflichtungsvertrag oder lediglich als Vorvertrag sieht, gemäß § 311 b Abs. 1 (analog) der notariellen Beurkundung. Gemäß § 242 ist es E aber verwehrt, sich auf die Formnichtigkeit nach § 125 S. 1 zu berufen.

2. Schwerer Treueverstoß

149 Ein Treueverstoß, der gemäß § 242 die Berufung auf den Formmangel hindert, kann vorliegen, weil eine Partei entweder die Formeinhaltung treuwidrig verhindert (dazu a)) oder sich bei der Durchführung des Vertrags treuwidrig verhält (dazu b)).[170]

***Klausurhinweis:** Wie immer bei § 242 gilt, dass die dazu ergangene Rspr. und die Reaktionen in der Lit. besonders stark auf die Gerechtigkeit im konkreten Einzelfall bedacht sind (vgl. nur die beiden gegensätzlichen Beispiele in Rn. 150). Im Examen müssen Sie aber den Ihnen vorliegenden Fall unter Beachtung seiner individuellen Umstände lösen. Verstehen Sie das Folgende also nur als grobe Systematisierung, von welcher aus Sie Ihre konkrete Argumentation entwickeln können und müssen.*

a) Verhinderung des formgerechten Vertragsschlusses

150 Sofern **beide Parteien die Formbedürftigkeit kennen**, kann § 242 unanwendbar sein, selbst wenn eine Partei ausdrücklich erklärt hat, sie werde sich auch an die formmangelhafte Vereinbarung halten. Dann bleibt es bei der Nichtigkeit nach § 125. Insbesondere wenn diese Partei aber die andere Partei unter Hinweis auf ihre Bedeutung und ihr Ansehen beharrlich von der Einhaltung der Form abzubringen versucht.

Beispiel:[171] V verkauft K sein Grundstück per Handschlag, obwohl beide den Inhalt des § 311 b Abs. 1 kennen. Auf sein Wort als „Edelmann" sei Verlass. –
Weder K noch V haben Ansprüche aus dem Kaufvertrag. Wer sich nicht den Anforderungen des Rechts, sondern nur denen der Ehre unterwirft, der wird vom Recht nicht geschützt.

Gegenbeispiel:[172] K war lange bei der V beschäftigt und will nunmehr von ihr ein Grundstück kaufen. K besteht zunächst auf notarieller Beurkundung. G, geschäftsführender Gesellschafter der V, versichert K aber trotz mehrfachen Hinweises auf § 311 b Abs. 1, dass er den Vertrag auch ohne Beurkundung erfüllen werde. K wisse aus seiner Zeit als Angestellter, dass auf ihn – G – Verlass sei, schließlich genössen V und er hohes Ansehen und Bedeutung. Selbst wenn er sterbe, werde V sich an sein Wort halten. –
Der Kaufvertrag ist wirksam. V kann sich gemäß § 242 nicht auf §§ 125 S. 1, 311 b Abs. 1, 128 berufen.

151 Wenn **nur eine Partei das Formerfordernis kennt** und gleichwohl den formgerechten Abschluss des Geschäfts **vorsätzlich verhindert** und beim anderen den Eindruck der Wirksamkeit des Geschäfts erweckt, dann ist dieses Verhalten in der Regel treuwidrig.

Beispiel:[173] Rechtsanwalt R verbürgt sich gegenüber dem G für ein seinem Sohn S zu gewährendes Darlehen. Auf Befragen des rechtsunkundigen G erklärt R dem G, die Bürgschaft sei formlos gültig. G

170 Vgl. zum Folgenden MünchKomm/Einsele § 125 Rn. 59 ff.

171 Nach RG, Entsch. v. 21.05.1927 – Rep. V. 476/26, RGZ 117, 121.

172 Nach BGH, Urt. v. 27.10.1967 – V ZR 153/64, NJW 1968, 39 (mit ablehnender Anmerkung von Reinicke).

173 Nach BGH, Urt. v. 09.06.1972 – V ZR 86/72, DNotZ 1973, 18.

glaubt daran, abgesichert zu sein und gewährt dem S das Darlehen. –
Die Bürgschaft ist wirksam. R kann sich gemäß § 242 auf die §§ 125 S. 1, 766 S. 1, 128 bereits deshalb nicht berufen, weil er vorsätzlich seinen Wissensvorsprung hinsichtlich des Formerfordernisses gegenüber G verschwiegen und im Gegenteil G bewusst zum Verzicht auf die Form veranlasst hat. Es kommt hinzu, dass R dies getan hat, um zwar nicht sich selbst, aber seinem Sohn S das Darlehen zu verschaffen, welches R bei Kenntnis der Unwirksamkeit der Bürgschaft nicht bewilligt hätte.

Teilweise lässt man (stattdessen oder nach Wahl der anderen Partei, str.) den Formbrechenden auch nach **§§ 280 Abs. 1, 311 Abs. 2, 241 Abs. 2** haften. Inhalt des Anspruchs ist dann, dass die andere Partei so gestellt werden muss, wie sie stünde, wenn die Einhaltung der Form nicht verhindert worden wäre, wenn also das Geschäft wirksam wäre. Allerdings geht der Anspruch dann nicht auf Erfüllung in Natur (§ 249 Abs. 1, z.B. Übereignung des Grundstücks), denn ansonsten würde letztlich das Ergebnis erzielt, dass aufgrund der Formnichtigkeit gerade nicht eintreten soll. Vielmehr ist eine **Entschädigung in Geld** geboten (§ 251 Abs. 1, z.B. in Höhe des Wertes eines vergleichbaren Grundstücks). Bei Mitverschulden der anderen Partei ist § 254 anzuwenden.[174]

Wenn hingegen **keine Partei das Formerfordernis kennt**, dann können sich in der Regel beide Parteien auf den Formmangel berufen, selbst wenn eine Partei ihn objektiv verursacht hat. Es fehlt dann an einer subjektiven, für die Treuwidrigkeit erforderlichen Komponente. Stattdessen gebieten sogar die ggf. einschlägigen Formzwecke (Warnung, Schutz, Übereilung), beide Parteien vor den Folgen des Geschäfts zu schützen. 152

b) Treuwidriges Verhalten bei Vertragsdurchführung

Eine Partei, die sich **während der Abwicklung** des Vertrags grob treuwidrig verhält, kann sich auf den Formmangel nicht berufen, selbst wenn sie sich bei Vertragsschluss nicht treuwidrig verhalten hat. 153

Beispiel:[175] V und K schließen einen notariellen Kaufvertrag über ein Grundstück. Als Kaufpreis wird der vereinbarte Betrag von 27.500 € beurkundet. Die kurz vor dem Vertragsschluss erfolgte Zahlung auf den Kaufpreis i.H.v. 26.000 € wurde im Vertrag nicht erwähnt. Bald nach der Beurkundung überwies K dem V den Restbetrag von 1.500 € und verlangte eine Quittung über die bereits erfolgte Anzahlung von 26.000 € und diese Restzahlung. V verweigert die Quittung und verlangt die Zahlung angeblich noch ausstehender 26.000 €. Als es K doch noch gelingt, die Anzahlung zu beweisen, behauptet V wahrheitswidrig, es sei als Kaufpreis mündlich ein Betrag von 57.500 € vereinbart worden. Weil K nicht zahlen will, verlangt V als Eigentümer gemäß § 985 das bereits im Besitz des K befindliche Grundstück heraus. –
Der Anspruch besteht nicht, denn K hat ein Besitzrecht aus dem Kaufvertrag. Da die Anzahlung i.H.v. 26.000 € nicht beurkundet worden ist, ist zwar gemäß §§ 125 S. 1, 311 b Abs. 1, 128 die Anrechnungsabrede und – mangels Quittung, vgl. Rn. 120 – nach der Grundregel des § 139 auch der übrige Kaufvertrag nichtig.
Doch die Berufung des V auf den Formmangel ist gemäß § 242 unzulässig, denn V hat sich bei der Vertragsabwicklung derart treuwidrig verhalten, dass er aus dem Formmangel keinen Vorteil ziehen soll. Zunächst hat V den Erhalt der Vorauszahlung wahrheitswidrig bestritten. Als K diese Lüge widerlegte, ging V zur nächsten Lüge über und behauptete wahrheitswidrig die (mündliche) Vereinbarung eines höheren Kaufpreises. Im Ergebnis hat V den vollen Kaufpreis erhalten. Gleichwohl versucht er nun, aufgrund der fehlenden Quittung und der Formnichtigkeit dem K das Grundstück wieder abzujagen.

Der Beauftragte kann sich auf den Formmangel des Auftrags zum Grundstückserwerb nicht berufen, wenn er das Geschäft mit Mitteln des Auftraggebers tätigt (s. Rn. 117). 154

174 Jauernig/Mansel § 125 Rn. 15; Petersen Jura 2005, 168, 170; BGH, Urt. v. 29.01.1965 – V ZR 53/64, NJW 1965, 812.

175 Nach BGH, Urt. v. 19.11.1982 – V ZR 161/81, NJW 1983, 563.

D. Auslegung formbedürftiger Erklärungen

155 Auch formbedürftige Erklärungen sind – wie sämtliche Erklärungen– **auslegungsfähig** und **auslegungsbedürftig.**[176] Drei Aspekte sind dabei zu beachten:

I. Andeutungstheorie

156 Die Auslegung formbedürftiger Erklärungen erfolgt nach h.M. in **zwei Schritten.**

- Zunächst ist der **wirkliche Wille** des Erklärenden (§ 133), wie er im Falle einer empfangsbedürftigen Erklärung vom **objektiven Empfängerhorizont** zu verstehen ist (§ 157), zu ermitteln. Dabei dürfen **alle, auch außerhalb der Urkunde liegenden Umstände** herangezogen werden. Insofern besteht also kein Unterschied zur Auslegung einer formlosen Erklärung.
- Sodann ist festzustellen, ob der ermittelte Wille **formgerecht zum Ausdruck gekommen** ist. Nach der h.M.[177] muss dabei ein aus Umständen außerhalb der Urkunde ermittelter Wille **in der Urkunde** einen (wenn auch nur unvollkommenen) Ausdruck gefunden haben (Andeutungstheorie). Dafür spricht jedenfalls hinsichtlich Formvorschriften, die auch einen Beweissicherungszweck verfolgen, dass sie eine Erklärung nur beweissicher sichern können, wenn in ihnen die zur Auslegung der Erklärung erforderlichen Umstände zumindest anklingen.

Die **Gegenansicht**[178] fordert diese Andeutung nicht. Sie wendet ein, dass in Grenzfällen nicht objektiv feststellbar sei, ob ein Wille (schon bzw. noch nicht) angedeutet werde. Die erhoffte Stärkung der Beweissicherung gehe dann letztlich zu Lasten der Rechtssicherheit. Zudem sei es inkonsequent, im Falle der übereinstimmenden Falschbezeichnung (dazu sogleich Rn. 157 f.) auf der Erfordernis der Andeutung wieder zu verzichten.

II. Übereinstimmende Falschbezeichnung (falsa demonstratio)

157 Ist ein übereinstimmender Wille der Parteien feststellbar, so gilt dieser, auch wenn er in der Erklärung keinen oder sogar einen anderen Ausdruck gefunden hat (falsa demonstratio non nocet).[179] Dieser Grundsatz gilt auch bei formbedürftigen Erklärungen, es bedarf dann also unstreitig keiner Andeutung dieses Willens.[180]

---

176 Vgl. AS-Skript BGB AT 1 (2017), Rn. 189 zur Auslegungsfähigkeit und -bedürftigkeit sowie Rn. 187 ff. allgemein zur Auslegung.

177 BGH, Urt. v. 12.07.1996 – V ZR 202/95, NJW 1996, 2792; Staudinger/Hertel § 125 Rn. 87.

178 MünchKomm/Einsele § 125 Rn. 38; Medicus/Petersen AT Rn. 331.

179 Vgl. AS-Skript BGB AT 1 (2017), Rn. 203.

180 Staudinger/Singer § 133 Rn. 34; Palandt/Grüneberg § 311 b Rn. 37.

Fall 4: Mitverkaufte Parzelle

V verkauft K ein Anwesen mit Hof- und Gebäudefläche, Acker- und Grünland. Der Grundbesitz war im Grundbuch von P Parzelle Nr. 31, 32 und 30 verzeichnet. In den notariellen Kaufvertrag wird das Flurstück Nr. 30 (Grünland) versehentlich nicht mit aufgenommen. Hat K gegen V einen Anspruch auf Auflassung des Grundstücks Parzelle 30?

K hat gegen V einen Anspruch auf Auflassung, also Abgabe der nach §§ 873, 925 erforderlichen Übereignungserklärung, aus dem Kaufvertrag i.V.m. **§ 433 Abs. 1 S. 1 Var. 2**, wenn dieser Kaufvertrag nicht nach **§§ 125 S. 1, 311 b Abs. 1 S. 1, 128 formnichtig** ist bzw. sich die **Einigung** nicht auf die Parzelle 30 bezieht. **158**

Mit der notariell beurkundeten Vereinbarung wollten die K und V übereinstimmend erreichen, dass V verpflichtet sein soll, auch die Parzelle 30 an K zu übereignen. Sie waren sich einig, dass der gesamte Grundbesitz einschließlich des Grünlands Gegenstand des Vertrags sein sollte. Es liegt eine versehentliche, übereinstimmende Falschbezeichnung vor. Die falsa demonstratio ist **bei nicht formgebundenen Erklärungen unschädlich**, weil nicht das Erklärte, sondern das übereinstimmend Gewollte maßgebend ist.

Bei formgebundenen Erklärungen findet jedoch grundsätzlich nur der Wille rechtliche Anerkennung, der in der formgerechten Erklärung zumindest eine **Andeutung** erfahren hat. Daher können die Regeln der falsa demonstratio auf die formgebundenen Erklärungen nur angewandt werden, soweit der **Sinn und Zweck der Formvorschrift** nicht beeinträchtigt wird.

I. Der Zweck des § 311 b Abs. 1 S. 1, die Parteien vor **Übereilung** zu schützen, ist nicht gefährdet. Die Notwendigkeit der Beurkundung besteht und die Parteien werden vom Notar beraten und über die Rechtsfolgen belehrt (vgl. § 17 BeurkG), gleich ob sie eine Grundstücksparzelle mehr oder weniger in die Urkunde aufnehmen.

II. Zwar schwächt man die Möglichkeit, im Nachhinein den Gegenstand des Kaufvertrags zu ermitteln und dessen **Beweisbarkeit zu sichern.** Jedoch tritt die beweisrechtliche Bedeutung der Beurkundung bei Grundstücksgeschäften weit hinter die Beratungsfunktion zurück, da zur Feststellung des Vertragsinhaltes regelmäßig außerhalb der Urkunde liegende Umstände (wie die tatsächliche Lage der Grundstücke und das Grundbuch) heranzuziehen sind und auch ohne Schwierigkeiten herangezogen werden können. Da zudem die Parteien sich im Zeitpunkt des Vertragsschlusses hinsichtlich des konkreten, nicht beurkundeten Umstands einig sind, ist auch relativ unwahrscheinlich, dass einmal Bedarf an der Beweisführung besteht.

Auch bei formgebundenen Erklärungen ist also eine übereinstimmende Falschbezeichnung unschädlich. Der Kaufvertrag bezieht sich (auch) auf die Parzelle 30 und er ist insofern auch nicht nach §§ 125 S. 1, 311 b Abs. 1 S. 1, 128 formnichtig. K hat daher gegen V einen Anspruch auf Auflassung.

Hinweis: *Auch bei den Auflassungserklärungen ist die übereinstimmende Falschbezeichnung unschädlich. Das Eigentum an einem Grundstück geht allerdings gemäß § 873 Abs. 1 erst mit der korrespondierenden Eintragung im Grundbuch auf den Erwerber über. Für die Grundbuchlage gilt die falsa-demonstratio-Regel nicht, denn aus ihr soll jedermann die Rechtslage ersehen können (Publizität), während eine Einigung zunächst nur die Parteien der Einigung betrifft.*[181]

III. Vermutung der Vollständigkeit und Richtigkeit

159 Materiell-rechtlich wird widerlegbar vermutet, dass der **Inhalt einer echten**, also von der betreffenden Person stammenden **Urkunde** die Erklärung der Person (sei sie formgebunden oder nicht) sowohl **vollständig** als auch **richtig** wiedergibt.[182]

Beispiel: V und K schließen einen Kaufvertrag über ein Handy und streiten im Nachhinein, ob als Kaufpreis 150 € oder 200 € vereinbart waren. Bei mündlichem Vertragsschluss muss V die Vereinbarung über 200 € beweisen. Weist hingegen ein schriftlicher Kaufvertrag 200 € als Kaufpreis aus, so muss K beweisen, dass nur 150 € vereinbart waren.

Das prozessuale Pendant zu dieser Vermutung findet sich in **§ 416 ZPO**.

181 Näher AS-Skript Sachenrecht 2 (2016), Rn. 24 ff.

182 BGH, Urt. v. 05.07.2002 – V ZR 143/01, NJW 2002, 3164; Hennings/Feige JA 2012, 128 ff.

Das formbedürftige Rechtsgeschäft

Formerfordernis

- Formzwecke: Warn- und Schutzfunktion, Beweisfunktion, Belehrungsfunktion, Erkennbarkeit des Rechtsgeschäfts für Dritte
  - §§ 311 b Abs. 1 S. 1, 128: Verpflichtung zur Übertragung oder zum Erwerb eines Grundstücks ist beurkundungsbedürftig. Gilt auch für bedingte und mittelbare Verpflichtungen und den gesamten Vertragsinhalt, einschließlich aller Nebenabreden.
  - Weitere Formerfordernisse enthalten z.B. § 518 Abs. 1, § 766, § 925 Abs. 1, § 1154, § 1155, § 2247.
- Vertragliche Formerfordernisse: mündlich aufhebbar, wenn einfache Klausel oder qualifizierte Klausel in AGB; nur schriftlich aufhebbar, wenn qualifizierte individuelle Klausel.

Einhaltung des Formerfordernisses

- § 126, gesetzliche Schriftform: eigenhändig unterzeichnet; bei Vertrag mehrere identische (!) Erklärungen zulässig
- § 126 a, elektronische Form: qualifizierte Signatur erforderlich, normale E-Mail genügt nicht
- § 126 b, Textform: lesbar; erkennbarer Aussteller; Abschluss; dauerhaft speicherbar und wiedergebbar (z.B. Papier; E-Mail; digitales Speichermedium, auch in einer Cloud), Anzeige auf einer Homepage erst nach dem Download
- § 127 Abs. 2, vertragliche Schriftform: im Zweifel (nur Beweiszweck) genügt Textform; bei Vertrag Wechsel auch von nicht identischen Erklärungen in Textform zulässig
- § 128, notarielle Beurkundung des Inhalts: Sukzessivbeurkundung zulässig; i.Ü. schadet nur grober Verstoß gegen das BeurkG
- § 129, öffentliche Beglaubigung: weißt nur Identität des Unterzeichners nach, nicht den Inhalt

Rechtsfolgen des Formmangels

- Nichteinhaltung der Form führt gemäß § 125 S. 1 in aller Regel (beachte aber § 550 S. 1) und gemäß § 125 S. 2 im Zweifel zur Nichtigkeit
- Im Einzelfall Heilung: §§ 311 b Abs. 1 S. 2, 494 Abs. 2 S. 2 u Abs. 3 ff. (modifiziert), 766 S. 3, 518 Abs. 2; § 15 Abs. 4 S. 2 GmbHG
- Ausnahmsweise Nichtigkeit unbeachtlich, § 242: Existenzgefährdung oder besonders schwerer Treueverstoß

Auslegung formbedürftiger Erklärungen

- Zwei Schritte:
  - wirklichen Willen (§ 133) nach dem objektiven Empfängerhorizont (§ 157, wenn empfangsbedürftig) ermitteln
  - Zumindest Andeutung dieses Willens in der Urkunde?
- Falsa demonstratio schadet auch hier nicht
- (Widerlegbare) Vermutung der Vollständigkeit und Richtigkeit

4. Abschnitt: Nichtigkeit wegen Anfechtung, §§ 142 Abs. 1, 119 ff.

A. Überblick

160 Mit der Anfechtung können sowohl **einseitige Rechtsgeschäfte** als auch **Verträge** angegriffen werden. Objekt der Anfechtung ist dabei nach h.M. aber stets die **einzelne Willenserklärung**.[183] § 142 Abs. 1 bezeichnet zwar das „Rechtsgeschäft" als nichtig, aber nur das „anfechtbare". Und nach den §§ 119 ff. bezieht sich die Anfechtbarkeit stets auf die einzelne Willenserklärung. Wenn allerdings eine Willenserklärung nach § 142 Abs. 1 nichtig ist, dann ist auch das Rechtsgeschäft und/oder der Vertrag, in dem sie enthalten und dessen zwingende Voraussetzung sie ist, nichtig.[184]

Eine angefochtene Willenserklärung wird grundsätzlich so behandelt, als sei sie überhaupt nicht abgegeben worden (§ 142 Abs. 1: „von Anfang an nichtig"). Die Anfechtung wirkt also zurück, sie greift **ex tunc**.

Grundsätzlich sind zum **Schutz des Erklärungsempfängers** empfangsbedürftige Willenserklärungen mit dem Inhalt **wirksam**, der sich aufgrund ihrer Auslegung (§§ 133, 157) aus Sicht eines **objektiven Empfängers** ergibt. Das gilt selbst dann, wenn die subjektiven Vorstellungen des Erklärenden vom objektiv Erklärten abweichen, solange er nur einen subjektiven Handlungswillen und zumindest potentielles Erklärungsbewusstsein hat.[185] Darüber hinaus ist grundsätzlich irrelevant, wie seine Willenserklärung zustande gekommen ist, selbst wenn die Willensbildung aufgrund eines Irrtums oder aufgrund äußerer Zwänge fehlerhaft ist. Irrelevant ist auch, welche Motive ihn dazu veranlasst haben, seine Erklärung abzugeben.

Beispiel: K kauft von V eine Gastwirtschaft in der Erwartung, ein Fußballverein werde sie als Vereinslokal nutzen. Wenn der Verein eine andere Gastwirtschaft wählt, kann K seine Erklärung nicht anfechten.

Beispiel: K kauft zur bevorstehenden Hochzeit ihrer Freundin X ein Festkleid. Fällt die Hochzeit, gleich aus welchen Gründen, aus, kann K ihre Kaufvertragserklärung nicht anfechten.

Beispiel: M kündigt seinen Wohnungsmietvertrag zum 01.04., weil er umziehen will. Wird die neue Wohnung nicht zum 01.04. frei, so kann M seine Kündigungserklärung nicht anfechten.

Nur **ausnahmsweise** – nämlich nach Maßgabe der §§ 119, 120, 123 – ist der Erklärende, der bei Abgabe der Erklärung einem Willensmangel unterlag, so schutzwürdig, dass er entweder ohne Nachteile (§ 123) oder gegen Schadensersatz (§§ 119 u. 120 i.V.m. § 122) seine Willenserklärung durch Anfechtung vernichten darf.

Beispiel: V verkauft dem K für 1.100 € eine Skulptur, die er für ein billiges Imitat hält. Später stellt sich heraus, dass es sich um eine echte Antiquität handelt, deren Wert ca. 15.000 € beträgt. –
V kann ausnahmsweise seine Vertragserklärung anfechten. Motiv seiner Erklärung war eine Fehlvorstellung über die Echtheit der Skulptur, welche als wertbildender Faktor eine verkehrswesentliche Eigenschaft der Skulptur ist und daher nach § 119 Abs. 2 ausnahmsweise zur Anfechtung berechtigt.

183 Vgl. zur Unterscheidung von Rechtsgeschäft und Willenserklärung AS-Skript BGB AT 1 (2017), Rn. 13 f.

184 Vgl. Staudinger/Roth § 142 Rn. 15, m.w.N.

185 Vgl. zum Mindesttatbestand einer Willenserklärung AS-Skript BGB AT 1 (2017), Rn. 70.

B. Zulässigkeit der Anfechtung

Grundsätzlich ist **jede Willenserklärung** und **jede rechtsgeschäftsähnliche Handlung** (da für diese die Regeln über Willenserklärungen entsprechend gelten)[186] nach Maßgabe der §§ 119 ff. anfechtbar. 161

Mögliche (vor-)vertragliche **Schadensersatzansprüche** stehen dem nicht entgegen:

- Die Anfechtung führt gemäß § 142 Abs. 1 zur Nichtigkeit des Schuldverhältnisses, sodass **vertragliche Schadensersatzansprüche** gleichsam vernichtet werden. Insofern hat der Anfechtungsberechtigte und Geschädigte also die **Wahl**.
- Schadensersatzansprüche aus §§ 280 Abs. 1, 311 Abs. 2, 241 Abs. 2 aufgrund einer Pflichtverletzung bei **Vertragsanbahnung** bleiben hingegen bestehen, da das **vorvertragliche Schuldverhältnis** nicht auf Willenserklärungen beruht und daher von der Anfechtung unangetastet bleibt. In diesem Fall stehen Anfechtung und Schadensersatz **nebeneinander**. Keines der beiden Institute verdrängt das andere, denn die Anfechtung schützt die freie und fehlerlose Willensbildung, während Schadensersatzansprüche das Vermögen schützen, sodass kein Zielkonflikt besteht.

  Der (dem Grunde nach bestehende) Schadensersatzanspruch besteht dem folgend allerdings **der Höhe nach** nur soweit, wie ein **Vermögensschaden** eingetreten ist, der über den reinen Nachteil der Abgabe einer mit Willensmängeln behafteten Erklärung hinausgeht (z.B.: Minderwert der Kaufsache, Beeinträchtigung der wirtschaftlichen Bewegungsfreiheit wegen der Höhe des Kaufpreises), während die Anfechtung auch ohne Vermögensschaden zulässig ist.[187]

  Besteht ein Vermögensschaden, so können die **Rechtsfolgen** beider Institute identisch sein. Die Anfechtung führt gemäß § 142 Abs. 1 zur Nichtigkeit der Willenserklärung. Nach dem Grundsatz der Naturalrestitution (§ 249 Abs. 1) ist der Geschädigte so zu stellen, wie er ohne die schädigende Handlung stünde. Hätte er ohne die schädigende Handlung keine Willenserklärung abgegeben, dann muss der Schädiger die Rechtsfolgen der Erklärung ungeschehen machen, z.B. durch **Vertragsaufhebung**.

Vergleiche zum **Konkurrenzverhältnis** von Anfechtung, §§ 280 Abs. 1, 311 Abs. 2, 241 Abs. 2 und Gewährleistung auch Rn. 220 (mit **Beispiel** zu den Fristen) und das **Schaubild** in Rn. 237.

Vom Grundsatz der Zulässigkeit bestehen aber **Ausnahmen** bzw. **Besonderheiten**:

I. Familien- und Erbrecht

Sondervorschriften des Erb- und Familienrechts **schließen** die §§ 119 ff. **aus**. 162

Beispiele:[188] Aufhebung der Ehe (§§ 1313 ff.); Anfechtung der Anerkennung der nichtehelichen Vaterschaft (§§ 1600 ff.), der Erbschaftsannahme (§§ 1949 ff.) sowie der letztwilligen Verfügungen (§§ 2078, 2080, 2281, 2283).

Nach §§ 119 Abs. 2, 123 Abs. 1 Var. 1 sind **Motivirrtümer** nur ausnahmsweise, im Erbrecht hingegen in größerem Umfang beachtlich, vgl. §§ 2078 Abs. 2, 2079, 2308.

---

186 Vgl. AS-Skript BGB AT 1 (2017), Rn. 186; Palandt/Ellenberger Überbl. v. § 104 Rn. 7

187 Palandt/Grüneberg § 311 Rn. 13; BGH, Urt. v. 09.11.2007 – V ZR 281/06, NZM 2008, 379.

188 Näher zu diesen Vorschriften AS-Skript Familienrecht (2015) bzw. AS-Skript Erbrecht (2015).

II. Einzutragende Gründungs- und Beitrittserklärungen

163 Gründungs- und Beitrittserklärungen insbesondere zu Kapitalgesellschaften müssen **ins Handelsregister eingetragen** werden, vgl. §§ 36 ff. AktG und §§ 7 f. GmbHG, einschließlich der vom jeweiligen Gesellschafter zu leistenden Einlagen. Der Rechtsverkehr vertraut darauf, dass diese Eintragungen der Wahrheit entsprechen und er wird in seinem Vertrauen geschützt, vgl. § 15 HGB.[189] Daher sind derartige Erklärungen **nach ihrer Eintragung nicht anfechtbar**, nicht einmal nach § 123.[190]

Nicht einzutragende Gründungs- und Beitrittserklärungen sind hingegen nach den Grundsätzen über **fehlerhafte Gesellschaft** mit ex-nunc-Wirkung anfechtbar, s. Rn. 253.

III. Schweigen und Rechtsscheinstatbestände

164 Soweit **Schweigen kraft Gesetzes als Willenserklärung** gewertet wird, kann der Schweigende nicht mit der Begründung anfechten, er habe nicht gewusst, dass **das Schweigen diese Wirkung** habe. **Sonstige Willensmängel** berechtigten ihn aber so zur Anfechtung, als habe er eine entsprechende Erklärung abgegeben.[191]

Beispiel: G hat einen Anspruch gegen S aus § 488 Abs. 1 S. 2, der mit einer Hypothek am Grundstück des S gesichert ist. S übereignet das Grundstück an E und vereinbart mit diesem nach § 415 eine Schuldübernahme. S gibt G hiervon Mitteilung und fordert ihn zur Genehmigung auf. G äußert sich nicht und nimmt ein Jahr später S aus § 488 Abs. 1 S. 2 in Anspruch. S verweigert die Zahlung, G müsse sich an E halten, denn G habe genehmigt. G hält dem entgegen, er habe weder gewusst, dass sein Schweigen für ihn Nachteile haben könne, noch dass E ein armer Schlucker und insolvent sei. –
In Ausnahme zu § 415 Abs. 2 S. 1 gilt das Schweigen des G gemäß § 416 Abs. 1 S. 2 Hs. 1 als Genehmigung, da die Forderung durch eine Hypothek gesichert ist. Diese Genehmigung kann G nicht nach § 119 Abs. 1 mit der Begründung anfechten, er habe den Bedeutungsgehalt des Schweigens nicht gekannt. Der Irrtum über die Bonität des E, also die verkehrswesentliche Eigenschaft der Person des E, berechtigt den G hingegen zur Anfechtung nach § 119 Abs. 2 (vgl. Rn. 215).

Soweit **Rechtsscheinstatbestände** Rechtsfolgen auslösen, die im Regelfall durch Abgabe einer Willenserklärung herbeigeführt werden, kann der Erklärungsgehalt dieses Rechtsscheins nach h.M. angefochten werden. Dafür spricht, dass ein Rechtsschein nicht stärker binden könne als eine entsprechende Erklärung.[192]

Beispiel: Anscheinsvollmacht

C. Anfechtungsgründe des § 119 Abs. 1

I. Nichtübereinstimmung zwischen Erklärtem und Gewolltem

165 § 119 Abs. 1 verlangt, dass das **objektiv Erklärte** von dem subjektiv Gewollten **abweicht**. Präzise ist dabei nicht maßgeblich, was der Erklärende rein „innerlich" wollte, sondern was er mit der **Erklärung nach Außen zum Ausdruck bringen wollte**.

189 Näher zu § 15 HGB AS-Skript Gesellschaftsrecht (2015), Rn. 198 ff.
190 MünchKomm/Armbrüster § 119 Rn. 16 m.w.N.
191 MünchKomm/Armbrüster § 119 Rn. 64 ff.; Palandt/Ellenberger Einf. v. § 116 Rn. 12; näher zum Schweigen AS-Skript BGB AT 1 (2017), Rn. 165 ff.
192 Vgl. zur Anfechtbarkeit der Fälle der §§ 170 ff. sowie der Duldungs- und Anscheinsvollmacht AS-Skript BGB AT 1 (2017), Rn. 294, 296 u. 301.

§ 119 Abs. 1 enthält **zwei Varianten** eines solchen Irrtums:

- Der Erklärende wollte eine Erklärung dieses Inhalts überhaupt nicht abgeben (**Erklärungsirrtum**, § 119 Abs. 1 Var. 2). Der Erklärende bildet seinen Willen fehlerfrei, scheitert dann aber daran, ihn korrekt in Erklärungszeichen zu verwandeln. **Der Erklärende weiß nicht, was er sagt**. 166

  Beispiele: Winzer W möchte 100 kg Trauben verkaufen. Er verschreibt sich und bietet K den Kauf von 100 kg Schrauben an. Sodann greift W im Supermarkt aus Versehen nach einem Becher saurer Sahne, obwohl er süße Sahne benötigt. An der Käsetheke ordert er sodann Gouda, obwohl er eigentlich Camembert sagen wollte

  Will der Erklärende hingegen nicht nur eine Erklärung dieses Inhalts nicht abgeben, sondern will er **keinerlei Erklärung** abgeben, dann fehlt ihm der innere Handlungswille. Es liegt überhaupt keine Willenserklärung vor, der Anfechtung bedarf es nicht.[193]

- Der Erklärende war über den Inhalt der Erklärung im Irrtum (**Inhaltsirrtum**,§ 119 Abs. 1 Var. 1). Er hat zwar genau so gehandelt, wie gewollt, dabei aber seinem Handeln einen anderen Erklärungsgehalt zugemessen. **Der Erklärende weiß, was er sagt, aber er weiß nicht, was er damit sagt**. 167

  Beispiel:[194] K war in den 1970er-Jahren Konrektorin einer Realschule. Sie trug auf einem Bestellformular in der Zeile „Gros Rollen Toilettenpapier" die Zahl „25" ein. K ging dabei davon aus, es müsse sich um einen Fehler in dem Formular handeln und es seien große Rollen gemeint. K wusste nicht, dass das Wort „Gros" eine (schon damals) veraltete Mengenangabe für 12 x 12 = 144 ist. K fällt aus allen Wolken, als sie 3600 Rollen Toilettenpapier geliefert bekommt.

Hinweis: *Oft differenzieren Lit. und Rspr. nicht zwischen den beiden Varianten. Sie sollten dies möglichst tun, obgleich die Übergänge teilweise fließend sind. Zudem benötigen Sie hierfür detaillierte Informationen über die Willensbildung, die (auch in Examensklausuren) nicht immer mitgeteilt werden oder sich dem Kontext entnehmen lassen.*

II. Unbewusstheit

Die Abweichung der Erklärung vom Gewollten muss unbewusst sein, damit § 119 Abs. 1 greift. Der Erklärende muss also **glauben, den Inhalt** seiner Erklärung **zu kennen**. Nur dann irrt er über den Inhalt (§ 119 Abs. 1 Var. 1) bzw. nur dann will er die Erklärung nicht abgeben (§ 119 Abs. 1 Var. 2). 168

Gibt er hingegen eine Erklärung **in dem Wissen** ab, **ihren Inhalt nicht zu kennen**, so kann er insofern nicht anfechten.[195] Er irrt nicht und er will die Erklärung abgeben.

Beispiel: Als Student S zum Anfang des Wintersemesters endlich eine Mietwohnung findet, unterschreibt er überglücklich sofort den Mietervertrag, ohne diesen näher zu lesen. –
1. Soweit der Mietvertrag von den §§ 535 ff. **abweichende, aber übliche Regelungen** (Kündigungsfristen; Abwälzung von Schönheitsreparaturen) trifft, kann S nicht anfechten, selbst wenn er sie nicht wollte. Er ist insofern bewusst das naheliegende Risiko eingegangen, dass seine Erklärung diesen Inhalt hatte, daher wird er behandelt, als hätte er sie bewusst und somit ohne Irrtum abgegeben.
2. Soweit der Mietvertrag aber **unübliche Regelungen** enthält (Verpflichtung des S, im Garten des Vermieters zu arbeiten), kann S nach § 119 Abs. 1 Var. 2 anfechten. Insofern vertraute er darauf, dass seine Erklärung nicht auf eine derartige Verpflichtung gerichtet sein wird. Er irrte insofern.

193 Vgl. AS-Skript BGB AT 1 (2017), Rn. 71 f.

194 Nach LG Hanau, Urt. v. 30.06.1978 – I O 175/78, NJW 1979, 721.

195 Palandt/Ellenberger § 119 Rn. 9

Soweit der Erklärende hingegen den **Inhalt seiner Erklärung kennt** und **bewusst etwas anderes als das Gewollte erklärt**, sind die §§ 116, 117, 118 einschlägig.[196]

III. Zeitpunkt des Irrtums und Kausalität

169 Der Irrtum muss **im Zeitpunkt der Abgabe der Willenserklärung** vorliegen. Irrelevant ist, ob er zuvor oder später (z.B. im Zeitpunkt des Zugangs) besteht.

Ferner muss anzunehmen sein, dass der Erklärende seine Erklärung bei Kenntnis der Sachlage und verständiger Würdigung des Falles nicht abgegeben hätte. Der Irrtum muss also **hypothetisch kausal** für die Abweichung des Erklärten vom Gewollten sein.

Hinweis: *Beide Voraussetzungen lassen sich direkt dem Wortlaut des § 119 Abs. 1 entnehmen. Gleichwohl werden sie oft vergessen. Das führt bestenfalls zu Unvollständigkeiten und schlimmstenfalls, wenn diese Voraussetzungen nicht erfüllt sind, zum falschen Ergebnis. Auch erleichtern sie das Verständnis: Die Problematik des Kalkulationsirrtums (Rn. 181 ff.) beispielsweise entzündet sich an dem Merkmal „im Zeitpunkt der Abgabe".*

IV. Fallgruppen des Irrtums nach § 119 Abs. 1

Denklogisch und aufgrund der umfänglichen Rspr. bestehen Fallgruppen des § 119 Abs. 1, in die sich die üblichen (Examens-)fälle einordnen lassen:[197]

Hinweis: *Die folgende Aufzählung ist gleichwohl nicht zwingend abschließend. Auch atypische Fälle können zur Anfechtung berechtigen, solange sie sich unter die Ausführungen zu I. bis III. subsumieren lassen.*

1. Irrtum über die Bestandteile des Rechtsgeschäfts

170 Oft bezieht sich der Irrtum auf die **Bestandteile** des Rechtsgeschäfts, auf das die Willenserklärung abzielt.

Grundsätzlich macht es keinen Unterschied, ob der Irrtum die **vertragswesentlichen Bestandteile** (essentialia negotii) oder **andere Bestandteile** (accidentalia negotii) betrifft. Je nebensächlicher der Bezugspunkt des Irrtums ist, umso eher kann aber die hypothetische Kausalität (§ 119 Abs. 1 Hs. 2) fehlen.

a) Irrtum über den Vertragspartner bzw. den Erklärungsgegner

171 Der Erklärende kann über die Person irren, die **auf der Gegenseite** steht.

Beispiel: A will seine Wohnung streichen lassen. Er verhandelt mit Maler Michel, Hauptstr. 15 und mit Maler Michel, Albertstr. 15. Beide geben ein Angebot ab und A will den Erstgenannten engagieren. A nimmt sodann aber aus Versehen das Angebot des Michel, Albertstr. 15 an. –
Nach Auslegung aus der Sicht eines Empfängers (§§ 133, 157), ist die Annahme des A auf einen Vertrag mit dem Maler aus der Alberstr. gerichtet und mit ihrem Zugang bei diesem wirksam geworden. A kann aber gemäß §§ 142 Abs. 1, 119 Abs. 1 Var. 1 seine Annahme vernichten, was wiederum die Unwirksamkeit der gesamten vertraglichen Einigung und daher des Vertrags zur Folge hätte.

196 Näher zu den §§ 116, 117, 118 AS-Skript BGB AT 1 (2017), Rn. 53 ff.

197 Vgl. den Überblick bei Palandt/Ellenberger § 119 Rn. 10 ff.

b) Irrtum über die Vertragsart

Der Erklärende kann über die Vertragsart, also über die Charakteristik des Vertrags, wie sie sich aus den **gegenseitigen oder einseitigen Vertragspflichten** ergibt, irren. 172

Fall 5: Geschenkt, gekauft?

Das junge Studentenehepaar S inseriert: „Wer überlässt mittellosem Studentenehepaar Möbel zur Einrichtung einer Mansarde?" Junggeselle A, der vor kurzem eine Menge gebrauchter Möbel geerbt hat, teilt S seine Adresse mit. Einen Tag später meldet sich das junge Paar bei A. A erklärt, sie sollten sich auf dem Boden das Benötigte aussuchen, sie würden sicher etwas finden. Den S gefallen ein Bücherregal, ein Bettgestell und eine verstaubte Kommode. Im Einverständnis des A fahren sie diese Möbel ab. Einige Wochen später erhalten sie von A eine Rechnung über 350 €. Als S dem A mitteilen, sie seien davon ausgegangen, dass A die Möbel ihnen geschenkt habe, antwortet A empört, das könne doch nicht ihr Ernst sein. Er verlangt Bezahlung oder Rückgabe der Möbel. Zu Recht?

A. Ein Anspruch auf Zahlung von 350 € gemäß **§ 433 Abs. 2 Var. 1** besteht, wenn S und A sich darüber geeinigt haben, dass A die Möbel den S gegen entsprechende Zahlung aufgrund eines **Kaufs** übereignen soll. Diese Einigung kann beim Abtransport zustande gekommen sein, allerdings ist bereits zweifelhaft, ob ein **Angebot** auf Abschluss eines Kaufvertrags vorliegt. 173

Als die S dem A die ausgesuchten **Möbel zeigten**, brachten sie zum Ausdruck, dass sie die Möbel erwerben wollten, ohne jedoch ausdrücklich zu erklären, ob sie dafür ein Entgelt zahlen wollten oder nicht, also einen Kaufvertrag oder einen Schenkungsvertrag abschließen wollten. Ihr Verhalten ist **nach dem Horizont eines objektiven Empfängers** nach §§ 133, 157 auszulegen.

Einem Empfänger in der Position des A war wegen der Anzeige bekannt, dass S mittellose Studenten waren. Zudem wusste er, dass die S eine „Überlassung" der Möbel wünschten. Zudem waren die Möbel nach Art und Umfang auch nicht derart wertvoll, dass mit ihrer Überlassung auch an mittellose Studenten nur gegen Zahlung zu rechnen war. Da nicht ausdrücklich von einem Kauf die Rede war, ist das Verhalten der S daher als **Angebot auf Abschluss eines Schenkungsvertrags** i.S.d. § 516 zu verstehen.

Mangels Willenserklärung der S auf Abschluss eines Kaufvertrags besteht kein solcher und daher auch kein Anspruch des A aus § 433 Abs. 2 Var. 1 gegen S.

Aufbauhinweis: *Überflüssig und daher falsch wäre es, bereits hier zu prüfen, ob ein Schenkungsvertrag vorliegt, denn aus einem solchen ergibt sich nicht der in § 433 Abs. 2 Var. 1 benannte Zahlungsanspruch. Mit dem nötigen Überblick wissen Sie, dass Sie den Schenkungsvertrag weiter unten, im Rahmen des § 812, prüfen werden.*

B. A könnte gegen S einen Anspruch auf **Herausgabe** der Möbel aus **§ 985** haben. Zweifelhaft ist aber bereits, ob A derzeit **Eigentümer** der Möbel ist.

I. A und S haben sich konkludent über den Eigentumsübergang **geeinigt**, A hat den S die Möbel **übergeben** und als verfügungsbefugter Eigentümer war A auch zur Übereignung **berechtigt**, sodass A die Möbel an S gemäß **§ 929 S. 1 übereignet** hat.

II. Gemäß **§ 142 Abs. 1** ist die dingliche Einigungserklärung des A und mithin die gesamte Übereignung allerdings **ex tunc unwirksam**, wenn A seine Erklärung erfolgreich angefochten hat. Dann hätte A sein Eigentum zu keinem Zeitpunkt verloren und wäre daher auch derzeit Eigentümer der Möbel.

Aufbauhinweis: *Die Rechtsfolge gehört an den Anfang. Nennen Sie daher § 142 Abs. 1 zuerst, wenn Sie die Nichtigkeit aufgrund Anfechtung prüfen.*

A hat zwar die Anfechtung gegenüber S **erklärt** (vgl. § 143 Abs. 1 u. 2), ihm muss aber auch ein **Anfechtungsgrund** zur Seite stehen. In Betracht kommt allenfalls ein **Erklärungs- oder Inhaltsirrtum** nach § 119 Abs. 1. Das setzt aber voraus, dass A entweder den S kein Eigentum übertragen wollte, oder dass A die Reichweite seiner zum Eigentumsübergang führenden Erklärung nicht überblickte. Ob A sich hingegen beim Abschluss des Verpflichtungsvertrags, der der Übereignung zugrunde liegt, irrte, ist wegen des Trennungs- und Abstraktionsprinzips irrelevant.

Derselbe Irrtum **kann** dazu führen, dass sowohl Verpflichtungs- als auch Verfügungsgeschäft anfechtbar sind (**Fehleridentität**). Das **muss** aber **nicht** sein. Es ist für beide Geschäfte getrennt zu prüfen, ob sie nichtig sind.[198]

A hatte aber den Willen zur Übereignung, er hat sich insbesondere **nicht versprochen**. Auch war ihm **bewusst**, dass seine Erklärung **zum Eigentumsverlust führen** wird. Ein Fall des § 119 Abs. 1 liegt daher nicht vor.

Das wäre nur anders, wenn A seine **Übereignungserklärung** aufschiebend und/oder auflösend **bedingt** (§ 158) **vom Bestehen eines Kaufvertrags** hätte **abhängig** machen wollen oder ein **einheitliches Rechtsgeschäft** i.S.d. § 139 gewollt hätte und es versäumt hätte, diesen Willen zum Ausdruck zu bringen. Eine solche Vorgehensweise durchbricht das Trennungs- und Abstraktionsprinzip, sie ist aber zulässig.[199] Allerdings muss eine solche Bedingung ausdrücklich geäußert werden und dementsprechend müssen auf subjektiver Seite für einen solchen Willen klare Anhaltspunkte bestehen. Das ist hier aber nicht der Fall. Daher besteht kein solcher Wille des A, sodass sein Wille auch insofern nicht von seiner Erklärung abweicht.

Dass A von einem zugrunde liegenden Kaufvertrag ausging, ist unbeachtlich, denn **Motive** berechtigen nach § 119 Abs. 1 nie und nach §§ 119 Abs. 2, 123 Abs. 1 Var. 1 nur zur Anfechtung, wenn sie sich auf eine verkehrswesentliche Eigenschaft beziehen oder auf einer Täuschung beruhen – was hier nicht der Fall ist.

Mangels Anfechtungsgrundes hat A daher seine dingliche Erklärung nicht nach § 142 Abs. 1 vernichtet. Die Übereignung an S ist wirksam. A ist daher kein Eigentümer mehr, sodass ihm der Anspruch aus § 985 nicht zusteht.

C. A könnte gegen S ein Anspruch aus **§ 812 Abs. 1 S. 1 Var. 1** zustehen.

I. Die S haben **Eigentum** und **unmittelbaren Besitz** an den Möbeln erlangt.

---

198 Vgl. AS-Skript BGB AT 1 (2017), Rn. 26 f.

199 Vgl. AS-Skript BGB AT 1 (2017), Rn. 24 f.

II. Dies geschah durch die bewusste und zum Zwecke der Erfüllung eines (vermeintlichen) Verpflichtungsvertrags zwischen S und A, also durch **Leistung**.

III. Die Leistung könnte **ohne Rechtsgrund** erfolgt sein. Zwischen S und A besteht, wie erörtert, zwar kein Kaufvertrag, es könnte aber ein **Schenkungsvertrag** gegeben sein.

1. S und A müssen sich über eine Schenkung i.S.d. § 516 **geeinigt** haben. Die S haben, wie ausgeführt, dem A den Abschluss eines Schenkungsvertrags **angeboten**. Dieses Angebot hat A uneingeschränkt **angenommen**, als er den Abtransport der Möbel widerspruchslos zuließ. Sein äußeres Verhalten ließ aus der Sicht eines objektiven Empfängers in der Position der S nur den Schluss zu, dass A ihr Angebot auf Abschluss einer Schenkung annehmen wollte. Mithin haben S und A sich geeinigt.

   Unerheblich ist für den Inhalt der Erklärung des A, dass er innerlich einen Kaufvertrag abschließen wollte – das wird erst im Rahmen einer (sogleich zu prüfenden) Anfechtung relevant. Ferner liegt auch **kein Totaldissens** vor, denn das setzt voraus, dass sich die objektiven Erklärungsinhalte nicht decken, während vorliegend beide Parteien einen **Konsens** über einen Schenkungsvertrag erzielt haben.[200]

2. Das mündliche Schenkungsversprechen war zwar zunächst gemäß § 125 S. 1 **formnichtig**, denn gemäß §§ 518 Abs. 1 S. 1, 128 muss es notariell beurkundet werden. Dieser Formmangel wurde jedoch gemäß § 518 Abs. 2 **geheilt**, als A die Möbel an S übergab und übereignete und so die versprochene Leistung bewirkte.

3. Das Schenkungsversprechen könnte aber aufgrund einer **Anfechtung** gemäß § 142 Abs. 1 **ex tunc** nichtig sein.

   a) Der von A benötigte **Anfechtungsgrund** kann ein **Inhaltsirrtum** des A i.S.d. **§ 119 Abs. 1 Var. 1** sein. Das Erklärte und das Gewollte müssen dafür aufgrund des Umstands auseinanderfallen, dass A von einem falschen Erklärungsgehalt seiner Erklärung ausging.

   Objektiv erklärte A, die Möbel verschenken zu wollen. Subjektiv wollte A aber zum Ausdruck bringen, die Möbel verkaufen zu wollen. Er ging irrtümlich und unbewusst davon aus, dies auch erklärt zu haben. A wusste, was er erklärte, aber nicht, was er damit erklärte. Dieser Erklärungsirrtum lag auch im Zeitpunkt der Abgabe der Erklärung vor und A hätte die Erklärung nicht abgegeben, wenn er ihren objektiven Erklärungsgehalt gekannt hätte.

   Mithin steht A der Anfechtungsgrund des § 119 Abs. 1 Var. 1 zur Seite.

   b) Indem A zu erkennen gab, dass er aufgrund dieses Irrtums seine Erklärung nicht gelten lassen will, gab er konkludent eine **Anfechtungserklärung** gegenüber den S als richtige **Anfechtungsgegner** ab, § 143 Abs. 1 u. 2.

   c) Dies tat er auch ohne schuldhaftes Zögern, also unverzüglich und somit innerhalb der **Anfechtungsfrist** des § 121 Abs. 1 S. 1.

200 Vgl. zum Dissens AS-Skript BGB AT 1 (2017), Rn. 145 ff.

Mithin hat A seine Schenkungserklärung durch Anfechtung gemäß § 142 Abs. 1 vernichtet. Es besteht keine Schenkung und somit kein Rechtsgrund. A kann von S gemäß § 812 Abs. 1 S. 1 Var. 1 Herausgabe und Rückübereignung der Möbel verlangen.

Allerdings muss A dem S nach Maßgabe des **§ 122 Schadensersatz** leisten.

---

c) Irrtum über den Vertragsgegenstand

174 Der Erklärende kann über den **Gegenstand des Vertrags** irren.

Beispiel: A sieht sich im Internet Geräte zur Digitalisierung von VHS-Videokassetten an. Er entscheidet sich für das Modell DO-PE 69 der Firma Kampmann, das u.a. W-LAN-fähig ist. Wenn A beim Befüllen seines digitalen Warenkorbs aus Versehen auf ein anderes Gerät ohne W-LAN-Fähigkeit klickt und dieses bestellt, so kann er seine Erklärung gemäß § 119 Abs. 1 Var. 2 anfechten.

d) Irrtum über den Preis

175 Bei einem entgeltlichen Vertrag berechtigt auch ein Irrtum **über den Preis** zur Anfechtung, wenn er bei **Abgabe der Erklärung** (noch) vorliegt, vgl. Rn. 169.

Beispiel: Rechtsanwalt R will in die Honorarvereinbarung einen Stundensatz von 210 € eintragen. Er vertippt sich aber und gibt 120 € ein. R kann gemäß § 119 Abs. 1 Var. 2 anfechten.

Beispiel: Auf einer internationalen Messe in Frankfurt/Main stellt V einen Geländewagen aus. K erklärt, der Wagen sei perfekt für seine Farm in der Nähe von Sydney und für Fahrten ins Outback. V und K einigen sich auf einen Kaufpreis von „40.000 Dollar". K meinte 40.000 australische Dollar, entsprechend ca. 28.000 €. V meinte US-Dollar, entsprechend ca. 37.000 €.
Objektiv haben V und K sich über australische Dollar geeinigt, denn aufgrund der Äußerung des K war deutlich, dass nicht über (in Deutschland üblicherweise mit der Bezeichnung „Dollar" gemeinte) US-Dollar, sondern über australische Dollar verhandelt wurde. K hat das erklärt, was er erklären wollte, K kann nicht anfechten. V unterlag bei Abgabe der Erklärung einem Inhaltsirrtum und kann nach § 119 Abs. 1 Var. 1 anfechten.

Anders zu beurteilen sind hingegen **Kalkulationsirrtümer**, die sich bereits vor Abgabe der Erklärung herausbilden, näher dazu Rn. 181 ff.

e) Irrtum bei einseitigen Rechtsgeschäften

176 Auch **einseitige Rechtsgeschäfte** einschließlich der Anfechtungserklärung selbst sind anfechtbar, wenn sich der Erklärende in einem Irrtum gemäß § 119 Abs. 1 befand.

Beispiel: K will den Kaufpreis mindern, erklärt aber den Rücktritt. Hat er sich versprochen, so kann er nach § 119 Abs. 1 Var. 2 anfechten. Hat er über die Bedeutung des Wortes „Rücktritt" geirrt, kann er gemäß § 119 Abs. 1 Var. 1 (vgl. hierzu auch Rn. 180) anfechten.

Beispiel: M ficht seinen Mietvertrag an, wollte aber eigentlich kündigen. M kann seine Anfechtungserklärung gemäß § 119 Abs. 1 – je nach Ablauf der Willensbildung Var. 1 oder Var. 2 – anfechten.

2. Irrtum über Rechtsfolgen

177 Willenserklärungen sind auf den Eintritt von gewollten Rechtsfolgen gerichtet. **Im weiteren Sinn** ist daher **jeder Irrtum** auch ein Rechtsfolgenirrtum.[201] Der Irrtumsbegriff des § 119 Abs. 1 ist aber enger.

---

201 Vgl. zum Folgenden MünchKomm/Armbrüster § 119 Rn. 80 ff.; Palandt/Ellenberger § 119 Rn. 15 f.

Unstreitig liegt ein Irrtum nach § 119 Abs. 1 vor, wenn der Erklärende gerade über die **Rechtsfolge** irrt, die er **unmittelbar** mit seiner Erklärung **auslösen** wollte.

Beispiel: V verkauft K einen gebrauchten Staubsauger. V und K sind sich einig, dass V keine „Garantie" übernehme. V geht davon aus, dass „Garantie" die Bezeichnung für die gesetzlichen, in § 439 aufgezählten Gewährleistungsrechte ist.

Der Erklärende kann sich aber auch über Umstände irren, die nicht direkter Zweck der Erklärung sind oder sein sollen, sondern **kraft Gesetzes** oder aufgrund **ergänzender Auslegung** als **weitere Rechtsfolgen** eintreten (**Rechtsfolgenirrtum i.e.S.**). 178

- **Teilweise**[202] wird eine Anwendung des § 119 Abs. 1 auf den Rechtsfolgenirrtum i.e.S. **abgelehnt**, weil die (nur) aufgrund Gesetzes eintretenden Rechtsfolgen nicht von dem Willen des Erklärenden erfasst seien. 179

- Nach der **h.M.**[203] ist der Rechtsfolgenirrtum i.e.S. ein Inhaltsirrtum, wenn das vorgenommene Rechtsgeschäft **wesentlich andere als die beabsichtigten Wirkungen** erzeuge. Denn eine so wesentliche Abweichung müsse anfechtbar sein, wenn sie nicht gewollt sei. Zudem hätte der Erklärende in diesem Fall seine Erklärung nicht abgegeben, wenn er die wesentliche Abweichung gekannt hätte (§ 119 Abs. 1 Hs. 2) Dagegen sei der nicht erkannte Eintritt **zusätzlicher und mittelbarer Rechtswirkungen** kein Irrtum über den Inhalt der Erklärung, sondern ein (nicht unter § 119 Abs. 2 fallender und daher) unbeachtlicher Motivirrtum. 180

Beispiel:[204] Der E hat seinen Sohn S als Alleinerben eingesetzt. Als E verstirbt, stellt S fest, dass das Erbe durch Vermächtnisse und Auflagen erheblich beschränkt ist. Gleichwohl erklärt S die Annahme der Erbschaft, weil er meint, bei einer Ausschlagung des Erbes würde er seinen Anspruch auf den Pflichtteil verlieren. Später erfährt er, dass er im Gegenteil gemäß § 2303 Abs. 1 S. 1 nur bei einer Ausschlagung des Erbes den Pflichtteil verlangen kann. Da S das Recht zur Ausschlagung durch die Annahme der Erbschaft gemäß § 1943 Hs. 1 verloren hat, erklärt S die Anfechtung der Annahme der Erbschaft. –
I. Das **Erbrecht** enthält **keine besonderen Anfechtungsgründe** in den §§ 1954 ff. (sondern nur Vorschriften zu Form, Frist und Wirkung der Anfechtung) und der spezielle Anfechtungsgrund des § 2308 ist nicht einschlägig, denn die Beschränkungen der Erbschaft sind nicht entfallen.
II. S kann unstreitig gemäß **§ 119 Abs. 1 Var. 1** anfechten, wenn er die **unmittelbare Rechtsfolge** der Annahme der Erbschaft nicht gewollt hat. Dies ist aber gemäß § 1943 nur der Fortfall des Ausschlagungsrechts. Es ist nicht ersichtlich, dass S diesen Fortfall nicht gewollt hat und dass S die Annahme nicht erklärt hätte, wenn er gewusst hätte, dass sein Ausschlagungsrecht erlischt.
III. S irrte darüber, inwiefern sich die **Ausschlagung** einer Erbschaft auf den **Pflichtteilsanspruch** auswirkt. Dogmatisch betrachtet ist das zwar nur eine mittelbare, über § 2303 Abs. 1 S. 1 erzeugte Rechtsfolge. Aus Sicht des Betroffenen ist sie aber gleichwohl **wesentlich**. Zudem ging S insofern von der **gegenteiligen** Rechtsfolge aus. Letztlich handelt es sich um ein einheitliches Wahlrecht, dass sich sowohl auf die Erbenstellung (§ 1943) und zugleich auf den Pflichtteilsanspruch (§ 2303) auswirkt. S kann daher (nach h.M.) gemäß **§ 119 Abs. 1 Var. 1** anfechten.

3. Kalkulationsirrtum

Wenn der Erklärende eine Zahl (insbesondere einen Preis) nennt, die er nennen will, dann unterliegt er **bei Abgabe der Erklärung** oft keinem Irrtum. Wenn er allerdings **bei der vorherigen Willensbildung**, also bei der Berechnung der Zahl, irrt, dann kann ein 181

202 MünchKomm/Armbrüster § 119 Rn. 82.

203 BGH, Urt. v. 05.07.2006 – IV ZB 39/05, RÜ 2006, 561; BGH, Urt. v. 05.06.2008 – V ZB 150/07, Rn. 19, NJW 2008, 2442.

204 Nach BGH, Urt. v. 05.07.2006 – IV ZB 39/05, RÜ 2006, 561; nunmehr zustimmend Staudinger/Otte § 1954 Rn. 7 f.; anders noch Staudinger /Otte [2008] § 1954 Rn. 7.

solcher **Kalkulationsirrtum** insbesondere unter folgenden rechtlichen Gesichtspunkten relevant sein:[205]

- **Auslegung**,
- **Anfechtung**,
- Anspruch aus **§§ 280 Abs. 1, 311 Abs. 2, 241 Abs. 2**,
- Vertragsanpassung, hilfsweise Kündigung bzw. Rücktritt nach **§ 313** [206] und/oder
- Einwand nach **§ 242**.

Ob und wie diese Gesichtspunkte eingreifen, **hängt davon ab, ob** ein interner oder ein externer Kalkulationsirrtum vorliegt, und ob der Erklärungsgegner den Irrtum erkannt hat oder es sich sogar um einen gemeinsamen Irrtum der Parteien handelt.

a) Interner Kalkulationsirrtum

182 Ein interner Kalkulationsirrtum liegt vor, wenn die fehlerhafte **Kalkulation nicht zum Gegenstand der Vertragsverhandlungen** gemacht wurde. Der Erklärende kalkuliert anhand seiner persönlich gewählten Methode und äußert **nur das Ergebnis** seiner Kalkulation gegenüber dem anderen Teil.

- Er ist folgenlos, wenn der Vertragspartner ihn **nicht erkannt** hat und ihn auch **nicht** (i.S.d. § 122 Abs. 2) **hätte erkennen müssen**.
- **Kennt** der Vertragspartner den Irrtum oder hätte er ihn **erkennen müssen**, dann hat der Erklärende nach h.M. gleichwohl kein Anfechtungsrecht. Im Einzelfall können aber § 242 oder ein Anspruch aus §§ 280 Abs. 1, 311 Abs. 2, 241 Abs. 2 greifen.

Fall 6: Berechnungsfehler der Software

Tischler U schließt mit B am 15.04. einen Vertrag über Tischlerarbeiten in einem Neubau zu einem Gesamtpreis von 200.000 € ab. Die Konkurrenz hatte B zuvor Angebote zwischen 180.000 € und 220.000 € gemacht. Am 18.04. schreibt U dem B, dass infolge eines Softwarefehlers die Transport- und Montagekosten in Höhe von 30.000 € nicht einberechnet wurden und er deswegen nicht am Vertrag festhalten könne.

Ist U zur Durchführung der Arbeiten gegen Zahlung von 200.000 € verpflichtet, wenn festgestellt wird, dass B beim Vertragsschluss den Berechnungsfehler erkannt hat?

Ein Anspruch des B gegen U auf Durchführung der Arbeiten gegen eine Zahlung von 200.000 € kann sich aus einem Werkvertrag i.V.m. § 631 Abs. 1 ergeben.

183 1. U und B haben sich über Tischlerarbeiten gegen eine Zahlung von 200.000 € **geeinigt**. Eine Auslegung des Vertrags nach §§ 133, 157 aus Sicht eines mit der Verkehrsanschauung vertrauten Dritten ergibt, dass die **Transport- und Montagekos-**

205 Vgl. die Auflistung bei Palandt/Ellenberger § 119 Rn. 19.

206 Näher zu § 313 AS-Skript Schuldrecht AT 2 (2016), Rn. 124 ff.

ten bei einem derartigen Vertrag **im Gesamtpreis enthalten** sind, wenn die Parteien nichts anderes vereinbaren. Das gilt selbst dann, wenn eine Partei erkennt, dass die andere Partei diese Kosten nicht in die Kalkulation aufnimmt, denn dies ändert nichts an der alleine für die Einigung erforderlichen Willensübereinstimmung.[207]

2. U kann womöglich seine Erklärung gemäß § 142 Abs. 1 durch **Anfechtung** vernichten. Dazu müsste die von U nach seiner persönlichen, nicht mit B abgestimmten Berechnungsmethode vorgenommene falsche Kalkulation, also sein **interner Kalkulationsirrtum** ihn zur Anfechtung berechtigen. **184**

U hat, wie gewollt, einen Preis von 200.000 € in seine Erklärung aufgenommen, sodass kein unter § 119 Abs. 1 Var. 2 fallendes Verschreiben, also kein **Erklärungsirrtum** im Zeitpunkt der Abgabe der Erklärung vorliegt. Es könnte ein **Inhaltsirrtum** nach § 119 Abs. 1 Var. 1, also ein Irrtum über die Bedeutung der Erklärung gegeben sein. Auch dieser muss aber **im Zeitpunkt der Abgabe der Erklärung** vorliegen. Bloße Motive, die den Erklärenden im Vorfeld der Abgabe beeinflussen, sind – mit Ausnahme der hier nicht erfüllten §§ 119 Abs. 2, 123 Abs. 1 Var. 1 – unbeachtlich.

Teilweise[208] wird gleichwohl angenommen, ein solcher interner Kalkulationsirrtum stelle stets oder zumindest dann, wenn – wie hier B – die andere Seite ihn erkennt, kein bloßes Motiv der Erklärung dar. Die Kalkulation werde dann zum Erklärungsinhalt, auch wenn sie bereits vor Abgabe der Erklärung abgeschlossen ist, sog. (zeitlich) **erweiterter Inhaltsirrtum**. **Andere**[209] nehmen zwar keinen (erweiterten) Inhaltsirrtum an, wenden aber mit gleichem Ergebnis **§ 119 Abs. 1 oder Abs. 2 analog** an.

Zu Recht lehnt aber die **h.M.**[210] eine direkte oder analoge Anwendung des § 119 Abs. 1 ab. Es müsse bei den Grundsätzen bleiben, dass Motivirrtümer (abgesehen von §§ 119 Abs. 2, 123 Abs. 1 Var. 1) unbeachtlich sind und dass der Irrtum im Zeitpunkt der Abgabe der Erklärung vorliegen muss. Zudem ist denjenigen, die die Kenntnis des Empfängers als Voraussetzung der Anfechtung verlangen, entgegenzuhalten, dass dann die Anfechtungsfrist des § 121 Abs. 1 mit der Kenntnis des Erklärenden von der Kenntnis des Empfängers zu laufen beginnt. Diese Aneinanderreihung subjektiver Umstände würde zu erheblicher Rechtsunsicherheit führen.

Mithin kann U mangels Anfechtungsgrundes nicht anfechten.

3. Gemäß **§ 313 Abs. 2 i.V.m. Abs. 1** kann U von B u.U. eine **Vertragsanpassung** hinsichtlich des von B geschuldeten Entgelts verlangen. Die Kalkulation hat sich auch in der Tat als falsch herausgestellt. Allerdings ist sie **nicht gemeinsame Geschäftsgrundlage** von U und B gewesen. Sie war vielmehr nur Geschäftsgrundlage des U. Dass B die Kalkulation einschließlich ihres Fehlers kannte, macht sie nicht zu seiner eigenen Geschäftsgrundlage. Mithin kann U keine Vertragsanpassung verlangen. **185**

207 BGH, Urt. v. 13.07.1995 – VII ZR 142/94, NJW-RR 1995, 1360.

208 Habersack JuS 1992, 548.

209 Kindl WM 1999, 2198, 2206 f. (§ 119 Abs. 2 analog); Singer JZ 1999, 342, 347 (§ 119 Abs. 1 analog).

210 BGH, Urt. v. 07.07.1998 – X ZR 17/97, NJW 1998, 3192; Staudinger/Singer § 119 Rn. 51; Bork Rn. 837.

186 4. U könnte der **Einwand der unzulässigen Rechtsausübung** aus **§ 242** zustehen. Allein die Kenntnis von einem Kalkulationsirrtum begründet aber diesen Einwand nicht. Er greift nur in extremen Ausnahmefällen, z.B. wenn die Vertragsdurchführung dem Anbietenden wegen eines **erheblichen Fehlbetrags** schlechthin unzumutbar ist und ihn in **erhebliche wirtschaftliche Schwierigkeiten** bringt. Grundsätzlich gilt, dass eine falsche Kalkulation in den Risikobereich des Kalkulierenden fällt.[211]

U hat sich nur um 15% verrechnet und es ist nicht ersichtlich, dass ihm hierdurch erhebliche Schwierigkeiten drohen. Der Einwand des § 242 steht U nicht zu.

187 5. Hätte U gegen B einen Schadensersatzanspruch aus **§§ 280 Abs. 1, 311 Abs. 2 Nr. 1, 241 Abs. 2** i.H.v. 30.000 €, dann könnte er die Erfüllung des Anspruchs des B aus § 631 Abs. 1 gemäß **§ 273** von der Erfüllung dieser Zahlungspflicht abhängig machen.

Zwischen den Parteien bestand aufgrund ihrer Vertragsverhandlungen ein vorvertragliches Schuldverhältnis i.S.d. § 311 Abs. 2 Nr. 1, aufgrund dessen den B gewisse **Hinweispflichten** gegenüber U trafen. Die Grenze für diese Pflichten ist aufgrund der bereits bestehenden vertragsähnlichen Nähe der Parteien (§ 311 Abs. 2) niedriger als für den zuvor dargestellten Einwand nach § 242 anzusetzen.

Daher kann hier eine Hinweispflicht **auch ohne existenzielle Gefährdung** des U anzunehmen sein. Gleichwohl muss auch hier ein **erheblicher Fehlbetrag** vorliegen, bei welchem ein wirtschaftlich denkender Mensch den Vertrag keinesfalls abgeschlossen hätte. Denn grundsätzlich gilt, dass der Erklärende das Risiko einer Fehlkalkulation selbst trägt. Er hat es in der Hand, korrekt zu kalkulieren. Die andere Seite ist nicht dazu verpflichtet, auf jede kleine, für sie günstige Diskrepanz hinzuweisen.[212]

Die zitierte Entscheidung des BGH erging zu einem **öffentlichem Vergabeverfahren**, bei welchem die Parteien in besonderem Maße zur Vereinbarung angemessener Preise angehalten sind. Dann müssen diese Grundsätze erst recht im vorliegenden, auf dem freien Markt spielenden Fall gelten.

Dementsprechend hatte B keine Hinweispflicht. Der Fehlbetrag ist nicht erheblich, zumal die Berechnung des U auch bei inkludierten Nebenkosten nicht wesentlich von den Angeboten der Konkurrenz abweicht. U hat daher keinen Anspruch gegen B aus §§ 280 Abs. 1, 311 Abs. 2 Nr. 1, 241 Abs. 2 und daher kein Zurückbehaltungsrecht aus § 273.

Mithin kann B von U gemäß § 631 Abs. 1 die Durchführung der Arbeiten einschließlich Transport- und Materialkosten für 200.000 € verlangen.

Hätte B den internen Kalkulationsirrtum **nicht gekannt**, so wäre der Fall „erst recht" wie aufgezeigt zu lösen. Selbst die Autoren, die bei einem erkannten Kalkulationsirrtum eine **Anfechtung analog § 119 Abs. 1 oder § 119 Abs. 2** zulassen wollen, lehnen dann die Analogie ab. Sie erwägen allerdings, bei grob fahrlässiger Unkenntnis die Anfechtung zuzulassen.[213] Soweit man ohnehin mit der h.M. die Anfechtbarkeit selbst bei Kenntnis des Irrtums ablehnt, wirkt sich diese Feinheit nicht aus.

---

211 BGH, Urt. v. 07.07.1998 – X ZR 17/97, NJW 1998, 3192

212 BGH, Urt. v. 11.11.2014 – X ZR 32/14, RÜ 2015, 69.

213 Kindl WM 1999, 2198, 2206; Singer JZ 1999, 342, 349.

b) Externer (offener) Kalkulationsirrtum

Ein externer oder offener Kalkulationsirrtum liegt vor, wenn die fehlerhafte Kalkulation **zum Gegenstand der Vertragsverhandlungen** gemacht wurde. Der Erklärende nimmt in seine Erklärung also sowohl die Kalkulation als auch ihr Ergebnis auf. 188

aa) Vorrang der Auslegung des Vertrags

Wie bei jeder empfangsbedürftigen Willenserklärung ist zunächst zu prüfen, ob eine Auslegung aus Sicht eines objektiven Empfängers ergibt, dass der **wahre Wille** der Parteien (vgl. § 133) übereinstimmend nicht auf das falsch kalkulierte Ergebnis, sondern auf einen anderen Wert gerichtet ist. Da die **übereinstimmende Falschbezeichnung nicht schadet** (falsa demonstratio non nocet),[214] ist dann das wirklich Gewollte vereinbart. 189

Während der wahre Wille des Kalkulierenden in aller Regel auf diesen anderen Wert gerichtet ist, ist dies bei seinem Gegenüber nur dann anzunehmen, wenn die Kalkulation nicht bloß offengelegt ist, sondern wenn darüber hinaus die Parteien sich zuvor **auf eine falsche Berechnungsmethode einvernehmlich geeinigt** haben.[215]

Beispiel: Der Radiohersteller V verkauft an die Handelskette K 350 Radios. In den Vorgesprächen hatten V und K einen Stückpreis von „unter 500 €" ins Auge gefasst. Im Vertrag ist folgende Preisangabe enthalten: „350 Radios zum Stückpreis von 475 € = 131.250 €." –
V und K haben sich auf einen korrekt berechneten Kaufpreis von 166.250 € geeinigt. Sie haben einvernehmlich (und wie unter Kaufleuten üblich) vereinbart, dass der Kaufpreis sich aus dem Produkt der Stückzahl und des Stückpreises zusammensetzen soll. Die falsch errechnete Gesamtsumme ist eine unbeachtliche Falschbezeichnung.

Beispiel: V und K vereinbaren, dass K dem V sein gebrauchtes Handy der Marke „Standard", Modell „0-8-15" zu 50% der aktuellen UVP des Herstellers abkauft. Sie schauen gemeinsam in die Liste und entnehmen ihr eine UVP von 600 €. K zahlt an V 300 € und nimmt das Handy mit. Später bemerkt V, dass K und V in die Zeile zum Modell „0-7-14" geschaut haben. Die korrekte UVP liegt bei 640 €. –
V kann von K Zahlung weiterer 20 € verlangen. Sie haben übereinstimmend vereinbart, dass der Kaufpreis die Hälfte des (korrekten) Listenpreises, also 640 € / 2 = 320 € betragen soll.

Fehler in der Preiskalkulation können in Ausnahmefällen auch im Wege der **ergänzenden Vertragsauslegung**[216] zu korrigieren sein.

Beispiel:[217] V verkauft dem K ein Bergwerk zum Preis von 2,5 Mio. €. K ist vorsteuerabzugsberechtigt, d.h. er kann Umsatzsteuer, die er an andere zahlt, von der selbst eingenommenen Umsatzsteuer, die er ans Finanzamt abführen muss, abziehen (§§ 15, 15 a UstG). V genießt hingegen dieses Privileg nicht. K und V gehen aber ohnehin davon aus, dass das Geschäft nicht umsatzsteuerpflichtig ist, daher treffen sie diesbezüglich auch keine Vereinbarung. Als V feststellt, dass er doch Umsatzsteuer abführen muss, verlangt er von K über die 2,5 Mio. € hinaus eine weitergehende Zahlung in Höhe der Umsatzsteuer. –
I. Grundsätzlich schließt ein vereinbarter Kaufpreis die hierauf zu entrichtende Umsatzsteuer mit ein, falls nicht etwas anderes vereinbart wurde oder sich ein abweichender Handelsbrauch ergibt. Demnach könnte V von K keine zusätzliche Zahlung verlangen.
II. Da aber weder das Gesetz noch der Vertrag die Frage der regelt, was geschieht, wenn sich herausstellt, dass der Kaufpreis falsch kalkuliert ist, ist der Vertrag **ergänzend auszulegen**. Maßgeblich ist der **hypothetische Parteiwille**, also was die Parteien **redlicherweise vereinbart hätten**, wenn sie das Problem gesehen hätten. Dann hätte V auf eine höhere Zahlungspflicht des K bestanden, damit im Ergeb-

214 Vgl. zur falsa-demonstratio-Regel AS-Skript BGB AT 1 (2017), Rn. 203.
215 MünchKomm/Armbrüster § 119 Rn. 89.
216 Näher zur ergänzenden Vertragsauslegung AS-Skript BGB AT 1 (2017), Rn. 209 ff.
217 Nach BGH, Urt. v. 14.01.2000 – V ZR 416/97, NJW-RR 2000, 1652.

nis dem V 2,5 Mio. € für sich verbleiben. K hätte sich diesem Ansinnen nicht verschlossen, denn die Umsatzsteuer, die er an V zusätzlich zahlt, muss er nicht mehr an das Finanzamt abführen, sodass dem K kein wirtschaftlicher Schaden entstünde. Daher kann V zusätzliche Zahlung von K verlangen.

bb) Störung der Geschäftsgrundlage, § 313

190 Wenn die Parteien sich **nicht** im Vorfeld auf eine Berechnungsmethode **einigen**, aber übereinstimmend eine solche ihrem Vertrag **stillschweigend und übereinstimmend zu Grunde legen**, dann ist der Vertrag gemäß § 313 anzupassen, hilfsweise ist der Rücktritt bzw. die Kündigung zulässig.[218]

Beispiel:[219] V verkauft K Aktien zu einem Kurs von 340 €. Dabei gehen V und K davon aus, dass dieser Preis dem Börsenkurs entspricht. Tatsächlich betrug der Börsenkurs im Verkaufszeitpunkt aber 430 €. –
I. Es ist ein **Kaufvertrag** mit einem Kaufpreis von 340 € pro Aktie zustande gekommen. Eine **Auslegung** des Vertrags dahingehend, dass eine Einigung über den Börsenkurs getroffen wurde, scheidet aus, da die Parteien ausdrücklich einen Kaufpreis von 340 € genannt haben. Die Vertragserklärungen enthalten keine Bezugnahme auf den Börsenkurs, die Übereinstimmung von Kaufpreis und Börsenkurs ist lediglich eine gemeinsame Vorstellung der Parteien.
II. Eine **Anfechtung** gemäß § 119 Abs. 1 scheidet aus, denn V hat erklärt, die Aktien zum Stückpreis von 340 € zu verkaufen und er wollte diese Erklärung auch abgeben.
III. Die Übereinstimmung von Kauf- und Börsenpreis war nicht vereinbart, aber Geschäftsgrundlage. Die Diskrepanz fällt nicht nur in die Risikosphäre einer Partei, denn K und V wollten kein spekulatives Geschäft abschließen. Zudem ist es V bei einer Diskrepanz von über 25% nicht zumutbar, an dem Vertrag unverändert festzuhalten. V kann daher nach **§ 313** Anpassung des Vertrags verlangen und hilfsweise zurücktreten.

cc) Anfechtung

191 Die Frage, ob die Gegenseite das Vorliegen eines Anfechtungsgrundes erkennt, wirkt sich zwar auf die Schadensersatzpflicht aus (vgl. § 122 Abs. 2), nicht aber auf die Anfechtbarkeit selbst. Daher wir die Anfechtung beim externen Kalkulationsirrtum von der h.M. ebenso **abgelehnt** wie beim internen Kalkulationsirrtum (s. Rn. 184).[220]

dd) Unzulässige Rechtsausübung, § 242

192 Der Erklärende kann auch hier den Einwand der unzulässigen Rechtsausübung aus § 242 erheben, wenn der Vertragspartner im Zeitpunkt des Vertragsschlusses **wusste, dass der Erklärende einem Kalkulationsirrtum unterliegt** (was beim offenen Kalkulationsirrtum eher der Fall sein kann als beim verdeckten) und ihm die Durchführung des Vertrags **schlechthin unzumutbar** ist.[221]

ee) Anspruch aus §§ 280 Abs. 1, 241 Abs. 2, 311 Abs. 2

193 Hat der Erklärungsempfänger den Kalkulationsirrtum erkannt oder hätte er ihn erkennen können (was beim offenen Kalkulationsirrtum eher der Fall sein kann als beim verdeckten), so trifft ihn eine **Pflicht zur Aufklärung**. Verletzt er diese Pflicht, ist er gemäß §§ 280 Abs. 1, 241 Abs. 2, 311 Abs. 2 zum Schadensersatz verpflichtet.

---

218 Vgl. zu § 313 AS-Skript Schuldrecht AT 2 (2016), Rn. 124 ff.
219 Nach Wolf/Neuner § 41 Rn. 78, m.w.N.
220 Vgl. Palandt/Ellenberger § 119 Rn. 19 m.w.N.
221 BGH, Urt. v. 27.11.2007 – X ZR 111/04, Rn. 18, IHR 2008, 49.

4. Irrtum bei der invitatio ad offerendum und automatisierten Erklärungen

Ein Irrtum bei der Aufforderung, ein Angebot abzugeben,[222] berechtigt zur Anfechtung, wenn der **Irrtum bei Abgabe der Annahmeerklärung noch fortwirkt**. Insbesondere in diesem Zusammenhang kann sich die Frage stellen, wie Fehler in einer **automatisierten Erklärung** anfechtungsrechtlich zu behandeln sind. 194

Hinweis: *Vom Kalkulationsirrtum unterscheidet sich dieser Fall dadurch, dass der Irrtum bei „Abgabe" der invitatio besteht und daher – wäre die invitatio eine Willenserklärung – zur Anfechtung der invitatio berechtigen würde.*

Fall 7: Automatisierte Erklärungen

K bestellt über das Internet bei V ein Notebook, das auf der Homepage des V mit einem Preis von 150 € angezeigt wird. Wenige Augenblicke nachdem K das Bestellformular angeklickt hat, erhält er eine automatisch erzeugte E-Mail mit dem folgenden Inhalt:

„Sehr geehrter Kunde, Ihr Auftrag wird jetzt unter der Kundennummer ... von unserer Versandabteilung bearbeitet. ... Wir bedanken uns für den Auftrag ..."

Später entdeckt V, dass der Preis falsch angezeigt wurde, er sollte eigentlich 1.500 € lauten. V erklärt dem K sofort die Anfechtung. Muss V das Notebook liefern, wenn

1. V sich bei der Eingabe der Preise vertippt hatte bzw.
2. die Software des V die korrekten Eingaben des V falsch umgesetzt hatte?

Frage 1: Vertippen 195

K hat gegen V einen Anspruch auf Lieferung des Notebooks aus **§ 433 Abs. 1 S. 1**, wenn zwischen K und V ein wirksamer Kaufvertrag besteht.

I. K und V müssten sich nach Maßgabe der §§ 145 ff. **geeinigt** haben.

1. Die Einstellung des Notebooks auf die Homepage ist nur dann eine Willenserklärung des **V** in Form eines **Angebots**, wenn V hierbei bereits **Rechtsbindungswillen** hatte. V wollte nicht aufgrund vielfacher Bestellungen aus mehr Kaufverträgen verpflichtet sein als er Notebooks auf Lager hatte bzw. beschaffen konnte. Diese Gefahr lässt sich allerdings ausschließen, indem die Homepage so programmiert wird, dass sie bei Erschöpfung des Vorrats den Verkauf einstellt. Jedenfalls wollte V aber nicht mit jedem beliebigen Käufer kontrahieren, vielmehr wollte V sich im Einzelfall vorbehalten, den Vertragsschluss mangels Bonität abzulehnen. Es liegt nur eine **invitatio ad offerendum**, also eine Aufforderung zur Angebotsabgabe ohne Rechtsbindungswillen vor. V hat kein Angebot abgegeben.

2. **K** ist dieser Aufforderung mit seiner Bestellung nachgekommen. Er hat mithin ein **Angebot** zu 150 € abgegeben, das dem V auch zugegangen ist.

222 Vgl. zur invitatio ad offerendum AS-Skript BGB AT 1 (2017), Rn. 33 ff. und zu ihrer Auswirkung auf die spätere Annahme Rn. 204 ff.

3. **V** könnte das Angebot mit der E-Mail als Willenserklärung **angenommen** haben.

Dem steht nicht entgegen, dass die Mail **automatisch generiert** wurde, denn diese Generierung fand nur statt, weil V zuvor willentlich durch menschliches Handeln seine Software entsprechend programmiert hatte.[223]

Allerdings darf die E-Mail nicht nur eine **Bestellbestätigung**, also eine reine Wissenserklärung hinsichtlich des Eingangs der Bestellung enthalten, sondern aus ihr muss der Wille des V zum Vertragsschluss hervorgehen. Es muss dem Verkäufer möglich sein, eine solche Bestätigung abzugeben und seine Entscheidung über den Vertragsschluss hinauszuschieben, zumal er nach § 312 i Abs. 1 S. 1 Nr. 3 zur unverzüglichen Bestätigung verpflichtet ist.[224] Die Erklärung des V geht allerdings über eine bloße Bestätigung hinaus. Die Angabe, der „Auftrag" werde „bearbeitet" mag man noch als doppeldeutig ansehen, aber die Erwähnung der „Versandabteilung" zeigt deutlich, dass V einen Kaufvertrag wünscht und bereits in die Erfüllung seines Pflichtenprogramms aus § 433 Abs. 1 S. 1 eingetreten ist.[225]

Mithin hat V die Annahme erklärt, sodass V und K sich zu 150 € geeinigt haben.

II. V könnte aber gemäß § 142 Abs. 1 seine Annahme und dadurch den gesamten Vertrag rückwirkend durch **Anfechtung** beseitigt haben. V hat die Anfechtung gemäß § 143 Abs. 1 u. 2 gegenüber K unverzüglich i.S.d. § 121 Abs. 1 S. 1 erklärt.[226]

Als **Anfechtungsgrund** kommt nur ein **Erklärungsirrtum** i.S.d. § 119 Abs. 1 Var. 2 infrage. Das erfordert, dass V eine Annahme zu 150 € überhaupt nicht abgeben wollte und sie bei Kenntnis der wahren Sachlage nicht abgegeben hätte.

Zwar ist das **Vertippen** der moderne Fall des Versprechens oder Verschreibens als klassische Fälle des Erklärungsirrtums. Allerdings vertippte V sich **nicht**, wie von § 119 Abs. 1 gefordert, **bei Abgabe** der (automatisiert erklärten) Annahme, sondern vorher. Irrtümer im Vorfeld der Erklärungsabgabe sind aber in der Regel bloße **Motivirrtümer**, die – mit Ausnahme der hier nicht erfüllten §§ 119 Abs. 2, 123 Abs. 1 Var. 1 – nicht zur Anfechtung berechtigen.

Jedoch liegt es **im Wesen automatisierter Erklärungen**, dass bei Ihnen die Willensbildung vor Abgabe erfolgt, denn würde sie bei Abgabe erfolgen, dann bedürfte es der Automatisierung nicht. Zudem wirkt sich die Programmierung des automatisierten Systems unmittelbar auf den Inhalt der Erklärung aus. Die Erklärung entsteht durch **zwei Akte**, die juristisch als **eine Einheit** anzusehen sind.

Hinzu kommt, dass V sich nicht irgendwann im Vorfeld der Abgabe der Annahme, sondern **bei Entäußerung der invitatio ad offerendum** vertippt hat. Diese anerkannte Rechtsfigur soll den Erklärenden vor einer vorschnellen Bindung schützen, indem sie als Argument für den fehlenden Rechtsbindungswillen herangezogen wird. Dann ist es konsequent, gleichsam dem Erklärenden den Schutz der Anfechtung zu-

223 Vgl. Staudinger/Singer § 119 Rn. 36.

224 Vgl. zur Bestellbestätigung AS-Skript BGB AT 1 (2017), Rn. 36.

225 Vgl. BGH, Urt. v. 26.01.2005 – VIII ZR 79/04, RÜ 2005, 173.

226 Vgl. insgesamt zum Folgenden BGH, Urt. v. 26.01.2005 – VIII ZR 79/04, RÜ 2005, 173; OLG Frankfurt, Urt. v. 20.11.2002 – 9 U 94/02, RÜ 2003, 148.

zubilligen, wenn sein Irrtum bei der inivitatio – wie hier – unverändert bei Abgabe der automatisierten Annahme fortbesteht.

Mithin unterlag V einem Erklärungsirrtum. Er hat daher seine Annahme gemäß §§ 142 Abs. 1, 119 Abs. 1 Var. 2 und dadurch den Kaufvertrag rückwirkend vernichtet. K hat gegen V keinen Lieferanspruch aus § 433 Abs. 1 S. 1

Frage 2: Fehler der Software des V 196

Wie bei Frage 1 hat V gegen K keinen Anspruch aus § 433 Abs. 1 S. 1, wenn V auch in dieser Konstellation ein **Anfechtungsgrund** zur Seite steht.[227]

I. **§ 120** verlangt eine **unrichtige Übermittlung** durch die hierfür verwendete **Einrichtung**. Die Übermittlung beginnt aber erst dort, wo die Erklärung den **Machtbereich des Erklärenden verlässt**. Die falsche Preisangabe entstand aber aufgrund der Software des V, also in seinem Machtbereich. Daher ist § 120 nicht einschlägig.

§ 120 wäre einschlägig, wenn die Preisangabe nach ihrer Absendung durch V durch die **Software eines Dritten**, z.B. in einem Rechenzentrum, verfälscht worden wäre.

II. Ein **Erklärungsirrtum** des V i.S.d. **§ 119 Abs. 1 Var. 2** muss bei Abgabe der Annahme bzw. – wie ausgeführt – bei Entäußerung der invitatio vorliegen. Der Entäußerungsprozess dauert dabei solange an, wie die Erklärung bzw. die invitatio sich noch im Machtbereich des V befindet. Es macht daher keinen Unterschied, ob er sich bei der Eingabe der Erklärung bzw. der invitatio in seine Software vertippt, oder ob die zu seinem Machtbereich zählende Software seine Eingabe verfälscht. Insofern gehen also § 119 Abs. 1 Var. 2 u. § 120 nahtlos ineinander über. V hat wirksam angefochten.

K kann von V daher keine Lieferung gemäß § 433 Abs. 1 S. 1 verlangen.

Hätte statt der Software der **V sich verkalkuliert**, so läge ein unbeachtlicher Kalkulationsirrtum vor.

---

227 Vgl. insgesamt zum Folgenden BGH, Urt. v. 26.01.2005 – VIII ZR 79/04, RÜ 2005, 173.

Anfechtung

Grundsätzliches

- **Grundsätzlich jede Willenserklärung** und auch Rechtsscheinstatbestände (h.M.) sind anfechtbar, aber: Sonderregeln, insbesondere im Erb- und Familienrecht; nicht bei Erklärungen fürs Handelsregister; bei zustimmendem Schweigen nur, wenn Irrtum über anderen Umstand als Bedeutung des Schweigens

Inhaltsirrtum und Erklärungsirrtum , § 119 Abs. 1 Var. 1 u. 2

- **Unbewusste Nichtübereinstimmung von Erklärtem und mit der Erklärung Gewolltem,** z.B. bzgl. einer Person, des Vertragstyps, des Vertragsgegenstands oder eines sonstigen -bestandteils, des Entgelts oder des Inhalts einer einseitigen Erklärung; **im Zeitpunkt der Abgabe** und **hypothetische Kausalität**
- **Inhaltsirrtum** über den Bedeutungsgehalt (nicht wissen, was man damit sagt), § 119 Abs. 1 Var. 1; **Erklärungsirrtum** bei der Entäußerung (nicht wissen, was man sagt), § 119 Abs. 1 Var. 2
- **Motivirrtümer** im Vorfeld der Erklärung hingegen unbeachtlich; Ausnahmen §§ 119 Abs. 2, 123 Abs. 1 Var. 1 und Sondernormen insbesondere im Erbrecht
- Irrtum bzgl. **unmittelbarer Rechtsfolge** berechtigt zur Anfechtung. Irrtum bzgl. **mittelbarer oder zusätzlicher Rechtsfolge** berechtigt nach h.M. zur Anfechtung, wenn die Rechtsfolge wesentlich anders ist (a.A.: kein Anfechtungsrecht)
- Irrtum bei **invitatio ad offerendum** berechtigt zur Anfechtung, wenn er aufgrund der Automatisierung der späteren Annahmeerklärung bei ihrer Abgabe durch den Automaten noch fortwirkt;
- **Verfälschung** der invitatio oder einer Erklärung **durch eigene Software** = § 119 Abs. 1 Var. 2, **durch fremde Software** § 120

Kalkulationsirrtum

- **interner Kalkulationsirrtum** (Berechnung nicht Vertragsgegenstand, nur ihr Ergebnis)
  - Selbst bei Kenntnis des Vertragspartners **keine Anfechtung** (h.M.), da unbeachtlicher Motivirrtum im Vorfeld
  - **Kein Fall des § 313**, da Berechnung nicht gemeinsame Vertragsgrundlage
  - **§ 242, unzulässige Rechtsausübung** bei extremer Abweichung und wirtschaftlicher Existenzbedrohung
  - **§§ 280 Abs. 1, 311 Abs. 2, 241 Abs. 2**, wenn Aufklärungspflicht bei extremer Abweichung
- **externer Kalkulationsirrtum** (Berechnung ist Vertragsgegenstand)
  - **Auslegung vorrangig**: Falls Berechnung nicht nur Vertragsgegenstand, sondern Berechnungsmethode gemeinsam vereinbart, dann gilt das als gewollt, was bei korrekter Berechnung das Ergebnis gewesen wäre (falsa demonstratio non nocet)
  - Selbst bei Kenntnis des Vertragspartners **keine Anfechtung** (h.M.), da unbeachtlicher Motivirrtum im Vorfeld
  - **§ 313** (Vertragsanpassung; hilfsweise Rücktritt bzw. Kündigung) kann greifen
  - **§ 242, unzulässige Rechtsausübung** bei Unzumutbarkeit
  - **§§ 280 Abs. 1, 311 Abs. 2, 241 Abs. 2**, wenn Aufklärungspflicht bei extremer Abweichung

D. Anfechtungsgründe des § 119 Abs. 2

Grundsätzlich berechtigen **Motivirrtümer**, die den Erklärenden zur Erklärung verleitet haben, nicht zur Anfechtung. § 119 Abs. 2 enthält zwei Ausnahmen. 197

I. Verkehrswesentliche Eigenschaft einer Sache, § 119 Abs. 2 Var. 2

Gemäß § 119 Abs. 2 Var. 2 berechtigt der Irrtum über die verkehrswesentliche Eigenschaft einer Sache zur Anfechtung.

1. Anwendbarkeit

Grundsätzlich gilt § 119 Abs. 2 für alle Willenserklärung. In **drei Fallkonstellationen** ist seine Anwendbarkeit aber zumindest problembehaftet. 198

a) Vorrang des Gewährleistungsrechts

Soweit die verkehrswesentliche Eigenschaft i.S.d. § 119 Abs. 2 Var. 2 **zugleich den Mangelbegriff** des Gewährleistungsrechts erfüllt, steht neben dem Anfechtungsrecht das gewährleistungsrechtliche **Rücktritts- bzw. Kündigungsrecht**. Daher stellt sich die Frage, ob § 119 Abs. 2 als lex generalis unanwendbar ist.[228] 199

Für die **zahlende Partei** gilt je nach **Art des Schuldverhältnisses** Folgendes: 200

- Im **Kaufrecht** sperrt das Gewährleistungsrecht die Anfechtung nach § 119 Abs. 2 Var. 2 durch den **Käufer**.
  - Sie würde die sofortige Vertragsbeendung ermöglichen, während das Gewährleistungsrecht dem Verkäufer die Möglichkeit einräumt, binnen einer Frist **nachzuerfüllen** (**Recht zur zweiten Andienung**, vgl. §§ 437 Nr. 1 u. 2, 439, 323 Abs. 1).
  - Ferner kann der Käufer in den Fällen des § 438 Abs. 1 Nr. 2 u. 3 gemäß §§ 438 Abs. 4 S. 1, 218 den Kaufvertrag nur **binnen fünf bzw. zwei Jahren ab Gefahrübergang** durch Rücktritt vernichten, unabhängig von seiner Kenntnis vom Mangel. Die Anfechtung muss hingegen gemäß § 121 einerseits unverzüglich ab Kenntnis erfolgen, kann aber anderenfalls auch noch nach zehn Jahren erklärt werden.
  - Außerdem hat der Käufer im Regelfall gemäß § 442 Abs. 1 S. 2 Hs. 1 bereits dann **kein Rücktrittsrecht**, wenn er den Mangel zwar nicht kennt, aber **grob fahrlässig nicht kennt**. Das Anfechtungsrecht besteht hingegen auch bei grob fahrlässiger Unkenntnis, denn ein Irrtum besteht definitionsgemäß solange, wie der Irrende die objektive Sachlage nicht kennt.
- Ebenso ist im **Werkrecht** die Anfechtung nach § 119 Abs. 2 Var. 2 für den **Besteller** gesperrt. Zwar ist hier der Rücktritt nur bei Kenntnis ausgeschlossen (§ 640 Abs. 2), aber es muss ebenfalls das Recht zur zweiten Andienung erhalten werden (vgl. §§ 634 Nr. 1 u. 3, 635, 323 Abs. 1) und es gelten besondere Fristen (§ 634 a Abs. 4).

---

228 Vgl. zum Folgenden m.w.N. Palandt/Ellenberger § 119 Rn. 28.

- Im **Mietrecht** hält die e.A.[229] das Anfechtungsrecht des **Mieters** nach § 119 Abs. 2 Var. 2 angesichts des § 536 b Abs. 1 S. 2 (Parallelnorm zu § 442 Abs. 1 S. 2) ebenfalls für ausgeschlossen. Die wohl h.M.[230] spricht dem Mieter hingegen dieses Anfechtungsrecht zu, denn während der Dauer des Mietverhältnisses verjährt dessen Mangelbeseitigungsanspruch überhaupt nicht, sodass keine Fristenkonkurrenz besteht. Außerdem regelt das Mietrecht keine spezielle, in Konkurrenz zu §§ 142 Abs. 1, 812 ff. (vgl. hierzu Rn. 254) tretende Rückabwicklung eines mangelhaften Mietverhältnisses aufgrund Rücktritts, vielmehr ist im Mietrecht nur die Kündigung mit ex-nunc-Wirkung vorgesehen.

201 Für die **Gegenseite** (Verkäufer, Werkunternehmer, Vermieter) sind keine speziellen Gewährleistungsrechte angeordnet, sodass keine Gesetzeskonkurrenz besteht. Gleichwohl ist ihr die Anfechtung nach Treu und Glauben **(§ 242)** verwehrt, wenn sie sich durch diese ihren **Mangelbeseitigungspflichten** gegenüber dem Zahlenden **entziehen** würde. Das setzt allerdings voraus, dass der Zahlende die Mangelbeseitigung einfordert. Will er hingegen ebenfalls den Vertrag durch Rücktritt bzw. Kündigung beenden, so ist er nicht schutzwürdig und die Gegenseite kann anfechten.[231]

202 Das Ausgeführte zu **beiden Parteien**

- gilt nach heute h.M.[232] **auch vor Gefahrübergang** (grds. Übergabe, § 446 S. 1 bzw. Überlassung, § 536 Abs. 1 Var. 1 bzw. Abnahme, § 640 Abs. 1 S. 1), denn die Gefahr der Umgehung der speziellen Gewährleistungsregeln besteht vor diesem Zeitpunkt ebenso sehr bzw. ebenso wenig wie danach.
- gilt **nicht** hinsichtlich verkehrswesentlicher Eigenschaften, die **keinen Mangel** begründen, denn dann ist das spezielle Gewährleistungsrecht nicht einschlägig.

Diskutabel ist ferner, ob die Anfechtung nach § 119 Abs. 2 Var. 2 zulässig sein soll, wenn zwar das Gewährleistungsrecht greift, aber die Gegenseite **den Mangel arglistig verschweigt**. Denn dann versagt das Gewährleistungsrecht der Gegenseite den Schutz (vgl. z.B. für das Kaufrecht §§ 438 Abs. 3, 442 Abs. 1 Hs. 2 Var. 1, 323 Abs. 2 Nr. 3 [Arglist als „besonderer Umstand", s. Rn. 236]).

203 Klargestellt sei ferner, dass das Gewährleistungsrecht **alle anderen Anfechtungsgründe nicht sperrt**, denn diese treten nicht in Konkurrenz zum Mangelbegriff.

Vergleiche zum **Konkurrenzverhältnis** von Anfechtung, Gewährleistung und §§ 280 Abs. 1, 311 Abs. 2, 241 Abs. 2 auch das Schaubild in Rn. 237.

b) Vorrang des § 313 beim Doppelirrtum

204 Bei einem **Irrtum beider Parteien über den gleichen Umstand** ist zweifelhaft, ob § 119 Abs. 2 Var. 2 greift.

- Es lässt sich argumentieren, dass vorrangig die Grundsätze über die **Störung der Geschäftsgrundlage (§ 313 Abs. 2)** anzuwenden sind.[233] Wenn sich beide Parteien

229 MünchKomm/Armbrüster § 119 Rn. 35 ff.

230 Palandt/Weidenkaff § 536 Rn. 12; Dötsch NZM 11, 457.

231 BGH, Urt. v. 08.06.1988 – VIII ZR 135/87, NJW 1988, 2597; OLG Oldenburg, Urt. v. 28.07.2005 – 8 U 93/05, RÜ 2005, 505.

232 Palandt/Ellenberger § 119 Rn. 28; Medicus/Petersen, AT Rn. 775; MünchKomm/Armbrüster § 119 Rn. 29 ff.; a.A. BGH, Urt. v. 14.12.1960 – V ZR 40/60, NJW 1961, 772.

233 Vgl. BGH, Urt. v. 11.10.2000 – VIII ZR 321/99, ZIP 2000, 2222, allerdings nur in einem obiter dictum am Ende; Palandt/Ellenberger § 119 Rn. 30, 21a; näher zu § 313 AS-Skript Schuldrecht AT 2 (2016), Rn. 124 ff.

über den gleichen Umstand irren, dann ist es nicht gerechtfertigt, nur die anfechtende Partei mit der Schadensersatzpflicht aus § 122 zu belasten. Es könnten zufällige Ergebnisse drohen. Gerechter erscheint dann vielmehr eine nach § 313 Abs. 2 u. 1 vorrangige Vertragsanpassung.

- Für das **Anfechtungsrecht** spricht aber, dass § 119 Abs. 2 nach dem Wortlaut nicht auf die Fälle beschränkt ist, in denen nur eine Partei irrt. Zudem ist in der Regel der objektiv bestehende Umstand im Vergleich zur irrigen Vorstellung für die eine Partei von Vorteil und für die andere von Nachteil. Die Anfechtung wird dann nicht zufällig eine der Parteien erklären, sondern nur die Partei, die den Nachteil hat. Dann ist es aber auch nicht unbillig, sie mit der Schadensersatzpflicht des § 122 zu belasten.[234]

Beispiel: K sieht bei V ein Gemälde an der Wand. Beide halten es für eine Kopie des berühmten Originals des Malers Hieronymus Bosch. K erwirbt das Bild für 1.300 €. Nach einem Jahr stellt sich heraus, dass das Werk ein Original des Künstlers ist. V ficht den Kaufvertrag an und verlangt Herausgabe. –
A. Ein Anspruch aus **§ 812 Abs. 1 S. 1 Var. 1 bzw. S. 2 Var. 1**[235] erfordert, dass der Kaufvertrag als Rechtsgrund aufgrund einer Anfechtung (§ 142 Abs. 1) mit Anfechtungsgrund vernichtet wurde.
I. § 119 Abs. 1 ist nicht erfüllt. V hat objektiv erklärt, das an der Wand hängende Gemälde zu verkaufen. Er wollte dies auch erklären, und er wusste, was er damit erklärte.
II. Hält man **§ 313** für einschlägig, so ist aufgrund der gemeinsamen Fehlvorstellung über den Urheber der Kaufpreis vertragsanpassend (§ 313 Abs. 2 u. 1) zu erhöhen, falls dies dem K nach einer Interessenabwägung zumutbar ist. Anderenfalls kann V zurücktreten und das Bild gegen Rückzahlung des Kaufpreises herausverlangen (§§ 313 Abs. 3 S. 1, 346 Abs. 1, 348), ohne dem K Schadensersatz zu schulden.
III. Sieht man den Doppelirrtum hingegen als Fall des **§ 119 Abs. 2 Var. 2** an, so ist dieser nicht durch das Gewährleistungsrecht gesperrt, denn das Gemälde ist sogar höherwertiger als vereinbart, sodass K keine sperrenden Gewährleistungsansprüche gegen V hat. Die Urheberschaft ist bei einem Bild auch wertbildender Faktor, sodass V anfechten kann. Er kann gegen Rückzahlung des Kaufpreises das Bild herausverlangen (§§ 812 Abs. 1, 273), schuldet dem K aber nach Maßgabe des § 122 Schadensersatz.

Beim Doppelirrtum haben beide Parteien eine Fehlvorstellung über wertbildende Faktoren (im Beispiel: den Urheber) des beiderseitig korrekt bezeichneten Vertragsgegenstandes (im Beispiel: das Gemälde an der Wand). Er ist **von der übereinstimmenden Falschbezeichnung** (**falsa demonstratio**), die im Rahmen des § 119 Abs. 1 eine Rolle spielt (s. Rn. 157),[236] **abzugrenzen**. Bei dieser bezeichnen die Parteien den Vertragsgegenstand – wenn auch übereinstimmend – falsch („Haifischfleisch"), haben aber die korrekte Vorstellung über seine wertbildenden Faktoren (Walfischfleisch).

2. Sache

Nach der Legaldefinition des § 90 sind nur körperliche Gegenstände Sachen. Sachen i.S.d. § 119 Abs. 2 Var. 2 sind aber **auch nichtkörperliche Gegenstände**.[237] 205

Beispiel: V verkauft dem K eine Forderung gegen S über 95.000 € für 90.000 €. Später erfährt K, dass die Forderung entgegen seiner Vorstellung bereits verjährt ist. –
Die Forderung ist eine Sache i.S.d. § 119 Abs. 2 Var. 2. Ihre Verjährung und die damit einhergehende dauerhaft ausgeschlossene Durchsetzbarkeit ist auch ein wertbildender Faktor.

234 Medicus/Petersen BR Rn. 162.
235 Vgl. zur Anspruchsgrundlage bei der Anfechtung Rn. 259 u. AS-Skript BGB AT 1 (2017), Rn. 11.
236 Vgl. zur falsa demonstratio auch AS-Skript BGB AT 1 (2017), Rn. 203.
237 Palandt/Ellenberger § 119 Rn. 27; Staudinger/Singer § 119 Rn. 95.

Beispiel:[238] Der Erbe kann die Annahme der Erbschaft gemäß § 119 Abs. 2 wegen eines Irrtums über eine verkehrswesentliche Eigenschaft der Sache „Nachlass" anfechten, wenn der Nachlass mit wesentlichen Verbindlichkeiten belastet ist, die dem Erben bei Annahme der Erbschaft unbekannt waren.

3. Eigenschaft

206 Eigenschaften sind **alle gegenwärtigen wertbildenden Merkmale, die ihren Grund in der Sache haben und von gewisser Dauer sind.** Im Einzelnen:[239]

a) Merkmale

207 Merkmale ergeben sich zum einen aus der **natürlichen Beschaffenheit** der Sache.

Beispiele: Material, Herstellungsverfahren, Qualität im Vergleich zu ähnlichen Sachen.

Zum anderen ergeben sich die Merkmale auch aus den **tatsächlichen und rechtlichen Verhältnissen und Beziehungen** der Sache **zu der sie umgebenden Welt**.

Beispiele: Lage eines Grundstücks und auf ihm lastende Berechtigungen Dritter (Hypotheken, Baubeschränkungen); Urheber eines Gemäldes

Der BGH hat das **Eigentum** an einer Sache nicht als Eigenschaft angesehen, weil es nicht außerhalb der Sache liege und nicht ersichtlich sei, „inwiefern dieses auf ... den Wert der Sache Einfluss haben kann." Vielfach wird daraus pauschal abgeleitet, das Eigentum sei nie eine Eigenschaft.[240] Das ist aber nicht überzeugend. Das Eigentum wohnt zwar unmittelbar der Sache isoliert inne, bestimmt aber über die §§ 823 Abs. 1, 903 ff., 985 ff., 1004 mittelbar sehr wohl die Beziehungen der Sache zu ihrer Umwelt. Ferner war zwar in dem vom BGH zu entscheidenden Fall die Eigentumslage ohne Relevanz, weil der Verkäufer zwar nicht Eigentümer der Kaufsache war, diese aber gleichwohl übereignen konnte. In anderen Fällen ist aber der (Vor-)Eigentümer einer Sache – ähnlich wie ihr Urheber bzw. Schöpfer – extrem **wertbildend und verkehrswesentlich** (Begriffe: Rn. 208, 210). Im Jahr 2005 wurde etwa ein Pkw im technisch betrachteten Wert von knapp 10.000 € für knapp 190.000 € verkauft, alleine weil sein früherer Eigentümer Joseph Ratzinger kurz zuvor zum Papst Benedikt XVI. gewählt wurde. Dieser wirtschaftlichen Realität muss Rechnung getragen werden, indem man das Eigentum generell als **Eigenschaft** anerkennt und dann im Einzelfall prüft, ob es wertbildend und verkehrswesentlich ist.[241]

b) Von gewisser Dauer und gegenwärtig

Das Merkmal muss von gewisser Dauer, also **nicht nur ganz vorübergehend** und zudem gegenwärtig sein. Die **bloße Erwartung des künftigen Eintritts** eines Merkmals genügt daher nicht. Wurde sie allerdings zur gemeinsamen, also nicht nur im Risiko einer Partei liegenden Vertragsgrundlage gemacht, kann § 313[242] einschlägig sein.

Beispiel: V verkauft K ein Grundstück mit einem Hotel. Sie gehen davon aus, dass auf dem Nachbargrundstück demnächst ein Kongresszentrum gebaut wird. Dazu kommt es aber nicht.

c) Wertbildend

208 Wertbildend sind alle Merkmale, aus denen sich der **Wert der Sache ergeben kann**. Der **Wert** und der **Preis** der Sache sind hingegen **nicht wertbildend**, sondern nur das Er-

---

238 Nach BGH, Urt. v. 16.10.1996 – IV ZR 349/95, NJW 1997, 392.

239 Vgl. zum Folgenden Staudinger/Singer § 119 Rn. 87.

240 BGH, Urt. v. 14.12.1960 – V ZR 40/60, NJW 1961, 772, 775; vgl. Palandt/Grüneberg § 119 Rn. 27.

241 So im Ergebnis auch Staudinger/Singer § 119 Rn. 100.

242 Näher zu § 313 AS-Skript Schuldrecht AT 2 (2016), Rn. 124 ff.

gebnis des Prozesses der Wertbildung aufgrund aller wertbildenden Merkmale.[243] Sonst könnte jeder anfechten, der meint, zu viel Geld gezahlt bzw. zu wenig Geld erhalten zu haben. Der Preis soll aber in einer Marktwirtschaft nicht vom Rechtsanwender und den staatlichen Gerichten kontrolliert werden, sondern sich aus dem Verhandlungsgeschick der Parteien und dem Verhältnis von Angebot und Nachfrage ergeben.

Beispiel: Wer ein Gemälde unter Wert verkauft, weil er meint, es stamme von einem „wertniederen" Urheber, kann anfechten, s. Bsp. in Rn. 204. Wer aber ein Gemälde in Kenntnis des wahren Urhebers unter Wert verkauft, weil er meint, Werke des Urhebers könnten nicht viel wert sein, kann nicht anfechten.

d) In der Sache selbst begründet

Die Beziehungen und Verhältnisse zur Umwelt (Rn. 207) müssen in der Sache begründet sein. Zweifelhaft ist, ob dies eine **Unmittelbarkeit** erfordert. Dann wären mittelbare Umstände nicht erfasst,[244] wie etwa der Mietertrag eines verkauften Grundstücks. Wie beim Eigentum (s. Rn. 207) lässt sich aber auch hier argumentieren, dass es nicht interessengerecht ist, einen Umstand durch Festlegung einer gesetzlich nicht vorgeschriebenen, vom Rechtsanwender erdachten Definition generell auszuschließen, obwohl er in der Praxis als wertbildend und verkehrswesentlich angesehen wird. Auch hier lassen sich angemessene Einzelfallergebnisse bei der Verkehrswesentlichkeit (Rn. 210) erzielen.[245] 209

Dazu passt ins Bild, dass im **Gewährleistungsrecht** mit Rücksicht auf die Rechtslage vor 2002 zunächst auch vertreten wurde, mittelbare Umstände nicht als **Beschaffenheit** i.S.d. § 434 anzuerkennen. Inzwischen werden diese aber anerkannt, z.B. eine Herstellergarantie.[246]

4. Verkehrswesentlichkeit im konkreten Fall

Nach ganz h.M. ist nicht erforderlich, dass die Eigenschaft im konkreten Fall (konkludent) vereinbart wird. Sie muss aber **erkennbar dem konkreten Rechtsgeschäft als Motiv für seinen Abschluss zugrunde gelegt** werden, entweder von den Beteiligten selbst oder hilfsweise von der Verkehrsanschauung.[247] Je nach Einzelfall erlangen dadurch Irrtümer (nur) über bestimmte Eigenschaft den Status eines Anfechtungsgrunds. 210

Beispiel: Die Geeignetheit einer Immobile für Kinder ist eine Eigenschaft. Für Mietwohnungen oder Kindertagesstätten ist sie auch verkehrswesentlich, für Atomkraftwerke und Bordelle hingegen nicht.

5. Error in obiecto

Irrt der Erklärende über die **Bedeutung** eines Begriffs, der **zugleich verkehrswesentliche Eigenschaft** einer Sache ist, dann kann das ein Fall des § 119 Abs. 1 Var. 1 oder des § 119 Abs. 2 Var. 2 sein. Auf das Ergebnis hat das aber keine Auswirkungen.[248] 211

Beispiel: K bestellt bei Weinhändler V eine Kiste „Deidesheimer Goldtropfen" in der Meinung, es handele sich um einen Moselwein. Tatsächlich stammt dieser Wein aber aus der Pfalz. –

243 Staudinger/Singer § 119 Rn. 100.
244 So BGH, Urt. v. 18.11.1977 – V ZR 172/76, NJW 1978, 370.
245 Medicus/Petersen BR Rn. 139; Staudinger/Singer § 119 Rn. 88 m.w.N.
246 BGH, Urt. v. 15.06.2016 – VIII ZR 134/15, RÜ 2016, 687.
247 Palandt/Ellenberger § 119 Rn. 25.
248 Vgl. zu beiden Lösungen MünchKomm/Armbrüster § 119 Rn. 77; ferner Wolf/Neuner § 41 Rn. 43 ff.

I. Die in § 437 genannten **Gewährleistungsrechte** stehen K nicht zu. Nach dem objektiven Empfängerhorizont ist ein Wein aus der Pfalz Kaufsache. Diesen hat V auch geliefert, also besteht kein Mangel.
II. K hat aber unstreitig einen **Anfechtungsgrund**.
1. § 119 Abs. 1 Var. 1 wird vom Gewährleistungsrecht ohnehin nicht gesperrt. Sieht man auch die tatsächlichen Eigenschaften als Teil des Erklärungstatbestands an, dann hat K aus Empfängersicht erklärt „Deidesheimer Goldtropfen aus der Pfalz". Er wollte aber erklären „Deidesheimer Goldtropfen von der Mosel". Erklärtes und Gewolltes weichen voneinander ab, § 119 Abs. 1 Var. 1 ist erfüllt.
2. § 119 Abs. 2 Var. 2 wird nicht gesperrt, da kein Mangel vorliegt. Berücksichtigt man nur das ausdrücklich Erklärte „Deidesheimer Goldtropfen", so decken sich zwar Erklärtes und Gewolltes, aber K irrt über eine verkehrswesentliche Eigenschaft der Kaufsache.

II. Verkehrswesentliche Eigenschaft einer Person, § 119 Abs. 2 Var. 1

212 § 119 Abs. 2 Var. 1 berechtigt zur Anfechtung bei einem Irrtum über die verkehrswesentlichen Eigenschaften auch einer Person.

1. Person

213 Erfasst sind sowohl **natürliche** als auch **juristische Personen**. In aller Regel wird es der Geschäftsgegner sein, über dessen Eigenschaften sich der Erklärende geirrt hat.

Generell kann jede beliebige Person Gegenstand des Irrtums sein, also neben dem **Geschäftsgegner** auch **Dritte**. Konkret ist im Rahmen der Verkehrswesentlichkeit (s. Rn. 215) festzulegen, ob die betreffende Person Bedeutung für das Geschäft hat

Beispiel: E gewährt S ein Darlehen, weil B eine Bürgschaft für S übernimmt. Später bemerkt E, dass S und B wider Erwarten verarmt sind und von ihnen daher (angesichts §§ 850 ff. ZPO) nichts zu holen ist. – S und B sind Personen. Ihre Solvenz ist eine Eigenschaft (s. Rn. 214) und – sowohl hinsichtlich S als auch hinsichtlich B – verkehrswesentlich (s. Rn. 215) für den Entschluss des E, den Darlehensvertrag abzuschließen. E kann daher den Darlehensvertrag gemäß § 119 Abs. 2 Var. 1 anfechten (und könnte dies auch dann, wenn nur S oder nur B verarmt wäre).

2. Eigenschaft

214 Eigenschaften sind zum einen solche Attribute, die **der Person dauerhaft „anhaften"**.

Beispiele:[249] Lebensalter, Gesundheitszustand, Leistungsfähigkeit, Vertrauenswürdigkeit, Sachkunde

Erfasst sind aber auch solche tatsächlichen und rechtlichen Verhältnisse, die die **Wertschätzung** einer Person beeinflussen.

Beispiele:[250] Vermögensverhältnisse, Konfession, Vorstrafen, Parteizugehörigkeit

3. Verkehrswesentlichkeit im konkreten Fall

215 Wie bei Sachen muss die Eigenschaft **erkennbar dem konkreten Rechtsgeschäft als Motiv für seinen Abschluss zugrunde gelegt** werden, entweder von den Beteiligten selbst oder hilfsweise von der Verkehrsanschauung.

- Je nach **Einzelfall** erlangen dadurch Irrtümer (nur) über bestimmte Eigenschaft den Status eines Anfechtungsgrunds.

---

249 Palandt/Ellenberger § 119 Rn. 26.
250 Palandt/Ellenberger § 119 Rn. 26.

Beispiel: B kauft bei V Wasser. V ist Moslem, B kauft aber aus Prinzip nur bei Christen. – B kann nicht anfechten, denn es war nicht erkennbar, dass er auf die Konfession des V wert legt. Auch nach der Verkehrsanschauung ist die Konfession eines Verkäufers regelmäßig ohne Relevanz.

Gegenbeispiel: Wie zuvor, aber B kauft Weihwasser.

- **Zahlungsfähigkeit** und **Kreditwürdigkeit** sind verkehrswesentlich, wenn das Geschäft auf dem Vertrauen in diese beruht.

Beispiel: B schließt mit U einen Werkvertrag über die Errichtung eines Einfamilienhauses. Ist U zu diesem Zeitpunkt insolvent, so kann B anfechten, weil die erhebliche Gefahr besteht, dass U die Bauarbeiten nicht bis zum Ende durchführen wird.

Gegenbeispiel: B beauftragt U für 10 €, zahlbar bei Abholung, ihm ein Türschild zu gravieren. B geht kein Risiko ein, allenfalls muss er einen anderen Graveur beauftragen. B kann nicht anfechten.

In **Abgrenzung** zum Beispiel in Rn. 213 kann hingegen der **Bürge** B die **Bürgschaft** nicht mit dem Argument anfechten, er sei davon ausgegangen, Hauptschuldner S sei solvent. Es ist gerade die vertragliche Hauptpflicht des B, das Risiko für die Zahlungsunfähigkeit des S zu tragen.[251]

- Die **Vertrauenswürdigkeit** ist bei solchen Rechtsgeschäften verkehrswesentlich, bei denen stark persönliche, insbesondere sich über längere Zeit erstreckende Leistungen Vertragsgegenstand sind.[252]

Ein Prokurist muss **beispielsweise** vertrauenswürdig sein, der Käufer einer Tafel Schokolade nicht.

- Hinsichtlich der Eigenschaften von **Arbeitnehmern** gilt insbesondere:[253]
  - Der **Gesundheitszustand** ist dann verkehrswesentlich, wenn die Erkrankung dem Arbeitnehmer die Fähigkeit nimmt oder erheblich beeinträchtigt, die vertraglich übernommene Tätigkeit auszuführen.

    Beispiel: Eine chronische und ansteckende Infektion kann bei engem Kontakt zu Menschen verkehrswesentlich sein, etwa als Pflegekraft auf einer Station für immungeschwächte Patienten, aber wohl kaum für einen Leuchtturmwärter auf einer einsamen Insel, solange seine körperliche Verfassung ihm erlaubt, die Treppen zu steigen.
  - Parallel dazu ist die **Konfession** oder die **politische Ausrichtung** nur bei der Tätigkeit für Tendenzbetriebe nach § 118 Abs. 1 BetrVG[254] verkehrswesentlich.
  - Eine **Schwangerschaft** ist nach h.M. nur vorübergehend, also bereits keine Eigenschaft.[255]

Zur Anfechtung des Arbeitgebers nach § 123 Abs. 1 Var. 1 aufgrund einer **unzulässigen Frage** nach einer nicht verkehrswesentlichen Eigenschaft s. Rn. 226.

4. Error in persona

Irrt der Erklärende über die **Bedeutung** eines Begriffs, der **zugleich verkehrswesentliche Eigenschaft** einer Person ist, dann kann das ein Fall des § 119 Abs. 1 Var. 1 oder des § 119 Abs. 2 Var. 2 sein. Auf das Ergebnis hat das aber keine Auswirkungen, s. Rn. 211.

Beispiel: A sucht im Internet nach der Telefonnummer des ihm für gute Arbeit bekannten „Malermeister Müller". Er beauftragt (einen) Malermeister Müller, der ihm bislang unbekannt war.

---

251 MünchKomm/Armbrüster § 119 Rn. 128.

252 Staudinger/Singer § 119 Rn. 90.

253 Vgl. zum Folgenden ausführlich AS-Skript Arbeitsrecht (2016), Rn. 237 ff., insbesondere Rn. 254.

254 Schönfelder Ergänzungsband Ordnungsziffer 82.

255 BAG, Urt. v. 06.02.1992 – 2 AZR 408/91, NJW 1992, 2173.

Anfechtung gemäß § 119 Abs. 2

Anwendbarkeit des § 119 Abs. 2

Die Anfechtung gemäß § 119 Abs. 2 ist ausgeschlossen, soweit **Gewährleistungsrechte** eingreifen.

- Unstreitig im Kauf- und Werkrecht, str. im Mietrecht
- Für den Verkäufer/Werkunternehmer/Vermieter nur ausnahmsweise nach § 242, wenn er sich dadurch der von der Gegenseite verlangten Gewährleistung entzieht.
- Auch vor Gefahrübergang
- Nicht hingegen, wenn die Eigenschaft keinen Mangel darstellt

Beim gemeinsamen Irrtum beider Parteien über den gleichen Umstand (**Doppelirrtum**) ist nach e.A. § 313, nach a.A. § 119 Abs. 2 einschlägig

Eigenschaften von Sachen oder Personen

- **Sachen** i.S.d. § 119 Abs. 2 sind auch unkörperliche Gegenstände. Eigenschaften sind alle generellen gegenwärtigen wertbildenden Merkmale, die ihren Grund in der Sache haben und von gewisser Dauer sind.
- **Personen** sind sowohl natürliche als auch juristische Personen. Zu deren generellen Eigenschaften gehören sowohl diejenigen, die der Person „anhaften" als auch tatsächliche oder rechtliche Verhältnisse (z.B. Kreditwürdigkeit).

Verkehrswesentlichkeit

Verkehrswesentlich sind die **vertraglich vereinbarten** und die dem Rechtsgeschäft **von den Parteien oder der Verkehrsanschauung zugrunde gelegten** Eigenschaften im **konkreten Fall**.

E. Anfechtungsgrund des § 120

Der Erklärende kann seine Willenserklärung gemäß § 120 anfechten, wenn sie **durch eine Person oder Einrichtung unrichtig übermittelt** wird. **216**

Hinweis: *§ 120 stellt klar, dass eine unrichtig übermittelte Erklärung dem Erklärenden zunächst als Willenserklärung zugerechnet wird. Der Erklärende trägt das Risiko der Fehlübermittlung, der Empfänger darf sich auf den Erklärungsinhalt verlassen, der ihn erreicht.*

Im Einzelnen besteht das Anfechtungsrecht unter folgenden **Voraussetzungen**:

- Der Übermittelnde (bzw. der Inhaber der Einrichtung) muss **Erklärungsbote**[256] (§ 164 Abs. 1 analog) sein (vgl. Rn. 196). **217**

  Beispiele[257] neben dem „klassischen" Erklärungsboten: Dolmetscher, Postdienstleister, Internetprovider, E-Mail-Provider

  - Nicht erfasst sind hingegen **Erklärungsvertreter** (§ 164 Abs. 1), weil diese die Erklärung des Erklärenden nicht übermitteln, sondern eine eigene Erklärung (wenn auch im Namen des Vertretenen) formulieren. Hier bleibt nur die Anfechtung des Hauptgeschäfts und/oder der Vertretungsmacht nach § 119 und § 123.[258]

  - Auch **Empfangsboten** (§ 164 Abs. 3 analog) sind nicht erfasst,[259] denn sie werden nicht vom Erklärenden zur Übermittlung der Erklärung in den Machtbereich des Empfängers verwendet. Vielmehr verwendet der Empfänger sie zur Weiterleitung der bereits in seinen Machtbereich (und daher in seine Risikosphäre) gelangten Erklärung an sich selbst.

- Umstritten ist, wie **bewusste Veränderungen** der Erklärung durch den Boten zu behandeln sind. **218**

  - Nach e.A.[260] muss der Erklärungsbote die Erklärung **unbewusst unrichtig** übermitteln. Dafür spricht, dass auch § 119 nur unbewusste Fehlleistungen erfasst. Konsequenz dieser Ansicht ist, dass die Erklärung nicht mehr eine solche des Erklärenden ist. Sie wirkt daher nicht für und gegen ihn, wenn sie einseitig ist (analog § 180) bzw. analog §§ 177 Abs. 1, 184, 182 nur, wenn er den Vertrag genehmigt. Anderenfalls haftet der Erklärungsbote analog § 179 der Gegenseite und der Erklärende nicht.

  - Nach a.A.[261] wirkt **auch die bewusst falsch übermittelte Erklärung** zunächst für und gegen den Erklärenden, denn mit Einschaltung des Boten habe er auch das Risiko der bewusst falschen Übermittlung geschaffen. Zudem differenziert auch der Wortlaut des § 120 nicht nach bewussten und unbewussten Veränderungen der Erklärung. Der Erklärende kann nach dieser Ansicht nach § 120 anfechten, wenn er die Erklärung nicht gelten lassen will, haftet dann aber nach § 122.

---

256 Vgl. zum Begriff und zur folgenden Abgrenzung AS-Skript BGB AT 1 (2017), Rn. 98 ff., 235.

257 Nach Palandt/Ellenberger § 120 Rn. 2.

258 Vgl. zur Anfechtung der Vollmacht AS-Skript BGB AT 1 (2017), Rn. 285 ff.

259 Vgl. Staudinger/Singer § 120 Rn. 6.

260 Palandt/Ellenberger § 120 Rn. 4; vgl. auch MünchKomm/Schubert § 164 Rn. 79 und AS-Skript BGB AT 1 (2017), Rn. 241.

261 Medicus/Petersen AT Rn. 748; Staudinger/Singer § 120 Rn. 2.

F. Anfechtungsgründe des § 123

219 § 123 schützt die **Freiheit der Willensentschließung vor treuwidrigen Einflüssen**.

- § 123 Abs. 1 Var. 1 regelt die Anfechtung im Falle einer **Täuschung**. Täuscht ein Dritter, so ist die Anfechtung nur unter den zusätzlichen Voraussetzungen des § 123 Abs. 2 S. 1 zulässig.

  Hinweis: *§ 123 Abs. 2 S. 1 ist also inzident zu prüfen, er enthält keinen eigenen Anfechtungsgrund. Ferner erleichtert er die Anfechtung nicht, sondern er erschwert sie.*

- § 123 Abs. 1 Var. 2 räumt im Falle einer **Drohung** ein Anfechtungsrecht ein. Unerheblich ist, wer droht, § 123 Abs. 2 S. 1 betrifft diesen Fall nicht.

  Bei Anwendung von willensbrechender **Gewalt** (vis absoluta) liegt bereits kein Handlungswille und daher keine Willenserklärung vor, die einer Anfechtung bedürfte.[262]

Im **Unterschied zu § 119 und § 120** ist nicht der Empfänger, sondern der Erklärende schutzwürdig, sodass der Erklärende

- **keinen Schadensersatz** nach § 122 schuldet und
- gemäß § 124 Abs. 1 binnen **Jahresfrist**, beginnend nach Maßgabe des § 124 Abs. 2 und gemäß § 124 Abs. 3 maximal zehn Jahre lang, anfechten kann.

220 Für das **Verhältnis** der Anfechtung nach § 123 **zu anderen Regelungen** gilt:

- Die Täuschung (§ 123 Abs. 1 Var. 1) kann beim Erklärenden Motivirrtümer im Vorfeld seiner Erklärung und/oder Irrtümer bei Erklärungsabgabe auslösen, sodass **auch § 119** erfüllt sein kann. Der Erklärende hat dann ein Wahlrecht.

  Wegen der Frist und der fehlenden Schadensersatzpflicht ist **§ 123 Abs. 1** die bessere Wahl.

- **§ 134** und **§ 138** sind nur einschlägig, soweit neben der Willensbeeinflussung weitere Umstände vorliegen. Hinsichtlich der Willensbeeinflussung soll die Erklärung hingegen nicht ipso iure nichtig sein, sondern der Erklärende soll wählen können, ob er sie mit der Anfechtung vernichtet (s. Rn. 67 u. 93).

- Ein Anspruch aus **§§ 280 Abs. 1, 311 Abs. 2, 241 Abs. 2**, gerichtet auf **Vertragsaufhebung**, tritt neben die Anfechtung (insbesondere) nach § 123 Abs. 1, sofern seine Voraussetzungen und auf Rechtsfolgenseite ein Vermögensschaden vorliegt (vgl. Rn. 161). Umstritten ist aber, ob der Schadensersatzanspruch nach Maßgabe der §§ 195, 199 Abs. 1 frühestens nach drei Jahren oder nach Ablauf der Jahresfrist des § 124 Abs. 1 u. 2 verjährt.[263] Für die letztgenannte Ansicht spricht, dass § 124 nicht umgangen werden soll. Für erstgenannte Ansicht spricht aber, dass die Anfechtung auch ohne Verschulden der Gegenseite möglich ist, sodass bei einem Schadensersatzanspruch, der ein Verschulden erfordert, eine längere Frist nicht unbillig ist.

  Beispiel: F verhandelt mit ihrem Lebensgefährten M im Februar 2017 über den Ankauf seines Grundstücks. Als der schwächliche M ablehnt, zwingt die herrische F ihn zur Auflassung. Im Juni 2017 zieht M aus der gemeinsamen Wohnung aus und in eine geheime Wohnung.

---

262 Vgl. zu vis absoluta und vis compulsiva AS-Skript BGB AT 1 (2017), Rn. 71.

263 Für §§ 195, 199 Abs. 1 BGH, Urt. v. 07.02.2013 – IX ZR 138/11, RÜ 2013, 345; für § 124 analog MünchKomm/Armbrüster § 123 Rn. 91.

I. Die Frist für die Anfechtung nach **§ 123 Abs. 1 Var. 2** beträgt gemäß § 124 Abs. 1 ein Jahr. Sie beginnt gemäß § 124 Abs. 2 mit dem Zeitpunkt, in dem die Bedrohung aufhört, d.h. mit dem Auszug. Die Frist zur Anfechtung endet also im Juni 2018.
II. M hat einen Schadensersatzanspruch aus **§§ 280 Abs. 1, 311 Abs. 2, 241 Abs. 2**, denn F hat ihm pflichtwidrig und vorsätzlich im Rahmen der Vertragsverhandlungen gedroht. Gemäß **§ 249 Abs. 1** ist M in Natur so zu stellen, wie er ohne die Drohung stünde. Dann hätte M nicht die Auflassung erklärt, sodass er von F Rückauflassung verlangen kann. Hält man die Regelverjährung für einschlägig, dann verjährt dieser Anspruch gemäß §§ 195, 199 Abs. 1 mit Ablauf des Jahres 2021. Lässt man hingegen die Verjährung parallel zur Anfechtungsfrist laufen, dann tritt sie analog § 124 Abs. 1 u. 2 bereits im Juni 2018 ein.

- Neben der Anfechtung nach § 123 Abs. 1 besteht häufig ein **Schadensersatzanspruch** aus **§ 823 Abs. 2** i.V.m. § 263 StGB bzw. § 240 StGB und aus **§ 826**.

I. Arglistige Täuschung, § 123 Abs. 1 Var. 1

Die Anfechtung wegen arglistiger Täuschung hat folgende Voraussetzungen: **221**

1. Täuschung

Täuschung ist jedes **widerrechtliche Vorspiegeln, Entstellen oder Unterdrücken** **222**
von Tatsachen.[264]

a) Tatsachen

Tatsachen sind **objektiv nachprüfbare, konkrete** Begebenheiten, Ereignisse und Zustände. **223**

Neben den äußeren Tatsachen sind auch **innere Tatsachen** erfasst, also Absichten und Pläne einer Person.

Beispiel: Der Käufer erklärt, sofort nach Lieferung zu zahlen, obwohl er dies in Wahrheit nicht kann (Zahlungsfähigkeit) oder will (Zahlungswilligkeit). Treten diese Umstände allerdings erst nach den Verpflichtungs- und Verfügungserklärungen des Verkäufers ein, so kann dieser nicht anfechten, denn dann waren die Tatsachen bei Erklärung des Käufers richtig und ihre spätere Änderung war für die Erklärungen des Verkäufers nicht kausal.

Auch der Umstand, dass etwas gerade nicht ist, ist eine (**negative**) **Tatsache**.

Keine Tatsachen sind **Werturteile** und **Meinungen**, denn sie sind nicht objektiv nachprüfbar, und übertriebene **Anpreisungen**, denn sie sind zumindest nicht konkret und unter Umständen ebenfalls nicht nachprüfbar

Beispiel: Der Verkäufer erklärt, seine Matjesbrötchen seien die leckersten in ganz Ostfriesland und verliehen zudem Flügel.

Hinweis: *Diese Abgrenzung ist auch bei Art. 5 Abs. 1 GG und bei § 263 StGB vorzunehmen.*

b) Handlung: Vorspiegeln, Unterstellen oder Unterdrücken

Das Vorspiegeln, Unterstellen oder Unterdrücken erfolgt durch eine **Handlung**. **224**

264 Vgl. zum Folgenden Palandt/Ellenberger § 123 Rn. 2 ff.

Handlung ist zum einen jedes **positive Tun**. Da ein Vorspiegeln usw. durch eine **Erklärung** erfolgt, kann es **ausdrücklich** oder auch **konkludent** geschehen.

Beispiel: Wer eine Ware oder Dienstleistung in Anspruch nimmt, erklärt konkludent, zahlungsfähig und -willig zu sein.

225 Das Vorspiegeln usw. kann auch durch ein **Unterlassen** geschehen, dann ist aber erforderlich, dass eine **Rechtspflicht zur Aufklärung** bestand. Eine Aufklärungspflicht ergibt sich aus **Treu und Glauben** (§ 242) unter Berücksichtigung der **Umstände des Einzelfalles**.

- Die Abgrenzung des Unterlassens zur konkludenten Erklärung ist mitunter fließend, maßgeblich ist in Zweifelsfällen der **Schwerpunkt** der Vorwerfbarkeit.

  Aufbauhinweis: *Da eine Aufklärungspflicht gesondert zu begründen ist, ist vorrangig eine konkludente Erklärung zu prüfen, die keine Aufklärungspflicht erfordert. Ebenso sollten Sie bei §§ 263, 13 StGB vorgehen, wobei aus einer Garantenstellung nicht zwingend eine Aufklärungspflicht i.S.d. § 123 folgen muss und umgekehrt. Ferner können Sie zivilrechtlich andererseits die konkludente Erklärung dahingestellt sein lassen, wenn jedenfalls eine Aufklärungspflicht bestand, da die Rechtsfolgen nach § 123 Abs. 1 Var. 1 identisch sind. Im Strafrecht ist das nicht zulässig, denn die Rechtsfolge des Unterlassungsdelikts kann anders ausfallen als die des Begehungsdelikts, vgl. §§ 13 Abs. 2, 49 Abs. 1 StGB.*

- Es besteht **keine allgemeine Aufklärungspflicht** dahingehend, den anderen uneingeschränkt über alle mit einem Rechtsgeschäft verbundenen Risiken aufzuklären. Jede Partei muss grundsätzlich ihre Interessen selbst wahrnehmen und sich erkundigen, ob die Umstände, die sie veranlassen, das Rechtsgeschäft zu tätigen, tatsächlich gegeben sind und ob der Vertragszweck erreicht werden kann.[265]

  - **Fragen** müssen aber grundsätzlich vollständig und richtig beantwortet werden. Wenn der Gefragte die Antwort nicht kennt, so muss er dies wahrheitsgemäß sagen. Lügt er hingegen, so täuscht er, auch wenn die Frage unüblich ist.

    Beispiel: Der Käufer fragt, ob der gebrauchte Backofen von frommen Monteuren angeschlossen wurde.

  - Jeder hat die Pflicht, den anderen Teil **ungefragt** über solche Umstände aufzuklären, die den Vertragszweck vereiteln können und für die Willensbildung nach der objektiven Verkehrsanschauung von **wesentlicher Bedeutung** sind.

    Beispiel:[266] Der Verkäufer muss den Käufer eines Pkw auch ungefragt über Unfallschäden, die nicht bloße Bagatellen sind, sowie über eine Manipulierung des Kilometerstandes aufklären. Beide Tatsachen beeinflussen erheblich den Wert und sind daher von wesentlicher Bedeutung.

    Beispiel:[267] Der Verkäufer muss dem Käufer, der Wohnraum sucht, mitteilen, wenn die für eine Wohnnutzung erforderliche Genehmigung fehlt. Bedarf es keiner Genehmigung, aber einer Anzeige der Wohnnutzung, dann muss der Verkäufer mitteilen, wenn er diese Anzeige nicht vorgenommen hat. Das Fehlen der Genehmigung bzw. Anzeige ist eine negative Tatsache.

---

265 BGH, Urt. v. 13.07.1988 – VIII ZR 224/87, NJW 1989, 763, 764.

266 Nach BGH, Urt. v. 10.10.2007 – VIII ZR 330/06, RÜ 2008, 72.

267 BGH, Urt. v. 27.06.2014 – V ZR 55/13, RÜ 2015, 77.

Hinweis: *Das Anfechtungsrecht kann aber an der Kausalität (vgl. Rn. 227; der Käufer hätte den Backofen auch bei Installation durch Atheisten gekauft) und/oder an der Arglist (vgl. Rn. 228 ff.; der Pkw hatte zwar einen Unfall, aber der Verkäufer ist sich ganz sicher, dass der Pkw unfallfrei ist) scheitern.*

Die **Beweislast** für die erfolgte Aufklärung trägt ausnahmsweise der Aufklärungspflichtige. Dem Anfechtenden ist es nur schwer möglich, eine negative Tatsache zu beweisen, nämlich dass die Aufklärung nicht geschehen ist. Anders ist es aber, wenn der Irrtum bereits zuvor durch ein aktives Tun des Aufklärungspflichtigen verursacht wurde. Dann bleibt es bei dem Grundsatz, dass der Anfechtende seinen Irrtum und dessen nicht durch Aufklärung erfolgte Ausräumung beweisen muss. Das Fortbestehen eines einmal eingetretenen Irrtums wird nicht vermutet.[268]

c) Widerrechtlichkeit

Die Täuschung muss, auch wenn dies ausdrücklich nur für die Drohung (§ 123 Abs. 1 226
Var. 2) angeordnet wird, **widerrechtlich** sein. Nicht widerrechtlich ist die **Lüge auf eine unzulässige Frage des Arbeitgebers.**[269] Unzulässig sind angesichts **§ 7 AGG**[270] Fragen nach Tatsachen, die an die in **§ 1 AGG** genannten Merkmale anknüpfen, es sei denn, diese stellen eine entscheidende und berufliche Anforderung dar (§ 8 Abs. 1 AGG). Ferner sind gewisse Benachteiligungen wegen Religion, Weltanschauung und Alter zulässig (§§ 9 u. 10 AGG).

Beispiel: Ein städtische Kindertagesstätte darf einen Erzieher im Vorstellungsgespräch gemäß §§ 7 u. 1 AGG nicht nach seiner Religion fragen, denn diese ist im konkreten Fall keine entscheidende berufliche Anforderung i.S.d. § 8 Abs. 1 AGG. Eine kirchliche Kindertagesstätte darf diese Frage hingegen stellen, vgl. § 9 AGG. Ferner darf angesichts § 9 AGG ein Unternehmen, das zwei Personen zum Testen der Sauberkeit von Herren- und Damentoiletten anstellen will, nach dem Geschlecht der Bewerber fragen.

Hinsichtlich der nicht in § 1 AGG genannten personenbezogenen Merkmale ist eine Frage unzulässig, wenn eine **allgemeine Interessenabwägung** ergibt, dass das Interesse des Arbeitnehmers an der Geheimhaltung das Interesse des Arbeitgebers an der korrekten Beantwortung der Frage überwiegt. Wichtiges Kriterium hierfür ist, ob die Tatsache im konkreten Fall verkehrswesentlich ist (vgl. Rn. 215), ähnlich wie bei § 8 Abs. 1 AGG.

Beispiel:[271] Es darf nur nach tätigkeitsrelevanten Vorstrafen gefragt werden, z.B. bei einem Kassierer nach Diebstahl (§ 242 StGB), nicht aber nach unerlaubtem Entfernen vom Unfallort (§ 142 StGB) oder bei einem Erzieher nach Vorstrafen im Bereich der Sexualdelikte (§§ 174 ff. StGB).

2. Kausalität

Die Täuschungshandlung muss **kausal für den Irrtum** und der Irrtum muss **kausal für** 227
die Erklärung sein (§ 123 Abs. 1 Var. 1: „durch"). Ausreichend ist Mitursächlichkeit.[272]

3. Arglist

Arglist erfordert keine Absicht (dolus directus 1. Grad) aber **Vorsatz** in dem Sinne, dass 228
der Handelnde die **Unrichtigkeit seiner Angaben kennt** (dolus directus 2. Grad) oder

268 BGH, Urt. v. 27.06.2014 – V ZR 55/13, RÜ2 2015, 17.
269 BAG, Urt. v. 06.02.2003 – 2 AZR 621/01, RÜ 2003, 433; ausführlich AS-Skript Arbeitsrecht (2016), Rn. 237 ff.
270 Schönfelder Ordnungsziffer 34.
271 BAG, Urt. v. 06.09.2012 – 2 AZR 270/11, NJW 2013, 1115.
272 BGH, Urt. v. 22.02.1991 – V ZR 299/89, NJW 1991, 1673, 1674.

zumindest **für möglich hält** (dolus eventualis). Die Arglist eines von mehreren Verkäufern wird den anderen Verkäufern zugerechnet.[273]

Grobe Fahrlässigkeit genügt hingegen nicht.[274] Wer jedoch **in bewusster Unkenntnis** der Tatsachen **„ins Blaue hinein" Behauptungen aufstellt**, die unzutreffend sind, hält die Unrichtigkeit für möglich und verschweigt zudem wissentlich seine Unkenntnis, eine für den Erklärenden wichtige innere Tatsache. Auch dann liegt Arglist vor.[275]

Beispiel:[276] K fragt V, ob der gebrauchte Pkw unfallfrei sei. Es handelt sich zwar um einen Unfallwagen, V weiß jedoch von der Vorgeschichte des Pkw nichts. V muss antworten: „Ich weiß es nicht.". Antwortet er hingegen: „Ja, er ist unfallfrei.", so täuscht er den K arglistig über die Tatsache „Unfallwagen".

Wie in Rn. 225 dargestellt stellt auch derjenige Behauptungen auf, der zwar nichts sagt, aber aufgrund der **Wichtigkeit** der Tatsache eine **Aufklärungspflicht** hat. Ein Schweigen trotz Aufklärungspflicht erfolgt aber nur insofern „ins Blaue hinein" und daher arglistig, wenn den Handelnden im konkreten Einzelfall nach der Verkehrsanschauung die Pflicht trifft, sich **über die Tatsachen Kenntnis zu verschaffen**. Nicht jede Tatsache, die für den Erklärenden entscheidend ist, muss dem Handelnden bekannt sein.

Beispiel:[277] Ein Gebrauchtwagenhändler ist nicht verpflichtet, jedes Fahrzeug ohne konkreten Anlass intensiv zu untersuchen. Vielmehr genügt eine (fachmännische) Sichtprüfung. Hat daher ein Pkw erhebliche (und daher für den Käufer entscheidend wichtige), aber äußerlich nicht erkennbare Rostschäden und verschweigt der Verkäufer diese, so macht er diese Angabe grundsätzlich nicht „ins Blaue hinein". Das gilt insbesondere dann, wenn zuvor nicht einmal bei der HU die Schäden aufgefallen sind. Andererseits kann ein konkreter Umstand den Verkäufer zu einer intensiven Untersuchung veranlassen, z.B. geringe, aber sofort äußerlich erkennbare Rostschäden. Verschweigt der Verkäufer in diesem Fall, dass er das Fahrzeug nicht auf erhebliche Rostschäden untersucht hat, so „schweigt er ins Blaue hinein" trotz Aufklärungspflicht und daher arglistig.

229 Zudem muss der Handelnde es auch **für möglich halten**, dass der Erklärende die **Erklärung** gerade **aufgrund der falschen Angaben abgibt**.

Nicht erforderlich ist hingegen, dass der Handelnde den Erklärenden auch **schädigen** will, denn § 123 schützt nicht das Vermögen, sondern die Willensfreiheit. Daher muss selbst dann die Anfechtung möglich sein, wenn die Täuschung im Gegenteil zum (vermeintlich) Besten des Erklärenden erfolgt (str.)[278]

II. Täuschung durch einen Dritten, § 123 Abs. 2 S. 1

230 Hat ein Dritter die Täuschungshandlung begangen, kann der Getäuschte seine Willenserklärung nur anfechten, wenn **der Erklärungsempfänger die Täuschung des Dritten kannte oder kennen musste** (§ 122 Abs. 2).

Selbst vorgenommene Täuschungen kennt der Erklärungsempfänger in aller Regel, aber Täuschungen ihm zuzurechnender Personen (Also Nicht-Dritter) können ihm unbekannt sein. Trotzdem kann der Erklärende dann anfechten. § 123 Abs. 2 S. 1 **verschärft** also **die Voraussetzungen** der Anfechtung bei Täuschungen durch Personen, die dem Erklärungsempfänger **nicht zuzurechnen** sind.

---

273 BGH, Urt. v. 08.04.2016 – V ZR 150/15, RÜ 2016, 552.

274 BGH, Urt. v. 22.04.2016 – V ZR 23/15, Rn. 21, RÜ 2016, 751; BGH, Urt. v. 12.04.2013 – V ZR 266/11, RÜ 2013, 413.

275 BGH, Urt. v. 16.03.2012 – V ZR 18/11, RÜ 2012, 345; OLG Stuttgart, Beschl. v. 24.01.2011 – 13 U 148/10, RÜ 2011, 345; s. auch AS-Skript BGB AT 1 (2017), Rn. 331 zur Arglist des Vertreters im Rahmen des § 166 Abs. 1.

276 Nach BGH, Urt. v. 11.05.2001 – V ZR 14/00, RÜ 2001, 348.

277 Nach BGH, Urt. v. 15.04.2015 – VIII ZR 80/14, RÜ 2015, 481.

278 Vgl. Palandt/Ellenberger § 123 Rn. 11 m.w.N.

Fall 8: Treuherzige Eheleute

Als A von seiner Bank B bedrängt wird, Sicherheiten für gewährte Kredite zu leisten, begibt er sich zu den älteren Eheleuten E. A schlägt den E vor, ihm ihren Hof zu übertragen und ihnen im Gegenzug ein Einfamilienhaus für ihren Lebensabend zu errichten. Erforderlich sei aber zuvor, dass die E eine bislang ihnen zustehende Eigentümergrundschuld über 50.000 € an B formgemäß abtreten, damit B dem A die finanziellen Mittel für den Hausbau bereitstellt. Das Geld werde er – A – natürlich an B zurückzahlen. In Wahrheit hatte A nie vor, das Haus zu errichten. Es ging ihm alleine darum, die E zur Grundschuldübertragung für die bereits gewährten und bereits von ihm verbrauchten Kredite zu überreden. Auch hatte B erkannt, dass die E in geschäftlichen Dingen sehr unerfahren sind.

Als A nicht zahlt, geht B gegen die E aus der Grundschuld vor. Die E erklären gegenüber B sofort die Anfechtung wegen arglistiger Täuschung.

B könnte gegen die E aus der Grundschuld einen Anspruch auf **Duldung der Zwangsvollstreckung** gemäß **§§ 1147, 1191 Abs. 1, 1192 Abs. 1** haben.

Die E haben die Grundschuld durch formgerechte Abtretung gemäß §§ 398, 413, 1192 Abs. 1, 1154 auf die B übertragen (Zweiterwerb). Da A nicht zahlt und daher der **Sicherungsfall eingetreten** ist, hat B den Anspruch, es sei denn, die E haben ihre Abtretungserklärung und somit die gesamte Abtretung durch **Anfechtung** gemäß § 142 Abs. 1 ex tunc vernichtet. Als Anfechtungsgrund kommt nur **§ 123 Abs. 1 Var. 1** in Betracht.

Hinweis: *§ 1154 stellt im Hypothekenrecht ein Formerfordernis für die* ***Abtretung der Forderung*** *auf, welche ipso iure die Hypothek mit sich reißt, §§ 1153 Abs. 1, 401. Eine Grundschuld muss einzeln abgetreten werden, über § 1192 Abs. 1 wandelt sich § 1154 in ein Formerfordernis für die* ***Abtretung der Grundschuld****.*[279]

I. Der Tatbestand muss erfüllt sein. A hat den E als **innere Tatsache vorgespiegelt**, er wolle für sie ein Einfamilienhaus errichten und gegenüber B die Grundschuld später selbst auslösen. Die E glaubten dem A und **irrten** daher **aufgrund der Täuschung**. Ihre Abtretungserklärung wiederum gaben sie **aufgrund** ihres Irrtums ab. A wusste auch, dass er in Wahrheit die vorgespiegelte Leistungsbereitschaft nicht hatte, er täuschte also **arglistig**. Der Tatbestand des § 123 Abs. 1 ist mithin erfüllt.

II. Da die B von der Täuschung des A weder Kenntnis hatte noch hätte Kenntnis haben müssen, ist die Anfechtung gemäß § 123 Abs. 2 S. 1 nur unter der weiteren Voraussetzung zulässig, dass A nicht **„Dritter"** i.S.d. Vorschrift ist.

1. Dritter ist jedenfalls, wer am Geschäft **gänzlich unbeteiligt** ist und unter keinem **231**
Gesichtspunkt dem **Kreis des Empfängers** zuzurechnen ist und nicht **in dessen Lager** steht.[280] Im Lager des Empfängers stehen jedenfalls die Personen, die ihm **nach § 278 S. 1 Var. 1 u. 2** zugerechnet werden. Neben seinen gesetzlichen oder rechtsgeschäftlichen **Vertretern** gehören dazu auch seine **Verhandlungsführer und Verhandlungsgehilfen** sowie seine engen **Vertrauenspersonen**.[281]

279 Näher AS-Skript Sachenrecht 2 (2016), Rn. 210.

280 Palandt/Ellenberger § 123 Rn. 13.

281 Vgl. jeweils m.w.N. Staudinger/Singer/v. Finckenstein § 123 Rn. 5; MünchKomm/Armbrüster § 123 Rn. 65.

A hat B aber weder bei der Erklärung vertreten noch im Vorfeld für B verhandelt, noch steht er zu B in einem Vertrauensverhältnis. Insofern wäre A also Dritter. Dann könnten E, mangels Kenntnis und Kennenmüssen der B, nicht anfechten.

2. Kein Dritter ist aber gleichwohl im Einzelfall derjenige, der unter Berücksichtigung aller Gesichtspunkte nach **Treu und Glauben** dem Erklärungsempfänger zuzurechnen ist, weil es **unbillig wäre, ihm das Verhalten nicht zuzurechnen.**[282]

   B hatte ein ganz erhebliches **Eigeninteresse** an der Grundschuld. Außerdem hatte sie A **unter Druck gesetzt**, eine Sicherheit zu beschaffen, nachdem sie zunächst freiwillig das **Risiko eingegangen** war, A ein Darlehen ohne Sicherheiten einzuräumen. Sodann ließ B den A die Verhandlungen zwar nicht offenkundig in ihrem, sondern im eigenen Namen führen, aber gleichwohl nahm A letztlich die **Interessen** der B war. Ferner nutzte B bewusst die **geschäftliche Unerfahrenheit** der E aus. Im Ergebnis verschloss B sich bewusst der Kenntnis um die Art und Weise, wie es A gelang, die E zur Abtretung zu überreden. Dann wäre es aber unbillig, gemäß § 123 Abs. 2 S. 1 die B vor der Anfechtung zu schützen, nur weil sie die Täuschung nicht kannte.

   Daher war A nicht Dritter. Die E können nach § 123 Abs. 1 Var. 1 anfechten, obwohl B die Täuschung des A weder kannte noch kennen musste.

III. Die E erklärten B als richtiger **Anfechtungsgegnerin fristgemäß** die Anfechtung, §§ 124, 143 Abs. 1 u. 2.

Daher ist die Abtretung der Grundschuld gemäß § 142 Abs. 1 unwirksam. Die Grundschuld wird nicht von B, sondern nach wie vor von den E innegehabt. Daher hat B gegen E keinen Anspruch aus §§ 1147, 1191 Abs. 1, 1192 Abs. 1.

Erlangt eine Person, die **nicht Erklärungsgegner** ist, aus der Erklärung **unmittelbar ein Recht**, so ist die Erklärung mit Wirkung gegen diese Person gemäß § 123 Abs. 2 S. 2 nur anfechtbar, wenn diese Person die Täuschung kannte oder kennen musste (§ 122 Abs. 2). Aus der systematischen Stellung ergibt sich, dass dies nur gilt, wenn zudem ein Fall des § 123 Abs. 2 S. 1 vorliegt, wenn also ein Dritter täuscht. Mit der Person i.S.d. § 123 Abs. 2 S. 2 als Vierter sind also **vier Personen beteiligt.**[283]

Beispiel: A schließt bei B einen Lebensversicherungsvertrag ab, allerdings nur, weil ihn zuvor der mit B in keiner Verbindung stehende Spaßvogel C (Dritter, § 123 Abs. 2 S. 1) über die Konditionen getäuscht hatte. Der Anspruch aus dem Vertrag soll unmittelbar D zustehen (Vierter i.S.d. § 123 Abs. 2 S. 2 und zugleich Dritter i.S.d. § 328 Abs. 1). A kann seine Erklärung zu diesem Vertrag zugunsten des D nur anfechten, wenn D die Täuschung des C kannte oder kennen musste (§ 122 Abs. 2).

III. Ansprüche des Getäuschten gegen den Arglistigen

232 Der Getäuschte hat die **Wahl**, ob er anficht oder Gewährleistungsrechte geltend macht. In beiden Fällen beeinflusst die **Arglist** mehrfach die Prüfung, siehe Unterstreichungen.

282 Vgl. für den hier in Rede stehenden Fall BGH, Urt. v. 20.06.1962 – V ZR 209/60, NJW 1962, 1907.

283 Staudinger/Singer/von Finckenstein § 123 Rn. 64

Fall 9: Bagatellschaden?

V verkauft K einen gebrauchten Pkw für 9.000 €. Der Kaufvertrag enthält einen Gewährleistungsausschluss, aber keine Angaben über Unfallschäden. Nach Barzahlung und Übergabe stellt K fest, dass der Fahrzeuglack am Heck Unregelmäßigkeiten aufweist. Ein Sachverständiger stellt fest, dass es sich nicht nur um Lackschäden, sondern um Blechschäden handelt, deren Beseitigung 1.700 € kosten würde. Dem V waren die Schäden bekannt, er hielt sie aber für eine Bagatelle. Jedenfalls habe K, was zutrifft, die Schäden leicht erkennen können. K verlangt Rückzahlung des Kaufpreises und Schadensersatz. V sagt, er habe das Geld schon für eine Reise ausgegeben.

Welche Ansprüche hat K, wenn er fristgemäß anficht und wenn er nicht anficht?

A. Ansprüche des K, wenn er die **Anfechtung fristgerecht erklärt**: 233

I. K könnte gegen V einen Anspruch aus **§ 812 Abs. 1 S. 1 Var. 1 bzw. S. 2 Var. 1**[284] haben.

1. Der V hat **Eigentum** und **Besitz** an dem Bargeld **erlangt**.

2. K hat diese Vermögensgüter dem V bewusst und zwecks Begleichung des Anspruchs aus § 433 Abs. 2 Var. 1 zugewandt, also **geleistet**.

3. Die Leistung erfolgte **ohne Rechtsgrund**, wenn K seine Kauferklärung und damit mittelbar den gesamten Kaufvertrag gemäß § 142 Abs.1 **rückwirkend durch Anfechtung vernichtet** hat.

   Dem K könnte der **Anfechtungsgrund** des **§ 123 Abs. 1 Var. 1** zustehen.

   a) V hat keine Angaben zu einem Schaden gemacht, daher kommt nur eine **Täuschung durch Unterlassen** in Betracht. Diese setzt eine **Aufklärungspflicht** des V voraus, welche bezüglich solcher Umstände besteht, die für den Willensentschluss des Erklärenden wesentlich sind. Unfallschäden, die nicht bloße Bagatellen sind, mindern den Wert eines Pkw erheblich, daher sind sie wesentlich, selbst wenn sie keine weitergehenden Folgen haben und mit geringem Aufwand reparierbar sind.[285]

   Der Pkw hat nicht nur bloß oberflächliche Lackschäden, sondern das Blech als Bestandteil der Karosserie ist beschädigt. Es handelt sich nicht um eine unwesentliche Bagatelle. V hatte mithin eine Aufklärungspflicht und hat den K trotzdem nicht aufgeklärt, also getäuscht.

   b) Die Täuschung **verursachte** bei K einen **Irrtum** über die Unfallfreiheit. Dieser Irrtum war wiederum **kausal** für die Kauferklärung des K.

   c) V kannte die Schäden und handelte daher **arglistig**. Dass er sie für rechtlich irrelevant hielt ist unerheblich, denn eine § 17 StGB entsprechende Norm, die die Anfechtung bei Rechtsirrtümern ausschließt, existiert nicht.

284 Vgl. Rn. 259 u. AS-Skript BGB AT 1 (2017), Rn. 11.

285 Vgl. BGH, Urt. v. 10.10.2007 – VIII ZR 330/06, RÜ 2008, 72.

Der Anfechtungsgrund des § 123 Abs. 1 Var. 1 ist erfüllt. Wenn K daher **unverzüglich** (§ 121 Abs. 1) dem V (§ 143 Abs. 1 u. 2) die Anfechtung **erklärt**, dann sind seine Kaufvertragserklärung und der Kaufvertrag rückwirkend gemäß § 142 Abs. 1 nichtig. Dann hat K gegen V dem Grunde nach den Anspruch aus § 812 Abs. 1 S. 1 Var. 1 bzw. S. 2 Var. 1.

4. Als **Rechtsfolge**[286] kann K von V grundsätzlich das **Erlangte in Natur**, also Besitz und Eigentum an dem Bargeld, **zurückverlangen**.

   a) V hat an dem konkreten Bargeld keinen Besitz und kein Eigentum mehr, weil er es ausgegeben hat. Er schuldet dem K gemäß § 818 Abs. 1 **Wertersatz**, also andere Geldscheine im Nennwert von 9.000 €.

   b) Auf eine **Entreicherung** (§ 818 Abs. 3) kann V sich nicht berufen. Als er das Geld ausgab **kannte** er **die Anfechtbarkeit** des Kaufvertrags wegen seiner Arglist, daher wird er gemäß **§ 142 Abs. 2** so behandelt, als habe er die (unterstellte) Nichtigkeit gekannt. Wer die Nichtigkeit kennt, der **haftet verschärft** und kann sich nicht auf die Entreicherung berufen, §§ 818 Abs. 4, 819 Abs. 1.

   c) Nach der **Saldotheorie** ist das Synallagma eines gegenseitigen Vertrags auch bei der Rückabwicklung zu berücksichtigen. Danach bestünde der Anspruch des K auf Wertersatz nur Zug um Zug gegen Rückgabe und Rückübereignung des Pkw an V. Die Saldotheorie gilt jedoch nach h.M. **nicht zugunsten des arglistig Täuschenden**, denn er ist nicht schutzwürdig.[287] K schuldet daher zwar dem V Rückgabe und Rückübereignung des Pkw, aber V kann dem K diesen Anspruch nicht im Wege eines Zug-um-Zug-Einwands entgegenhalten.

II. Da V wegen seiner Arglist verschärft haftet, sind auch die Ansprüche des K gegen V, auf welche die **§§ 819 Abs. 1, 818 Abs. 4, 291 f.** verweisen, einschlägig.[288] U.a. ist dies der Anspruch aus **§§ 292 Abs. 1, 989, 990**. Dessen Tatbestand ist erfüllt, denn V hat in Kenntnis seiner Herausgabepflicht aus § 812 Abs. 1 das Geld ausgegeben und dadurch die Unmöglichkeit der Rückzahlung an K vorsätzlich herbeigeführt. Als Rechtsfolge schuldet V dem K gemäß § 251 Abs. 1 Entschädigung i.H.d. Nennwertes der 9.000 €.

III. Die arglistige Täuschung ist eine Verletzung der vorvertraglichen Pflicht, Täuschungen bei den Verhandlungen zu unterlassen. V ist daher gemäß **§§ 280 Abs. 1, 311 Abs. 2, 241 Abs. 2, 251 Abs. 1** zum Schadensersatz i.H.v. 9.000 € verpflichtet.

IV. Ein Anspruch aus **§ 823 Abs. 1** scheitert daran, dass V kein geschütztes Rechtsgut des K verletzt hat.

V. Ein Anspruch aus **§ 823 Abs. 2 i.V.m. §§ 263, 13 Abs. 1 StGB** besteht hingegen auch bei bloßen Vermögensschäden. V hat den K vorsätzlich und in Bereicherungsabsicht über Tatsachen durch Unterlassen getäuscht und dadurch K zu einer Vermögensverfügung, die sein Vermögen auch schädigte, veranlasst. V handelte dabei rechtswid-

286 Näher zum Folgenden AS-Skript Schuldrecht BT 3 (2017), Rn. 141 ff.

287 Palandt/Sprau § 818 Rn. 49, m.w.N.

288 Die Ansprüche sind aufgezählt in AS-Skript Schuldrecht BT 3 (2017), Rn. 175 ff.

rig und auch schuldhaft, insbesondere war sein Rechtsirrtum über die Relevanz der Schäden vermeidbar, vgl. § 17 S. 1 StGB.

Hinweis: *§ 123 Abs. 1 Var. 1 u. § 263 StGB sind sich sehr ähnlich, sodass Arglist oft den Anspruch aus § 823 Abs. 2 auslöst.*

VI. Ein Anspruch aus **§ 826** scheitert hingegen jedenfalls am fehlenden Schädigungsvorsatz (a.A. vertretbar), obgleich bei Arglist oft auch Sittenwidrigkeit vorliegt.

B. Ansprüche des K, wenn er die **Anfechtung nicht erklärt**: 234

I. K könnte gegen V einen Anspruch auf Rückzahlung des Kaufpreises aus **§§ 437 Nr. 2, 326 Abs. 5, 323 Abs. 1 Var. 1, 346 Abs. 1** haben.

1. K und V haben einen **wirksamen**, insbesondere nicht von K nach § 142 Abs. 1 vernichteten **Kaufvertrag** geschlossen.

2. Der Pkw müsste **bei Übergabe sachmangelhaft** gewesen sein, §§ 434, 446 S. 1.

a) Eine **Beschaffenheitsvereinbarung** i.S.d. § 434 Abs. 1 S. 1 über die Unfallfreiheit haben K und V nicht getroffen.

b) Auch ein Mangel gemäß § 434 Abs. 1 S. 2 Nr. 1 oder § 434 Abs. 1 S. 2 Nr. 2 Var. 1 ist nicht gegeben, da der Pkw funktionstüchtig ist und sich daher sowohl **für die vorausgesetzte** als auch **für die gewöhnliche Verwendung eignet**.

c) Gemäß § 434 Abs. 1 S. 2 Nr. 2 Var. 2 liegt ein Mangel vor, wenn eine Beschaffenheit fehlt, die bei Sachen gleicher Art **üblich** ist oder die der Käufer nach der Art der Sache **erwarten** kann. Bei Gebrauchtwagen gehören zwar Bagatellschäden zur üblichen Beschaffenheit.[289] Der vorliegende Blechschaden ist jedoch kein Bagatellschaden. Der Pkw ist daher mangelhaft.

Hinweis: *Die Abgrenzung von Bagatellschäden und mitteilungspflichtigen Schäden ist sowohl für die Aufklärungspflicht als auch für den Mangelbegriff relevant.*

3. Gemäß §§ 326 Abs. 5, 323 Abs. 1 Var. 1 besteht ein Rücktrittsrecht **auch ohne Fristsetzung**, wenn die **Nacherfüllung** i.S.d. § 439 Abs. 1 gemäß § 275 Abs. 1–3 **unmöglich** ist.

a) Die Unfallwageneigenschaft kann durch **Nachbesserung** (§ 439 Abs. 1 Var. 1) nicht beseitigt werden.

b) Die **Nachlieferung** (§ 439 Abs. 1 Var. 2) ist nach h.M. zwar auch bei einem **Stückkauf** möglich, wenn die Kaufsache nach dem Parteiwillen durch eine gleichartige oder gleichwertige Sache ersetzt werden kann. Bei Gebrauchtwagen ist dies jedoch regelmäßig[290] nicht der Fall, da regelmäßig keine ähnlichen Ersatzwagen zur Verfügung stehen. Mangels abweichender Anhaltspunkte ist davon auszugehen, dass auch vorliegend V keinen ähnlichen Ersatzwagen zur Verfügung hatte.

289 BGH, Urt. v. 10.10.2007 – VIII ZR 330/06, RÜ 2008, 72.

290 Vgl. BGH, Urt. v. 07.06.2006 – VIII ZR 209/05, RÜ 2006, 505.

Die Nacherfüllung ist daher unmöglich, sodass es keiner Fristsetzung bedarf.

4. Die Gewährleistung ist gemäß § 442 S. 2 Hs. 1 grundsätzlich **ausgeschlossen**, wenn der Käufer den **Mangel grob fahrlässig nicht erkennt**, so wie hier K, der den Blechschaden leicht hätte erkennen können. Jedoch handelte V arglistig, daher kann K sich gemäß § 442 S. 2 Hs. 2 Var. 1 ausnahmsweise auf den Mangel berufen.

5. Der im Kaufvertrag vereinbarte **Gewährleistungsausschluss** ist gemäß § 444 Var. 1 **unwirksam**, da V arglistig handelte.

6. Gemäß § 323 Abs. 5 S. 2 ist der Rücktritt ausgeschlossen, wenn die **Pflichtverletzung unerheblich** ist. Bei Arglist des Verkäufers ist eine Unerheblichkeit aber regelmäßig[291] zu verneinen. Gegenteilige Anhaltspunkte bestehen hier nicht.

7. Der Rücktritt ist **ausgeschlossen, sobald der** (aufgrund der Unmöglichkeit hypothetische) **Nacherfüllungsanspruch verjährt** ist, §§ 438 Abs. 4 S. 2, 218 Abs. 1 S. 2 u. 1 (näher Rn. 328 ff.). Abweichend von §§ 438 Abs. 1 u. 2 ist die Verjährungsfrist wegen der Arglist des V gemäß § 438 Abs. 3 nach §§ 195, 199 Abs. 1 zu ermitteln. Es ist nicht ersichtlich, dass der Rücktritt (schon) ausgeschlossen ist.

Daher kann K, sobald er den Rücktritt erklärt (§ 349), von V gemäß §§ 437 Nr. 2, 326 Abs. 5, 323 Abs. 1 Var. 1, 346 Abs. 1 Rückzahlung des Kaufpreises verlangen, gemäß § 348 jedoch nur Zug-um-Zug gegen Rückgabe und Rückübereignung des Pkw.

235 II. K hat **dem Grunde nach** gegen V neben dem Rücktritt (§ 325) einen Schadensersatzanspruch aus **§§ 434, 437 Nr. 3, 311 a Abs. 2**. Der Pkw ist – wie ausgeführt – sachmangelhaft und die Mangelbeseitigung war schon bei Vertragsschluss unmöglich. V kann sich auch nicht gemäß § 311 a Abs. 2 S. 2 entlasten, da er den Mangel kannte.

Rechtsfolge des Anspruchs ist zunächst, dass V den K so stellen muss, als läge kein Mangel vor, also nur den merkantilen Minderwert und weitere Schäden (Gutachterkosten) ausgleichen muss. Da aber der Mangel nicht unerheblich ist, kann K gemäß §§ 311 a Abs. 2 S. 3, 281 Abs. 1 S. 3 auch Schadensersatz statt der ganzen Leistung verlangen, also den kompletten Kaufpreis als Mindestschaden und weitere Vermögenseinbußen, die er ohne den Pkw nicht gehabt hätte (Kfz-Steuer, Zulassungskosten).

236 III. K könnte gegen V zudem einen Schadensersatzanspruch aus **§§ 280 Abs. 1, 311 Abs. 2, 241 Abs. 2** haben.

1. **Grundsätzlich** schließen die Gewährleistungsrechte (unstreitig) als **leges speciales** diesen Anspruch aus. Insbesondere das Recht des Verkäufers zur zweiten Andienung innerhalb einer Frist (vgl. §§ 323 Abs. 1, 281 Abs. 1) soll nicht unterlaufen werden. Vereinzelt[292] wird vertreten, dass dieser Ausschluss auch dann gelten soll, wenn der Verkäufer **arglistig** einen Mangel verschwiegen hat.

291 BGH, Urt. v. 24.03.2006 – V ZR 173/05, Rn. 13, RÜ 2006, 349.

292 Erman/Kindl § 311 Rn. 87 m.w.N.

Vorherrschend[293] wird aber davon ausgegangen, dass bei **Arglist** des Verkäufers die Gewährleistungsrechte **neben** dem Anspruch aus §§ 280 Abs. 1, 311 Abs. 2, 241 Abs. 2 stehen. Dafür spricht, dass der Verkäufer in diesem Fall nicht schutzwürdig ist. Ein Recht zur zweiten Andienung innerhalb einer Frist hat er dann ohnehin nicht, denn Arglist ist regelmäßig ein „besonderer Umstand" i.S.d. §§ 281 Abs. 2 Var. 2, 323 Abs. 2 Nr. 3,[294] sodass der Käufer ohnehin ohne Fristsetzung zurücktreten und/oder (§ 325) Schadensersatz statt der Leistung verlangen kann. Mithin ist der Anspruch nicht ausgeschlossen.

2. Der **Tatbestand** der Anspruchsgrundlage ist erfüllt (s. A. III.). Als **Rechtsfolge** schuldet V dem K Zahlung von 9.000 €.

Hinweis: *Haben Sie darauf geachtet, wie häufig die Arglist eine Rolle gespielt hat?*

Zusammen mit den Ausführungen in Rn. 161, 203 u. 220 ergibt sich im Wesentlichen das folgende **Konkurrenzverhältnis:** 237

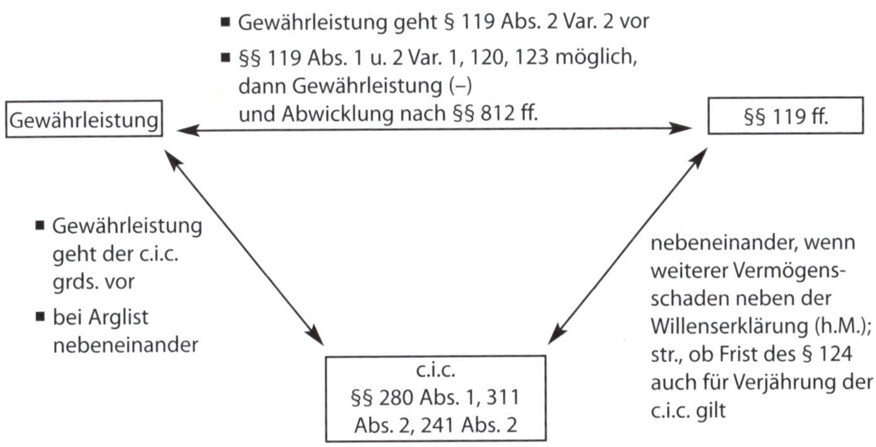

IV. Widerrechtliche Drohung, § 123 Abs. 1 Var. 2

Die Anfechtung wegen widerrechtlicher Drohung hat folgende **Voraussetzungen:** 238

1. Drohung

Drohung ist[295] die **Ankündigung eines künftigen Übels, dessen Eintritt der Handelnde aus der Sicht des Adressaten beeinflussen kann**. Die Drohung kann auch konkludent geschehen. Es genügt aber nicht, dass auf eine vom Handelnden unabhän- 239

293 BGH, Urt. v. 27.03.2009 – V ZR 30/08, Rn. 19 ff., RÜ 2009, 341; BGH, Urt. v. 30.11.2012 – V ZR 25/12, RÜ 2013, 140; vgl. auch BGB, Urt. v. 06.11.2015 – V ZR 78/14, RÜ 2016, 210, allerdings ohne Darstellung dieser Streitfrage; Palandt/Grüneberg § 311 Rn. 15.

294 BGH, Urt. v. 08.12.2006 – V ZR 249/05, RÜ 2007, 116.

295 Vgl. zum Folgenden Palandt/Ellenberger § 123 Rn. 15 ff.

gig bestehende oder drohende Gefahr hingewiesen wird, die bloße Warnung vor einem Übel ist also keine Drohung.[296] Als Übel kommt **jeder materielle oder ideelle Nachteil** in Betracht, der den Adressaten, einen Verwandten oder eine andere nahestehende Person treffen soll, falls die Willenserklärung nicht abgegeben wird.

2. Kausalität

Die Drohung muss für die Willenserklärung **(mit-)ursächlich** sein.

3. Widerrechtlichkeit

240 Die Widerrechtlichkeit kann sich aus dem Mittel der Drohung, ihrem Zweck oder der Relation von Mittel und Zweck ergeben:[297]

- Das **Mittel** ist unabhängig vom verfolgten Zweck rechtswidrig, wenn das angedrohte Übel unzulässig ist, wenn also **mit etwas Verbotenem gedroht** wird.
  - Nicht erforderlich ist, dass das Mittel eine Straftat oder eine Ordnungswidrigkeit erfüllt. Auch ein bloß **zivilrechtswidriges** Mittel ist verboten.[298]

    Beispiel: V droht K, ihm trotz wirksamen Kaufvertrags das gekaufte Fahrrad nicht zu übereignen, wenn K nicht zuvor dem Sohn S des V sein Skateboard schenkt.
  - Das Verbot ergibt sich u.U. erst aus einer **Güterabwägung**.

    Beispiel:[299] Die Ankündigung, einen Presseartikel zu veröffentlichen, ist nur rechtswidrig, wenn der Artikel selbst rechtswidrig ist. Dies ist im Einzelfall durch eine Abwägung insbesondere der Pressefreiheit (Art. 5 Abs. 1 S. 2 GG) und der Rechte des Betroffenen, insbesondere seines allgemeinen Persönlichkeitsrechts (Art. 2 Abs. 1 i.V.m. Art. 1 Abs. 1 GG) zu beurteilen.
- Der **Zweck** ist rechtswidrig, wenn der **erzwungene Erfolg verboten oder sittenwidrig** ist. Es genügt nicht, dass der Drohende schlicht keinen Anspruch auf die erstrebte Willenserklärung hat, zumindest dann, wenn er zumindest glaubt, einen Anspruch zu haben.[300]

241
- Auch wenn **Mittel und Zweck** für sich allein betrachtet nicht widerrechtlich sind, ihre Verbindung aber unter Berücksichtigung von Treu und Glauben anstößig ist, weil die **Einsetzung dieses Mittels zu diesem konkreten Zweck verwerflich** ist, ist die Drohung rechtswidrig. Da § 123 die freie Willensbildung gewährleisten soll, ist prinzipiell jede Drohung zwecks Willensbrechung verwerflich.

  Ausnahmsweise ist die Zweck-Mittel-Relation aber nicht verwerflich, wenn
  - der Drohende einen **Anspruch** auf oder zumindest ein **berechtigtes Interesse** an der Abgabe der Willenserklärung hat und
  - ein **innerer Zusammenhang** zwischen dem Mittel (angedrohtes Übel) und dem Zweck (Abgabe der Willenserklärung) besteht.[301]

---

296 BGH, Urt. v. 19.04.2005 – X ZR 15/04, RÜ 2005, 567.
297 Vgl. zum Folgenden Palandt/Ellenberger § 123 Rn. 19; Staudinger/Singer/v. Finckenstein § 123 Rn. 73.
298 BGH, Urt. v. 12.07.1995 – XII ZR 95/93, NJW 1995, 3052.
299 Nach BGH, Urt. v. 19.04.2005 – X ZR 15/04, RÜ 2005, 567.
300 Palandt/Ellenberger § 123 Rn. 20; MünchKomm/Armbrüster § 123 Rn. 106.
301 Palandt/Ellenberger § 123 Rn. 21.

Beispiel:[302] A schuldet B aus einem Kaufvertrag 13.000 €. B sagt zu A, er werde ihm den Kaufpreis für drei Monate stunden (vgl. Rn. 339), wenn A ihm im Gegenzug eine Sicherheit einräumt. Zudem werde er A wegen der Steuerhinterziehung, die A vor einiger Zeit begangen habe, anzeigen. A übereignet dem B einen Schrank als Sicherheit. Kann A seine Übereignungserklärung anfechten?
I. Das **Unterlassen der Stundung** ist ein empfindliches Übel für A. Jedoch steht es B frei, zu stunden oder auch nicht, sodass das Mittel erlaubt ist. Die Erlangung einer Sicherheit für eine bestehende Forderung ist auch kein verbotener oder verwerflicher Zweck. Ferner ist auch die Zweck-Mittel-Relation ausnahmsweise nicht verwerflich, denn B hat ein berechtigtes Interesse an einer Sicherheit, und die dem A entgegenkommende Stundung steht im inneren Zusammenhang mit der überbrückungsweise einzuräumenden Sicherheit. Diese Drohung ist also nicht widerrechtlich.
II. Die **Abgabe einer Strafanzeige** ist ebenfalls ein empfindliches Übel. Als Mittel ist sie aber sogar von der Rechtsordnung gewünscht und daher erlaubt. B verfolgt auch insofern den legitimen Zweck, eine Sicherheit zu erlangen. Jedoch ist die Zweck-Mittel-Relation verwerflich, denn B hat zwar ein berechtigtes Interesse an der Sicherheit, aber die anzuzeigende Straftat steht in keinem Zusammenhang mit dem Kaufvertrag. Diese Drohung ist also widerrechtlich.

4. Vorsatz

Die Drohung muss vorsätzlich erfolgen. Der Drohende muss erkennen, dass seine Drohung **geeignet** ist, den **Bedrohten zur Abgabe einer Willenserklärung zu veranlassen** und er muss diese **Veranlassung** auch **wollen**. Eine **Schädigung** des Bedrohten muss vom Vorsatz nicht erfasst sein.[303] **242**

Umstritten ist, ob der Drohende die **Rechtswidrigkeit** seiner Drohung kennen muss.

Fall 10: Bedrohte Ehefrau

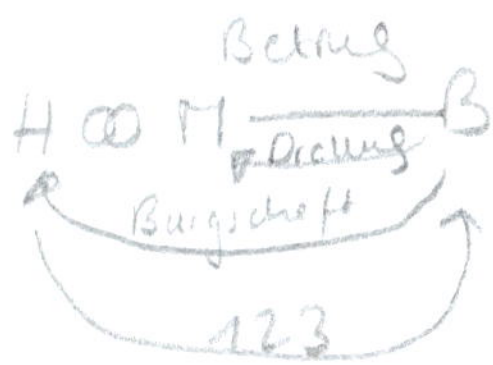

M, Ehemann der H, hat durch betrügerisches Verhalten gegenüber der B-Bank Kredite erschlichen. Ausgehend davon, dass H Nutznießerin der Straftaten war, verlangt B von H eine Bürgschaft, anderenfalls werde Strafanzeige gegen M erstattet. H verbürgt sich zunächst schriftlich, ficht dann aber an, weil sie von den Straftaten weder etwas wusste noch von M Vorteile aus ihnen erhalten hatte, was B allerdings nicht erkennen konnte. Anspruch B gegen H?

B könnte gegen H einen Zahlungsanspruch aus **§ 765 Abs. 1** haben. **243**

H und B haben zwar einen **Bürgschaftsvertrag** abgeschlossen und die Erklärung der H wahrt auch die **Form** der §§ 766 S. 1, 126 und ist daher nicht nach § 125 S. 1 formnichtig.

Die Erklärung der H ist aber gemäß § 142 Abs. 1 ex tunc nichtig, wenn H sie wirksam **angefochten** hat. Als Anfechtungsgrund kommt § 123 Abs. 1 Var. 2 in Betracht.

I. Die Strafanzeige gegen den der H nahestehenden M ist für H ein empfindliches Übel und daher eine **Drohung**. Diese war auch **kausal** für die von H abgegebene Bürgschaftserklärung.

II. Die Drohung müsste **widerrechtlich** gewesen sein. Das **Mittel** (Strafanzeige) und der **Zweck** (Bürgschaftserklärung) sind für sich betrachtet nicht verboten. Ihre **Relation** ist insofern nicht verwerflich, als dass B ein berechtigtes Interesse an einer Kom-

302 Vgl. Medicus/Petersen AT Rn. 818.
303 Palandt/Ellenberger § 123 Rn. 23; Staudinger/Singer/v. Finckenstein § 123 Rn. 85.

pensation für den erlangten Schaden hat. Gleichwohl ist es nicht Aufgabe der H, für diese Kompensation zu sorgen, denn sie war weder Täterin noch Begünstigte der Straftat des M, sodass zwischen Mittel und Zweck kein innerer Zusammenhang besteht. Daher ist die Relation von Mittel und Zweck verwerflich und die Drohung daher widerrechtlich.

III. B hatte auch insofern **Vorsatz**, als sie H **zu der Erklärung veranlassen** wollte und auch wusste, dass ihre Drohung zu der Erklärung führen würde. Allerdings ging B von einer Begünstigung der H aus den Straftaten aus. Nach dieser unverschuldeten Fehlvorstellung der B bestünde ein innerer Zusammenhang zwischen Mittel und Zweck.

1. Einigkeit besteht darüber, dass das Anfechtungsrecht besteht, wenn der Vorsatz auch die Widerrechtlichkeit umfasst, wenn also der Drohende die **Widerrechtlichkeit kannte** oder zumindest **erkennen musste**. Indes war dies, wie ausgeführt, bei B nicht der Fall.

2. Einigkeit besteht ferner darüber, dass das Anfechtungsrecht auch dann besteht, wenn der Drohende die **Tatsachen**, die die Widerrechtlichkeit ausmachen, **kannte oder kennen musste**, aber aus ihnen den **falschen rechtlichen Schluss** dahin zieht, dass keine Widerrechtlichkeit vorliegt. Ein solcher bloßer Rechtsirrtum entlastet den Drohenden nicht. Vorliegend unterlag B jedoch auch nicht einem solchen Rechtsirrtum.

   Im Strafrecht sind Rechtsirrtümer nach **§ 17 StGB** hingegen zwingend zu beachten, wenn sie unvermeidbar waren, und sie können beachtet werden, wenn sie vermeidbar waren.

3. Vielmehr kannte B die Tatsachen der Widerrechtlichkeit nicht und sie konnte sie auch nicht erkennen. B unterlag also einem **unverschuldeten Tatsachenirrtum**. Nimmt man an, dass dies ihrem Verhalten die sittliche Vorwerfbarkeit nimmt, so hatte B keinen Vorsatz und H könnte nicht anfechten.[304] Für die Bejahung[305] des Vorsatzes spricht aber, dass § 123 – anders als § 138 – nicht eine Sittenwidrigkeit sanktionieren, sondern die freie Willensbildung vor rechtswidrigen Beeinträchtigungen schützen soll. Es macht für die objektive Beeinträchtigung der Willensfreiheit keinen Unterschied, ob der Beeinträchtigende die Rechtswidrigkeit seines Handelns erkannt hat. Der Bedrohte ist in beiden Fällen gleich schützenswert.

   Im Strafrecht führen Tatsachenirrtümer nach **§§ 16 Abs. 1, 15 StGB** zur Straflosigkeit bzw. zu einer Strafbarkeit wegen nur fahrlässiger Tatbegehung.

Dem folgend hatte B hinsichtlich aller erforderlichen Umstände Vorsatz. Der Anfechtungsgrund des § 123 Abs. 1 Var. 2 ist erfüllt. H hat die Anfechtung auch **fristgemäß** (§ 124) gegenüber B **erklärt** (§ 143 Abs. 1 u. 2), sodass ihre Bürgschaftserklärung gemäß § 142 Abs. 1 unwirksam ist. Daher hat B gegen H keinen Anspruch aus § 765 Abs. 1.

---

304 So BGH, Urt. v. 23.09.1957 – VII ZR 403/56, NJW 1957, 1796.

305 So Wolf/Neuner § 41 Rn. 137.

Anfechtung gemäß § 123 Abs. 1

Var. 1: Arglistige Täuschung

- **Täuschung:** Positives **Tun** oder **Unterlassen trotz Aufklärungspflicht**. Eine solche besteht auf Nachfrage oder ungefragt bei wesentlichen Umständen.
- **Irrtum:** Fehlvorstellung über Tatsachen, auch innere oder negative
- **Kausalität** der Täuschung für den Irrtum und des Irrtums für die Erklärung.
- **Widerrechtlichkeit** der Täuschung (obwohl laut Wortlaut nur für Var. 2)
- Bei Täuschung eines **Dritten** nur dann Anfechtung, wenn Empfänger die Täuschung kannte oder hätte kennen müssen (§§ 123 Abs. 2 S. 1, 122 Abs. 2). Nicht Dritter ist, wer im Lager des Empfängers steht (Fälle des § 278 S. 1: Vertreter, Verhandlungsführer, besonderes Vertrauen; i.Ü. Interessenabwägung im Einzelfall)
- **Arglist:** Vorsatz im Sinne von **dolus eventualis** erforderlich und ausreichend. Auch bei **Angaben „ins Blaue hinein"** über Umstände, von denen der Täuschende keine Kenntnis hatte

Var. 2: Widerrechtliche Drohung

- **Drohung: Ankündigung eines künftigen Übels**, dessen Eintritt der Handelnde aus der Sicht des Adressaten beeinflussen kann.
- **Kausalität** der Drohung für die Erklärung
- **Widerrechtlichkeit** des Mittels, des Zwecks oder der Zweck-Mittel-Relation. Letztere in der Regel (+), aber ausnahmsweise nicht, wenn Anspruch oder berechtigtes Interesse und innerer Zusammenhang.
- **Vorsatz** bezüglich Drohung und Kausalität. Die Widerrechtlichkeit muss in rechtlicher Hinsicht nicht erkannt werden (unstr.), in tatsächlicher Hinsicht hingegen schon (str., zweifelhaft)

Konkurrenz zu zu §§ 280 Abs. 1, 311 Abs. 2, 241 Abs. 2

- Stehen nebeneinander. Nach h.M. selbst dann, wenn die Anfechtungsfrist abgelaufen ist. Voraussetzung ist aber insbesondere ein Vermögensschaden des Getäuschten/Bedrohten). Dann besteht gemäß § 249 Abs. 1 ein Anspruch auf Vertragsaufhebung.

G. Ausübung und Rechtsfolgen der Anfechtung

244 Wir die Anfechtung wirksam **ausgeübt**, so treten ihre **Rechtsfolgen** ein.

I. Ausübung

245 Der Anfechtungsberechtigte muss die Anfechtung fristgemäß gegenüber dem Anfechtungsgegner erklären. Dabei darf die Anfechtung nicht ausgeschlossen sein.

1. Anfechtungsberechtigter und Anfechtungsgegner

246 **Anfechtungsberechtigt** ist der, den die **Rechtsfolgen der Erklärung treffen**. In der Regel ist das der Erklärende (vgl. §§ 119 Abs. 1 u. 123 Abs. 1 „Wer"). Treffen die Rechtsfolgen der Erklärung ausschließlich einen anderen – etwa bei der Stellvertretung, aber auch im Fall des § 318 – so ist dieser – etwa der Vertretene – zur Anfechtung der Erklärung berechtigt.

Die Anfechtung erfolgt gemäß § 143 Abs. 1 gegenüber dem **Anfechtungsgegner**, also

- bei einem **Vertrag** gegenüber dem Vertragspartner (§ 143 Abs. 2 Hs. 1) bzw. gegenüber dem Vierten i.S.d. § 123 Abs. 2 S. 2 (§ 143 Abs. 2 Hs. 2, vgl. Rn. 231),
- bei **einseitigen empfangsbedürftigen Willenserklärungen** gegenüber ihrem Empfänger (§ 143 Abs. 3) und
- bei **nichtempfangsbedürftigen Willenserklärungen** gegenüber dem, der aufgrund der Erklärung unmittelbar einen rechtlichen Vorteil erlangt hat (§ 143 Abs. 4).

Berechtigt zur **Anfechtung einer Vollmacht** ist der Vollmachtgeber. Wer in diesem Fall Anfechtungsgegner ist, ist umstritten.[306]

2. Anfechtungserklärung

247 Die Anfechtung ist ein **Gestaltungsrecht**, daher treten ihre Rechtsfolgen gemäß § 143 Abs. 1 nur aufgrund einer Erklärung des Anfechtungsberechtigten ein.

Die Anfechtungserklärung ist selbst wiederum eine **einseitige empfangsbedürftige Willenserklärung**. Das hat zur Folge,[307]

- dass sie – wie andere Gestaltungserklärungen (vgl. § 388 S. 2) – **bedingungsfeindlich** ist. Zulässig sind aber Potestativbedingungen und Rechts„bedingungen".[308]
- dass sich ihr Inhalt auch aus den Umständen **(konkludent)** und nach einer **Auslegung** gemäß §§ 133, 157 aus Sicht eines objektiven Empfängers ergeben kann. Insbesondere müssen sich aus ihr die zur Anfechtung berechtigenden Tatsachen ergeben – es sei denn, diese sind dem Anfechtungsgegner bereits bekannt – und dass der Erklärende aufgrund dieser Tatsachen seine frühere Erklärung nicht gelten lassen will. Das Wort „anfechten" muss aber nicht verwendet werden.

---

306 S. ausführlich AS-Skript BGB AT 1 (2017), Rn. 285 ff.
307 Vgl. Palandt/Ellenberger § 143 Rn. 3.
308 Vgl. AS-Skript BGB AT 1 (2017), Rn. 185 u. 216.

- dass auch die Anfechtungserklärung **angefochten** werden kann. Das hat gemäß § 142 Abs. 1 zur Folge, dass die Anfechtungserklärung ex tunc nichtig ist und daher niemals existierte, sodass die angefochtene Erklärung ohne Unterbrechung fortbestand und fortbesteht.

Beispiel:[309] V und K vereinbaren mündlich für einen Pkw einen Kaufpreis von 10.000 €. In späteren E-Mails geben sie übereinstimmend als Kaufpreis 8.000 € an. Als V dies bemerkt, ficht er wegen eines Irrtums nach § 119 Abs. 1 Var. 2 an. –
Die Anfechtung zielt auf die spätere Erklärung des V per E-Mail ab. Diese Erklärung und daher der komplette Änderungsvertrag sind nach § 142 Abs. 1 ex tunc nichtig. Zwischen K und V besteht ein Kaufvertrag über 10.000 € (und nicht etwa kein Kaufvertrag).

***Hinweis:** Ähnlich lebt ein nach §§ 48, 49 VwVfG durch Verwaltungsakt aufgehobener Verwaltungsakt wieder auf, wenn der aufhebende Verwaltungsakt aufgehoben wird.*[310]

Eine **Teilanfechtung** kann erklärt werden, wenn das Rechtsgeschäft i.S.d. § 139 teilbar ist (zur Teilbarkeit Rn. 263 und zur Rechtsfolge der Teilanfechtung Rn. 256).

3. Anfechtungsfrist

Die Anfechtung nach **§§ 119, 120** muss gemäß § 121 Abs. 1 S. 1 ohne schuldhaftes Zögern (unverzüglich) erklärt werden, nachdem der Anfechtungsberechtigte Kenntnis von dem Anfechtungsgrund erlangt hat. Nicht schuldhaft ist ein Zögern des Anfechtungsberechtigten, dass sich innerhalb einer im Einzelfall angemessenen Prüfungs- und Überlegungsfrist bewegt.[311] Unter Abwesenden[312] genügt gemäß § 121 Abs. 1 S. 2 die rechtzeitige Absendung. Unabhängig von der Kenntniserlangung ist die Anfechtung gemäß § 121 Abs. 2 zehn Jahre nach Abgabe (nicht: Zugang) der anfechtbaren Erklärung ausgeschlossen. **248**

***Hinweis:** Die Definition der Unverzüglichkeit ist für die gesamte Rechtsordnung gültig. Noch strenger ist der Begriff „sofort" (vgl. z.B. § 271 Abs. 1), er erlaubt keinerlei Zögern, also auch kein schuldloses.*

Die Anfechtung **§ 123 Abs. 1** muss gemäß § 124 Abs. 1 binnen Jahresfrist erfolgen. Gemäß § 123 Abs. 2 beginnt die Frist erst mit Entdeckung der Täuschung bzw. Beendung der aus der Drohung entstehenden Zwangslage und bei ihrem Verlauf sind die §§ 210, 211 (vgl. Rn. 340) sowie § 206 anzuwenden. Auch in diesem Fall ist die Anfechtung gemäß § 124 Abs. 3 zehn Jahre nach Abgabe der anfechtbaren Erklärung ausgeschlossen. **249**

Neben der Anfechtung nach § 123 kann ein Schadensersatzanspruch aus **§§ 280 Abs. 1, 311 Abs. 2, 241 Abs. 2** bestehen, wenn ein über die Beeinträchtigung der Willensfreiheit hinausgehender Vermögensschaden besteht. Dieser Anspruch verjährt nach §§ 195, 199 Abs.1. § 124 ist nicht analog anzuwenden (str., vgl. Rn. 161 u. Rn. 220).

---

309 Nach OLG Koblenz, Urt. v. 16.10.2014 – 2 U 393/13, RÜ 2015, 73. Die in dieser Entscheidung mustergültig formulierte Beweiswürdigung wird dargestellt in RÜ2 2015, 19.

310 Näher Randbemerkung in RÜ 2015, 73, 74.

311 Palandt/Ellenberger § 121 Rn. 3.

312 Zum Begriff AS-Skript BGB AT 1 (2017), Rn. 84 ff.

4. Kein Ausschluss der Anfechtung nach § 144 oder § 242

250 Die Anfechtung ist zum einen ausgeschlossen, wenn der Anfechtungsberechtigte das Rechtsgeschäft **bestätigt** hat, § 144 Abs. 1.[313]

- Die Bestätigung ist **formlos** (§ 144 Abs. 2) und sogar **konkludent** möglich.

  Der **Geltendmachung von Gewährleistungsrechten** ist sie allerdings regelmäßig nicht zu entnehmen, weil der Anfechtende sich regelmäßig bis zur Erfüllung der Gewährleistungsrechte ein Zurückschwenken auf die Anfechtung offenhalten will, vgl. Rn. 232 ff.[314]

- Die Bestätigung ist eine nicht empfangsbedürftige Erklärung, daher kann sie **auch Dritten gegenüber** erfolgen.
- Der Bestätigende muss **Bestätigungswillen** haben, welcher voraussetzt, dass er sein Anfechtungsrecht kennt oder zumindest für möglich hält.[315] Zudem muss dieser Wille frei vom vorherigen Willensmangel gebildet werden, insbesondere im Fall einer Drohung muss daher die Zwangslage entfallen sein.

Die Bestätigung nach § 144 Abs. 1 schließt nur die Anfechtung, nicht aber **Schadensersatzansprüche** des Anfechtungsberechtigten aus. Allerdings enthält die Bestätigung regelmäßig ein **Angebot auf Abschluss eines Erlassvertrags** i.S.d. § 397 hinsichtlich derjenigen Ansprüche, die den Anfechtungsberechtigten so stellen würden, als hätte er seine Erklärung nicht abgegeben (insbesondere §§ 280 Abs. 1, 311 Abs. 2, 241 Abs. 2). Dieses Angebot kann der Anfechtungsgegner konkludent annehmen, der Zugang der Annahmeerklärung ist dann nach § 151 S. 1 entbehrlich.[316]

Hinweis: *Willenserklärungen, die bereits (sei es nach § 142 Abs. 1 oder aus einem anderen Grund) nichtig sind, können nach § 144 bestätigt werden (s. Rn. 272).*

251 Ist der Anfechtungsgegner dazu bereit, das **Rechtsgeschäft mit dem Inhalt gelten zu lassen, den der Anfechtende wirklich wollte**, so kann dies in zwei Richtungen zu beurteilen sein.[317]

- Manche[318] sehen keinen Grund dafür, dem Anfechtungsberechtigten in diesem Fall das Anfechtungsrecht zu entziehen und ihn an dem tatsächlich Gewollten festzuhalten. Die **Anfechtung kassiere, sie reformiere aber nicht**. Es stehe den Parteien frei, das Geschäft erneut abzuschließen, sodass **beide Parteien** die **Wahl** hätten, ob eine rechtliche Bindung entstehen soll.
- Ganz vorherrschend[319] wird eingewendet, die Anfechtung sei **kein Reuerecht**. Der Anfechtungsberechtigte könne die rechtliche Bindung nicht völlig beseitigen, sondern nur soweit, wie ihn der Willensmangel treffe. Daher sei ihm nach **§ 242** die Anfechtung soweit versagt, wie er den Inhalt des Geschäfts beseitigen wolle, den er tatsächlich gewollt habe. Auch nach der falsa-demonstratio-Regel[320] und bei einer Umdeutung (§ 140, s. Rn. 267 ff.) werde der Erklärende nicht völlig frei, sondern das Geschäft werde seinem tatsächlichen Willen angepasst. Daher habe letztlich der **Er-**

---

313 Vgl. zum Folgenden Palandt/Ellenberger § 144 Rn. 1 ff.

314 BGH, Urt. v. 02.02.1990 – V ZR 266/88, NJW 1990, 1106.

315 BGH, Urt. v. 21.09.2011 – IV ZR 38/09, Rn. 48, NJW 2012, 296.

316 BGH, Urt. v. 04.12.2015 – V ZR 142/14, NZM 2016, 582; Palandt/Ellenberger § 144 Rn. 2.

317 Vgl. zu beiden Lösungsansätzen Müller JuS 2005, 18, 19, m.w.N.

318 Spieß, JZ 1985, 593.

319 Medicus/Petersen BR Rn. 144; Bork Rn. 954.

320 S. AS-Skript BGB AT 1 (2017), Rn. 203.

klärungsgegner die **Wahl**, ob er sich auf § 242 beruft und so das Rechtsgeschäft zum Teil aufrechterhalte, oder ob er die vollständige Anfechtung hinnehme.

Beispiel: K erklärt V, für die Kaufsache 50 € zahlen zu wollen, in Wahrheit will er aber nur 40 € zahlen. Nach der Mindermeinung kann K vollständig anfechten. Nach der h.M. hat V die Wahl, ob er die vollständige Anfechtung des K akzeptiert, oder ob er ihn am Kauf zu 40 € festhält.

Wer sich durch die Anfechtung seinen **Gewährleistungspflichten entziehen würde**, dem ist gemäß § 242 die Anfechtung nach § 119 Abs. 2 Var. 2 verwehrt (s. Rn. 201).

II. Rechtsfolgen der Anfechtung

1. Nichtigkeit der Willenserklärung gemäß § 142 Abs. 1

Mit dem Zugang der Anfechtungserklärung ist die angefochtene **Willenserklärung** gemäß § 142 Abs. 1 **von Anfang an** (ex tunc) nichtig. Ist sie Bestandteil eines **Vertrags**, so wird auch dieser (mittelbar) ex tunc unwirksam (s. Rn. 160). **252**

Gesellschafts- und Arbeitsverträge wären nach §§ 812 ff. rückabzuwickeln, vgl. Rn. 259. Das würde aber zu Komplikationen führen, soweit sie bereits **in Vollzug gesetzt** wurden. Zudem könnte der Arbeitgeber angesichts § 818 Abs. 2 u. 3 einwenden, die Arbeit sei weniger wert als der vereinbarte Lohn oder er sei entreichert. Daher sind in Vollzug gesetzte Gesellschafts- und Arbeitsverträge nur **ex nunc** unwirksam.[321] **253**

Bei **Mietverträgen** lassen sich diese Einwände dem Grunde nach ebenso anbringen. Gleichwohl führt die Anfechtung einer Mietvertragserklärung zur Nichtigkeit des Mietvertrags **ex tunc**,[322] da die Einwände hier nicht das gleiche Gewicht haben. Zudem muss die Abweichung vom klaren Wortlaut des § 142 Abs. 1 eine enge Ausnahme bleiben. **254**

Auch **Verfügungsgeschäfte** sind **ex tunc** nichtig. Ist zwischenzeitlich eine Verfügung an einen Dritten erfolgt, so ist diese mangels Berechtigung des verfügenden Anfechtungsgegners unwirksam. **255**

Beispiel: A übereignet an B, weil B den A arglistig getäuscht hat. Sodann übereignet B an C weiter. Wenn A seine dingliche Einigungserklärung (§ 929 S. 1) mit B anficht, dann ist A Eigentümer geblieben und B war nie Eigentümer. Die Übereignung von B an C ist dann – vorbehaltlich der §§ 932 ff., s. Rn. 257 – unwirksam, da B mangels Eigentums nicht zur Übereignung an C berechtigt war.

Es ist für Verpflichtung und Verfügung getrennt zu beurteilen, ob sie anfechtbar sind. In den Fällen des § 123 sind oft beide Geschäfte anfechtbar **(Fehleridentität)**, bei §§ 119 u. 120 ist das hingegen eine Frage des Einzelfalls.[323]

Ist eine wirksame **Teilanfechtung** erklärt (s. Rn. 247), so ist zunächst gemäß § 142 Abs. 1 auch nur der angefochtene Teil nichtig. Sodann ist allerdings nach Maßgabe des **§ 139** zu beurteilen, ob die Teilnichtigkeit zur Gesamtnichtigkeit führt (s. Rn. 261 ff.). **256**

321 AS-Skript Gesellschaftsrecht (2015), Rn. 25 ff. (Stichwort „fehlerhafte Gesellschaft)."
322 BGH, Urt. v. 06.08.2008 – XII ZR 67/06, Rn. 33 ff., NJW 2009, 1266; Staudinger/Rolfs § 542 Rn. 182.
323 Näher AS-Skript BGB AT 1 (2017), Rn. 26 f.

2. Kenntnis/Kennenmüssen der Anfechtbarkeit, § 142 Abs. 2

257 Immer wenn das Gesetz Rechtsfolgen an das **Kennen oder Kennenmüssen** (§ 122 Abs. 2) der **Nichtigkeit** eines Rechtsgeschäfts knüpft, genügt es, wenn der Betreffende die **Anfechtbarkeit** kannte oder kennen musste. Da die Erklärung nach der Anfechtung gemäß § 142 Abs. 1 nichtig ist, hat § 142 Abs. 2 Relevanz, wenn es auf einen Zeitpunkt zwischen Abgabe der Erklärung und Anfechtung der Erklärung ankommt.

Im **Beispiel** aus Rn. 255 bleibt daher C Eigentümer der Sache, wenn die (nunmehr) fehlende Berechtigung des B nach § 932 Abs. 1 S. 1 überwunden wurde. Das setzt aber gemäß § 932 Abs. 2 voraus, dass C bei Übergabe der Sache nicht wusste und auch nicht grob fahrlässig verkannt hat, dass B nicht Eigentümer der Sache war, sie also nicht von A übereignet bekommen hatte. Die Nichtigkeit der Übereignung von A an B nach § 142 Abs. 1 konnte C bei Übergabe an ihn nicht kennen, denn A hatte (noch) nicht die Anfechtung erklärt und sie daher (noch) nicht herbeigeführt. Dem C schadet es gemäß § 142 Abs. 2 aber ebenso, wenn er die Anfechtbarkeit der Übereignungserklärung des A kannte oder grob fahrlässig verkannt hatte.
Weitere Beispiele: § 166, § 819 Abs. 1 (s. Rn. 233), § 990 Abs. 1

3. Ansprüche nach wirksamer Anfechtung

258 Bei Anfechtung gemäß **§§ 119, 120** (und im Fall des § 118) muss der Anfechtungsberechtigte dem Anfechtungsgegner **Schadensersatz gemäß § 122** leisten. Er muss den **Vertrauensschaden (negatives Interesse) kompensieren**, aber **maximal** in Höhe des **Erfüllungsinteresses (positives Interesse)**.

- **Vertrauensschaden** ist der Schaden, der im Vertrauen auf die Erklärung entsteht. Der Geschädigte ist zu stellen, als hätte es die Erklärung nie gegeben.
- **Erfüllungsschaden** ist der Schaden, der bei Gültigkeit der Erklärung und ordentlicher Erfüllung der in ihr versprochenen Leistung vermieden worden wäre. Der Geschädigte ist zu stellen, als wäre gehörig erfüllt worden.

Beispiel: V verkauft K einen Pkw für 4.000 €. Später ficht V seine Kauferklärung an. K hat 100 € Zulassungsgebühren bezahlt und er hätte den Wagen für 4.050 € weiterverkaufen können. –
Hätte es den Kaufvertrag zwischen V und K nicht gegeben, so wären K keine Kosten i.H.v. 100 € entstanden (Vertrauensschaden). Hätte V ordentlich erfüllt, so hätte K an D weiterverkaufen können und er hätte nur 50 € Gewinn gemacht (Erfüllungsschaden). K kann daher von V (nur) 50 € verlangen.

Die Ersatzpflicht **entfällt** gemäß **§ 122 Abs. 2**, wenn der Geschädigte den Grund der Anfechtbarkeit **kannte oder kennen musste**, d.h. infolge Fahrlässigkeit nicht kannte. Liegen diese Voraussetzungen nicht vor und hat der Geschädigte aber gleichwohl den Anfechtungsgrund (wenn auch schuldlos) mit verursacht, so ist der Anspruch **analog § 254 Abs. 1** zu kürzen.[324]

259 Haben die Parteien bei Anfechtung eines **Rechtsgrunds i.S.d. § 812 Abs. 1** bereits geleistet, so ist das Geleistete nach Maßgabe der §§ 812 ff. zurückzugewähren. Es ist umstritten, ob § 812 Abs. 1 S. 1 Var. 1 (wegen der Rückwirkung) oder § 812 Abs. 1 S. 2 Var. 1 (wegen der späteren Anfechtungserklärung) die Anspruchsgrundlage ist. Dies wirkt sich nur aus, wenn § 814 erfüllt ist, da dieser nur für § 812 Abs. 1 S. 1 Var. 1 gilt.[325]

260 Insbesondere in den Fällen des **§ 123** können Ansprüche aus §§ 280 Abs. 1, 311 Abs. 2, 241 Abs. 2; § 823 Abs. 1; § 823 Abs. 2 und § 826 bestehen (s. Rn. 233).

---

324 BGH, Urt. v. 14.03.1969 – V ZR 8/65, NJW 1969, 1380; Staudinger/Singer § 122 Rn. 19.
325 Vgl. AS-Skript BGB AT 1 (2017), Rn. 11.

Anfechtung gemäß §§ 142 Abs. 1, 119 ff.

Zulässigkeit

Grundsätzlich jede Willenserklärung und auch Rechtsscheinstatbestände (h.M.), aber: Sonderregeln, insbesondere im Erb- und Familienrecht; nicht bei Erklärungen fürs Handelsregister; bei zustimmendem Schweigen nur, wenn Irrtum über anderen Umstand als Bedeutung des Schweigens

Anfechtungsgründe

- **§ 119 Abs. 1**: Gewollte Erklärung und tatsächliche Erklärung stimmen unbewusst nicht überein.
- **§ 119 Abs. 2**: Konkurrenz zum Gewährleistungsrecht; vorgestellte verkehrswesentliche Eigenschaften der Person bzw. der Sache entsprechen nicht der Wirklichkeit.
- **§ 120:** Der Bote überbringt unbewusst eine unrichtige WE.
- **§ 123 Abs. 1 Var. 1, Abs. 2 S. 1:** Arglistige Täuschung, auch „ins Blaue hinein". Wenn Dritter täuscht, Anfechtung nur zulässig, wenn Empfänger Täuschung kannte bzw. hätte kennen müssen.
- **§ 123 Abs. 1 Var. 2:** Widerrechtliche Drohung, d.h. Inaussichtstellen eines empfindlichen Übels und Mittel, Zweck bzw. Mittel-Zweck-Relation verwerflich

Anfechtungserklärung, §§ 143, 121, 124

- **Anfechtungsberechtigt** ist der Erklärende
- **Anfechtungsgegner** gemäß § 143, beachte § 123 Abs. 2 S. 2
- **Anfechtungserklärung**: formlos, auch konkludent, aber Erkennbarkeit des Willens zur Anfechtung und des Grundes
- **Anfechtungsfrist**: § 121 bzw. § 124

Ausschluss der Anfechtung

- **Bestätigung** der anfechtbaren Erklärung, § 144
- **§ 242**, wenn der Vertragspartner bereit ist, das wirklich Gewollte gelten zu lassen (Anfechtung ist kein Reuerecht) → Vertragsanpassung
- **§ 242**, wenn die Anfechtung nach § 119 Abs. 2 nur dazu dient, sich der Gewährleistungspflicht zu entziehen.

Rechtsfolgen

- **§ 142 Abs. 1**: Nichtigkeit ex tunc, Ausnahme bereits vollzogene Arbeits- und Gesellschaftsverträge
- **§ 142 Abs. 2:** Kenntnis/Kennenmüssen der Anfechtbarkeit genügt, wenn das Gesetz Kenntnis/Kennenmüssen der Nichtigkeit fordert
- **§ 122:** Wenn §§ 118, 119, 120, dann Ersatz des Vertrauensschadens, gedeckelt auf den Erfüllungsschaden, es sei denn, der Gegner kannte die Anfechtbarkeit bzw. musste sie kennen
- **§ 812 Abs. 1 S. 1 Var. 1 bzw. S. 2 Var. 1**, wenn Rechtsgrund angefochten und bereits geleistet
- Insbesondere neben § 123 Ansprüche aus §§ 280 Abs. 1, 311 Abs. 2, 241 Abs. 2, 823, 826.

5. Abschnitt: Teilnichtigkeit, Umdeutung und Bestätigung

A. Teilnichtigkeit, § 139

261 Prinzipiell können alle Nichtigkeitsgründe auch nur den Teil eines Rechtsgeschäfts erfassen. Nach § 139 führt dies im Zweifel zur **Gesamtnichtigkeit**, um den Parteien kein von ihnen in dieser kupierten Form nicht gewolltes Rechtsgeschäft aufzubürden.

Eine **ähnliche Regelung** enthält § 2085. Eine **gegenteilige Regelung** enthält § 306 Abs. 1 (s. Rn. 315).

§ 139 hat die folgenden **vier Voraussetzungen**:

I. Nichtigkeit eines Teils

262 Ein oder mehrere Nichtigkeitsgründe müssen (nur) einen Teil eines Rechtsgeschäfts betreffen.

II. Teilbarkeit des Rechtsgeschäfts

263 Das Rechtsgeschäft muss juristisch teilbar sein. Erforderlich ist, dass der wirksame Teil von vornherein **ohne den nichtigen Teil wirksam hätte vereinbart werden können**. Nichtig sein können beispielsweise[326]

- **einzelne Regelungen** wie Haftungsausschlüsse und Gerichtsstandsvereinbarungen,
- **einzelne Regelungskomplexe zusammengesetzter Verträge**, wie etwa beim mündlichen Verkauf eines Fahrrades und eines Grundstücks,
- die **Beteiligung einer von mehreren Personen**, etwa wenn ein voll Geschäftsfähiger und ein beschränkt Geschäftsfähiger ohne Einwilligung der Eltern des letztgenannten eine Urlaubsreise buchen sowie
- **einzelne Teilleistungen** oder **Vertragszeiträume**.

  Beispiel:[327] V und M vereinbaren eine Staffelmiete (vgl. § 557 a). Wenn die Vereinbarung ab dem elften Jahr nichtig ist, dann ist der Vertrag nach dem zehnten Jahr teilbar, sodass nach Maßgabe des § 139 die Vereinbarung der Staffelmiete für die ersten zehn Jahre Bestand haben kann.

III. Einheitliches Rechtsgeschäft

264 Es muss ein einheitliches Rechtsgeschäft vorliegen. Die Parteien müssen bei Vornahme des Rechtsgeschäfts einen **Einheitlichkeitswillen** gehabt haben, d.h. dass die beiden Bestandteile des Geschäfts – obgleich juristisch teilbar – **miteinander „stehen und fallen"** sollen. Indizien sind ein **wirtschaftlicher Zusammenhang** der Geschäfte und die Frage, ob die Geschäfte **gemeinsam oder getrennt schriftlich fixiert** wurden.[328]

Nach h.M. können auch das **Verpflichtungsgeschäft** und das **Verfügungsgeschäft** eine Einheit bilden. Dafür genügt allerdings nicht der immer bestehende wirtschaftliche

---

326 Vgl. auch Palandt/Ellenberger § 139 Rn. 10 ff.

327 Nach BGH, Urt. v. 15.02.2012 – VIII ZR 197/11, NJW 2012, 1502.

328 Vgl. Palandt/Ellenberger § 139 Rn. 5 ff.; Staudinger/Roth § 139 Rn. 37.

Zusammenhang, denn dann würde das Abstraktions- und Trennungsprinzip nie greifen. Ein entsprechender Wille der Parteien muss sich aus weiteren Umständen ergeben.

Die **Gegenansicht** lehnt eine solche Verknüpfung über § 139 ab und verweist auf die Möglichkeit, die Abhängigkeit der beiden Geschäfte über Bedingungen nach § 158 herzustellen.[329]

IV. Kein entgegenstehender hypothetischer Parteiwille

Die Gesamtnichtigkeit tritt nicht ein, wenn die Parteien das Geschäft auch ohne den nichtigen Teil vorgenommen hätten (§ 139 Hs. 2). Maßgeblich ist der **hypothetische Parteiwille im Zeitpunkt des Vertragsschlusses**. 265

Hinweis: *Der hypothetische Parteiwille ist auch bei der ergänzenden Vertragsauslegung das Maß der Dinge.*[330]

Wurde das Geschäft **bereits abgewickelt**, so zeigt dies, dass die Parteien es ungeachtet der Teilnichtigkeit jedenfalls im Nachhinein gelten lassen wollten. Selbst wenn bei Vertragsschluss dieser (hypothetische) Wille noch nicht bestand, ist es den Parteien nach § 242 verwehrt, sich auf die nach § 139 anzunehmende Gesamtnichtigkeit zu berufen.[331]

Die **Darlegungs- und Beweislast** für diesen Parteiwillen trägt grundsätzlich die Partei, 266
die das Geschäft aufrechterhalten will, denn § 139 ordnet grundsätzlich die Gesamtnichtigkeit an („wenn nicht"). Eine **salvatorische Erhaltungsklausel**[332] kehrt die Darlegungs- und Beweislast hingegen um, sodass diejenige Partei, die das gesamte Geschäft nicht gelten lassen will, beweisen muss, dass die Gesamtnichtigkeit dem hypothetischen Parteiwillen entspricht.[333]

Beispiel für eine salvatorische Erhaltungsklausel: Sollten einzelne Bestimmungen dieses Vertrags unwirksam oder undurchführbar sein oder werden, so bleibt die Wirksamkeit des übrigen Vertrags hiervon unberührt.

Klausurhinweis: *Wie immer gilt bei Fragen der Darlegungs- und Beweislast im 1. Examen, dass Sie zunächst schauen müssen, ob der Sachverhalt ausdrücklich oder nach den Umständen („lebensnahe Auslegung") die in Rede stehende Tatsache (hier: den hypothetischen Parteiwillen als subjektive Tatsache) bejaht oder verneint. Oft sind Sachverhalte im 1. Examen vollständig und es liegen alle Tatsachen klar vor bzw. nicht vor. Nur wenn der Sachverhalt ausnahmsweise unvollständig ist, unterstellen Sie diejenige Tatsachenvariante, die für den Darlegungs- und Beweisbelasteten ungünstig ist.*

Oft wird zudem eine **salvatorische Ergänzungsklausel** vereinbart. Diese regelt, dass anstatt des nichtigen Teils nicht die dispositiven gesetzlichen Bestimmungen, sondern etwas anderes gelten soll. Diese Klauseln sind in der Regel zulässig, es sei denn, sie umgehen zwingendes Recht oder sie ändern den Vertrag (insbesondere das Synallagma) grundlegend. Soweit sie den hypothetischen Parteiwillen als maßgeblich erklären, verweisen sie letztlich deklaratorisch auf eine ergänzende Vertragsauslegung.

---

329 Vgl. zu beiden Ansichten AS-Skript BGB AT 1 (2107), Rn. 25.

330 S. zur ergänzenden Vertragsauslegung AS-Skript BGB AT 1 (2017), Rn. 209 ff.

331 Wolf/Neuner § 56 Rn. 29.

332 Vgl. zum Folgenden insgesamt Staudinger/Roth § 139 Rn. 22 f.

333 BGH, Urt. v. 15.03.2010 – II ZR 84/09, Rn. 8, NJW 2010, 1660.

Beispiel für eine salvatorische Ergänzungsklausel: An die Stelle einer unwirksamen oder undurchführbaren Bestimmung tritt diejenige wirksame und durchführbare Bestimmung, deren Wirkung den wirtschaftlichen [oder andere Ziele] Zielen, die die Parteien angestrebt haben, am nächsten kommt. Dies gilt auch dann, wenn dieser Vertrag unabhängig von einer Unwirksamkeit oder Undurchführbarkeit eine Regelungslücke aufweist.

B. Umdeutung, § 140

267 Ein nichtiges Rechtsgeschäft ist nach Maßgabe des § 140 in ein anderes Rechtsgeschäft (**Ersatzgeschäft**) umzudeuten. Das hat zur Folge, dass anstelle des (ohnehin nichtigen) Rechtsgeschäfts das Ersatzgeschäft wirksam entsteht. Die Umdeutung ist keine Gestaltungserklärung. Sie findet ipso iure (bzw. durch den Rechtsanwender) statt („gilt als").

Die **Voraussetzungen** der Umdeutung lauten:[334]

268 ■ Das **gewollte Rechtsgeschäft** (gleich welcher Art) muss **nichtig** sein. Bloße Anfechtbarkeit oder schwebende Unwirksamkeit genügen nicht. Nach h.M. meint Nichtigkeit i.d.S. nicht nur das Vorliegen von Einwendungen, sondern auch das Fehlen von Entstehungsvoraussetzungen. Um festzustellen, was gewollt ist, müssen die Erklärung(en) der Partei(en) zunächst gemäß §§ 133, 157 ausgelegt werden. Ergibt sich dabei, dass die Erklärung(en) auf ein wirksames Geschäft gerichtet sind, ist für eine Umdeutung kein Raum. Die **Auslegung geht der Umdeutung** also **vor**.

269 ■ Das nichtige Geschäft muss den Erfordernissen des Ersatzgeschäfts „entsprechen" (Wortlaut § 140). In dem nichtigen Geschäft müssen also **sämtliche Tatbestandserfordernisse des Ersatzgeschäfts enthalten** sein. Zudem dürfen dem Ersatzgeschäft **nicht** (dieselben und/oder andere) **Nichtigkeitsgründe entgegenstehen**. Eine Umdeutung ist also nur möglich, wenn die Rechtsordnung den erstrebten Erfolg nicht generell verbietet, sondern nur einen von mehreren Wegen dahin.

Beispiel:[335] E übereignet an A einen Wäschetrockner unter Eigentumsvorbehalt, d.h. A soll erst mit vollständiger Zahlung Eigentümer werden (§§ 929 S. 1, 158 Abs. 1). A zahlt nicht und übereignet stattdessen den Trockner an X zur Sicherheit für einen Kredit, d.h. A überträgt X gemäß §§ 929 S. 1, 930 das Eigentum, behält den Trockner aber in seinem unmittelbaren Besitz. –
I. Die dingliche Einigung zwischen A und X ist auf die **Übereignung** gerichtet. X wird aber nicht Eigentümer, denn mangels Eigentums oder Ermächtigung nach § 185 Abs. 1 ist A nicht zur Übereignung berechtigt. Die fehlende Berechtigung zur Übereignung wurde auch nicht nach § 933 überwunden, denn A hat X den Trockner nicht übergeben.
II. A ist aber aufgrund des bedingten Eigentums Inhaber eines **Anwartschaftsrechts**. Zur **Übertragung** dieses Rechts analog §§ 929 S. 1, 930 (h.M.) auf X war A als sein Inhaber auch berechtigt. Eine Einigung über diese Übertragung liegt zwischen A und X allerdings nicht vor. Da das Anwartschaftsrecht aber wesensgleiches Minus zum Eigentum ist, ist nach einer Ansicht die Einigung über die Übereignung so **auszulegen**, dass zumindest das Anwartschaftsrecht übertragen werden soll. Andere lehnen diese Auslegung als zu weit ab. Sie nehmen aber eine **Umdeutung** der Einigung über die Übereignung vor, obgleich sie nicht im engeren Sinne nichtig ist, sondern vielmehr bereits eine ihrer Voraussetzungen (die Berechtigung bzw. die Überwindung der fehlenden Berechtigung) fehlt.
III. Sobald E den Kaufpreis erhält, erstarkt das Anwartschaftsrecht zum Eigentum des X. Im Ergebnis **erreichen** A und X also **ihr Ziel, nur auf anderem Wege**.

334 Vgl. zum Folgenden m.w.N. Palandt/Ellenberger § 140 Rn. 2 ff.

335 Vgl. im Kontext AS-Skript Sachenrecht 1 (2015), Rn. 383.

- Der ausdrückliche oder zumindest **hypothetische Parteiwille** muss ergeben, dass die an dem Rechtsgeschäft Beteiligten auch das Ersatzgeschäft getätigt hätten, wenn sie die Nichtigkeit des primär angestrebten Rechtsgeschäfts gekannt hätten. Ein entsprechender Parteiwille liegt regelmäßig vor, wenn der mit dem Rechtsgeschäft erstrebte **wirtschaftliche Erfolg** durch das Ersatzgeschäft im Wesentlichen erreicht werden kann. Eine Umdeutung gegen den Parteiwillen ist hingegen nicht möglich. **270**

Beispiel:[336] Eine einseitige Mieterhöhung (§ 557 Abs. 3) kann nur dann in ein Angebot auf Abschluss einer beidseitigen Mieterhöhungsvereinbarung (§ 557 Abs. 1) umgedeutet werden, wenn sich der Vermieter bewusst war, dass für eine Erhöhung der Miete die Zustimmung des Mieters (vgl. § 558 b) erforderlich sein könnte. Anderenfalls ist sein Wille ausschließlich auf die einseitige Setzung einer Rechtsfolge und nicht auf eine wechselseitige Einigung gerichtet.

- Schließlich darf die **Rechtsfolge** des Ersatzgeschäfts **nicht weiter** gehen **als die des nichtigen Geschäfts**. **271**

Beispiel: Eine Anfechtung beseitigt die Willenserklärung und somit den auf ihr basierenden Vertrag ex tunc (§ 142 Abs. 1). Der Rücktritt wirkt nur ex nunc, außerdem beseitigt er den Vertrag nicht ersatzlos, sondern er lässt ein Rückgewährschuldverhältnis entstehen (§§ 346 ff.). –
I. Im Wege der **Auslegung** kann eine Erklärung, selbst wenn sie ausdrücklich als „Anfechtung" bezeichnet ist, als Rücktritt auszulegen sein, und umgekehrt.
II. Stößt die Auslegung an ihre Grenze, so lässt sich zwar eine Anfechtung in den weniger gravierenden Rücktritt umdeuten. Umgekehrt ist das hingegen nicht möglich.

Beispiel:[337] Eine fristgemäße kann nicht in eine fristlose Kündigung umgedeutet werden, eine fristlose in eine weniger drastische fristgemäße Kündigung hingegen schon. Allerdings ist dabei im Einzelfall zu prüfen, ob der Kündigende hypothetisch auch eine solche gewollt hätte (vgl. Rn. 270), oder ob er entweder sofort oder gar nicht den Vertrag beenden wollte.

C. Bestätigung, § 141

Die Bestätigung **setzt** nach § 141 Abs. 1 **voraus:**[338] **272**

- **Nichtigkeit** eines **Rechtsgeschäfts**,
- **Neuvornahme** dieses Rechtsgeschäfts, d.h. es müssen nunmehr sämtliche Wirksamkeitsvoraussetzungen (insbesondere Formvorschriften) erfüllt sein und
- der bzw. die Bestätigende(n) müssen **Bestätigungswillen** haben, d. h. sie müssen die Nichtigkeit kennen oder zumindest Zweifel an der Wirksamkeit haben.

Rechtsfolge der Bestätigung ist grundsätzlich die Entstehung des Rechtsgeschäfts **ex nunc, § 141 Abs. 1** – insofern ist die Norm also deklaratorisch, denn Rechtsgeschäfte können ohnehin jederzeit unter Beachtung der Wirksamkeitserfordernisse erfolgen. Bei **Verträgen** sind die Parteien allerdings gemäß **§ 141 Abs. 2** im Zweifel dazu verpflichtet, **rückwirkend** einander die geschuldeten Leistungen zu gewähren.

Hinweis: *§ 141 greift auch bei Nichtigkeit nach Anfechtung. Vor der Anfechtung ist hingegen § 144 einschlägig (s. Rn. 250).*

---

336 Nach BGH, Urt. v. 20.07.2005 – VIII ZR 199/04, NJW-RR 2005, 1464.
337 Nach BAG, Urt. v. 12.05.2010 – 2 AZR 845/08, NZA 2010, 1348.
338 Vgl. zum Folgenden Palandt/Ellenberger § 141 Rn. 3 ff.

2. Teil: Allgemeine Geschäftsbedingungen (AGB)

273 Verwendet eine Person dieselben Vertragsbedingungen mehrmals, so hat sie oft **besondere Kenntnisse** und eine **gewisse Marktmacht** in diesem Bereich. Daher bedarf der Geschäftsgegner eines gewissen Schutzes, der besonders stark ausgestaltet ist, wenn er Verbraucher ist (vgl. § 310 Abs. 1 u. 3).

Hinweis: *Die §§ 305–306 a u. 310 regeln insbesondere die* ***Einbeziehung, Auslegung und die Folgen der Unwirksamkeit*** *solcher Vertragsbedingungen. Dies sind – ungeachtet ihrer Verortung im 2. Buch des BGB – klassische Themen des BGB AT, die im Fokus der folgenden Ausführungen stehen. Die §§ 307–309 regeln hingegen die* ***Inhaltskontrolle*** *dieser Vertragsbedingungen. Dies ist eine Frage des jeweiligen Sachzusammenhangs, oft des Schuldrecht AT und BT. Im Folgenden werden hierzu daher nur die allgemeingültigen Strukturen und erforderlichen Kenntnisse erörtert. Detailliertere Ausführungen zu den zulässigen Inhalten finden Sie in den jeweiligen AS-Skripten zum jeweiligen Regelungsbereich.*[339]

274 Im Groben bietet sich die folgende **Prüfreihenfolge** an, an der sich auch die weiteren Ausführungen orientieren.

Eine **detaillierte Zusammenfassung** finden Sie (wie gewohnt) am Ende der Ausführungen.

Prüfung von AGB (Überblick)
I. Anwendbarkeit, § 310 Abs. 4
II. Vorliegen von **AGB**, § 305 Abs. 1; beachte § 310 Abs. 3 Nr. 1 u. 2
III. Einbeziehung in den Vertrag, § 305 Abs. 2 u. 3; beachte § 310 Abs. 1; Sonderfälle in §§ 305 a, 305 b, 305 c Abs. 1, 306 a
IV. Auslegung, beachte § 305 c Abs. 2
V. Inhaltskontrolle: § 307 Abs. 3 => § 309 => § 308 => § 307 Abs. 1 u. 2; beachte § 310 Abs. 1 u. Abs. 3 Nr. 3.
VI. Rechtsfolgen nach § 306 (ggf. i.V.m. § 1 UKlaG)

1. Abschnitt: Anwendbarkeit der §§ 305 ff. gemäß § 310 Abs. 4

275 Gemäß § 310 Abs. 4 S. 1 finden die §§ 305 ff. **keine Anwendung** bei Verträgen auf dem Gebiet des **Erb-, Familien- und Gesellschaftsrechts**. Gleiches gilt gemäß §§ 310 Abs. 4 S. 3, 307 Abs. 3 S. 1 für **Tarifverträge, Betriebs- und Dienstvereinbarungen**.

Gemäß § 310 Abs. 4 S. 2 sind bei der Anwendung der §§ 305 ff. auf **Arbeitsverträge** die im Arbeitsrecht geltenden Besonderheiten angemessen zu berücksichtigen und § 305 Abs. 2 u. 3 findet keine Anwendung.

§ 310 Abs. 1–3 regelt nicht die generelle Anwendbarkeit der §§ 305 ff., sondern er modifiziert einzelne Regelungen. Er ist daher erst im Zusammenhang mit der modifizierten Regelung anzusprechen.

339 Z.B. zu Arbeitsverträgen im AS-Skript Arbeitsrecht (2016), Rn. 143 ff.

2. Abschnitt: Begriff der AGB, § 305 Abs. 1 u. § 310 Abs. 3 Nr. 1 u. 2

Gemäß § 305 Abs. 1 liegen AGB unter **folgenden Voraussetzungen** vor: 276

A. Vertragsbedingung

Nur Vertragsbedingungen, d.h. Regelungen, die **rechtlich verbindlich** sein sollen, können AGB sein. Bloße Empfehlungen oder unverbindliche Vorgaben werden von § 305 Abs. 1 nicht umfasst. Ob Rechtsverbindlichkeit gewollt ist, ist alleine aufgrund einer **objektiven Auslegung** nach §§ 133, 157 zu ermitteln. § 305 c Abs. 2 (s. Rn. 297) findet hierbei keine Anwendung, denn sein Tatbestand verlangt eine AGB, deren Vorliegen hier aber gerade erst geprüft wird.[340] 277

Beispiel:[341] In einem Supermarkt befindet sich folgender Aushang: „Wir bitten Sie höflich, Ihre Taschen an der Information vor dem Betreten des Marktes abzugeben. Anderenfalls weisen wir Sie höflich darauf hin, dass wir an der Kasse gegebenenfalls Taschenkontrollen durchführen müssen." –
Der erste Satz beinhaltet eine reine Bitte ohne rechtliche Folgen. Der zweite Satz soll hingegen, wenn auch durch Höflichkeiten kaschiert, dem Supermarkt das Recht einräumen, eine verdachtsunabhängige Taschenkontrolle durchzuführen. Der zweite Satz ist daher eine Vertragsbedingung. (Diese ist übrigens gemäß § 307 Abs. 2 Nr. 1 unwirksam. Sie weicht vom Grundgedanken der §§ 229, 859 ab, die private Gewalt nur beim objektiven Vorliegen der Entwendung von Waren zulassen. (Selbst der Staat darf solche Maßnahmen gemäß § 102 StPO nur durchführen, wenn ein hinreichender Tatverdacht besteht.)

B. Vorformuliert

Die Vertragsbestimmung gleich welchen Umfangs ist vorformuliert, wenn sie in irgendeiner Form **vor der Anbahnung des Vertragsschlusses** formuliert wurde, § 305 Abs. 1 S. 1 u. 2 278

Oft handelt es sich um schriftliche Klauseln, sei es in der Vertragsurkunde selbst oder in einer gesonderten Urkunde, vgl. § 305 Abs. 1 S. 2. Doch auch eine **„geistig" vorformulierte** Erklärung ist ausreichend. Es genügt, wenn die Vertragsbestimmung zum Zweck künftiger wiederholter Einbeziehung „im Kopf des Verwenders" gespeichert ist,[342] anderenfalls wäre § 305 Abs. 1 leicht zu umgehen (arg. § 306 a).

Wird ein schriftlich vorbereiteter Vertrag (insbesondere **handschriftlich**) **ergänzt**, so bleibt der AGB-Charakter erhalten, wenn diese Ergänzung nur eine bereits vorhandene Regelung verdeutlicht, wenn es sich also um eine unselbstständige Ergänzungsregel handelt bzw. diese in einem vorbestimmten Sinne vervollständigt wird.[343]

Gemäß § 305 Abs. 1 S. 3 liegt keine Vorformulierung bei **Aushandlung im Einzelnen** vor, s. Rn. 281.

340 BGH, Urt. v. 09.04.2014 – VIII ZR 404/12, Rn. 23, NJW 2014, 2269; BGH, Urt. v. 29.06.2016 – VIII ZR 191/15, NJW 2016, 3015.

341 Nach BGH, Urt. v. 03.07.1996 – VIII ZR 221/95, NJW 1996, 2574.

342 BGH, Urt. v. 13.05.2014 – XI ZR 170/13, Rn. 20, NJW-RR 2014, 1133.

343 Palandt/Grüneberg § 305 Rn. 8.

C. Für eine Vielzahl von Verträgen

279 Für eine Vielzahl von Verträgen sind Bestimmungen vorgesehen, wenn sie wiederholt angewandt werden sollen. Es muss die **Absicht der Mehrfachverwendung** bestehen. Besteht diese Absicht, so liegt **bereits bei der ersten Verwendung** eine AGB vor.

Bereits die Absicht der **dreimaligen Verwendung** einer bestimmten Klausel reicht aus, um diese als AGB anzusehen, der Begriff der „Vielzahl" ist also eng zu verstehen. Unerheblich ist dabei, ob die Verwendung gegenüber verschiedenen Personen oder gegenüber derselben Person erfolgen soll.[344]

280 Auch eine **einmalige Verwendungsabsicht** reicht aus

- gemäß § 310 Abs. 3 Nr. 2 grundsätzlich bei **Verbraucherverträgen**, soweit es die Anwendbarkeit der §§ 305 c Abs. 2, 306, 307–309 betrifft, oder
- wenn der Verwender die Klauseln zwar nur einmalig verwenden will, jedoch **ein Dritter** sie zur mehrfachen Verwendung für mehrere Verwender formuliert hat.[345]

  Beispiel: V erbt eine einzelne Wohnung. Er will diese langfristig vermieten und keinesfalls weiter ins Vermietergewerbe einsteigen. Er verwendet einen Standardmietvertrag, den er sich gegen ein geringes Entgelt aus dem Internet herunterlädt.

D. Einseitiges Stellen vs. beidseitiges Aushandeln

281 Allgemeine Geschäftsbedingungen liegen nur vor, wenn sie **vom Verwender gestellt** werden. Oft stellt eine Partei alle Bedingungen eines Vertrags, möglich ist aber auch, dass manche Bedingungen von der einen und manche Bedingungen von der anderen Partei gestellt werden. Gemäß § 305 Abs. 1 S. 3 liegt hingegen keine Vorformulierung vor, soweit eine Klausel **im Einzelnen ausgehandelt** wurde.

Unerheblich ist dabei, ob die Vertragsparteien die Klausel „von Null an" gemeinsam aushandeln, oder ob sie einen Vorschlag der einen Partei gemeinsam ergänzen, verändern oder gar unverändert aufnehmen. Entscheidend ist im letztgenannten Fall aber, dass über den Vorschlag nicht lediglich verhandelnd gesprochen wird (was oft zur bloßen Beruhigung der anderen Seite, aber ohne ernsthafte Möglichkeit einer Änderung geschieht). Vielmehr muss ein echtes Aushandeln erfolgen, d.h. der Verwender muss seine Klausel **ernsthaft zur Disposition stellen.** Die andere Seite muss die **reale Möglichkeit** erhalten, zur Wahrung ihrer eigenen Interessen den **gesetzesfremden Kerngehalt** der Klausel zu beeinflussen.[346] Dies ist regelmäßig zu bejahen,

- wenn der Kerngehalt einer Bestimmung **tatsächlich abgeändert** wurde,
- wenn an anderer Stelle der Gegenseite **anderweitige Vorteile eingeräumt** wurden, um den Nachteil aus der in Rede stehende Bestimmung zu kompensieren,
- wenn der Vertragspartner nach nicht nur vordergründiger Belehrung über den Inhalt der Klausel, sondern **nach Erörterung denkbarer Alternativen** die unveränderte Bestimmung als sach- und interessengerecht anerkennt oder

---

344 BGH, Urt. v. 27.09.2001 – VII ZR 388/00, NJW 2002, 138; BGH, Urt. v. 11.12.2003 – VII ZR 31/03, ZIP 2004, 315.

345 BGH, Urt. v. 23.06.2005 – VII ZR 277/04, BauR 2006, 106.

346 BGH, Urt. v. 17.02.2010 – VIII ZR 67/09, RÜ 2010, 273; BGH, Urt. v. 20.01.2016 – VIII ZR 26/15, NJW 2016, 1230; Palandt/Grüneberg § 305 Rn. 20 f. m.w.N.; MünchKomm/Basedow § 305 Rn. 43. m.w.N.

- nach umstrittener Ansicht[347] unter **Unternehmern** nach Maßgabe ihrer individuellen Branchenkenntnis und Verhandlungsstärke selbst dann, wenn sie **nur einzelne Teile** eines Regelungskomplexes aushandeln oder bewusst und **einvernehmlich** auf ein Aushandeln **verzichten**.

Beispiel: V verpachtet dem P seine Kfz-Reparaturwerkstatt. Im Vertrag heißt es zum Schluss: „Ich bestätige ausdrücklich, dass ich vor Abschluss ausreichend Zeit gehabt habe, den heute mit V geschlossenen Pachtvertrag durchzulesen, die einzelnen Bestimmungen zu prüfen und zur Kenntnis zu nehmen. Ich erkläre mich vorbehaltlos mit allen Bestimmungen des Vertrags einverstanden und verzichte daher auf eine Abänderung des Vertrags." –
Unterstellt (!), P hat die aufgeführten Schritte tatsächlich ausgeführt, so liegt gleichwohl kein Aushandeln vor. Er hat die Klauseln lediglich zur Kenntnis genommen und geprüft, ohne Änderungswünsche anzubringen. Im Gegenteil nimmt er sie vorbehaltlos hin und verzichtet auf eine Abänderung.

Dritte, die den Vertrag für den Verwender als künftige Vertragspartei formulieren, sind diesem zuzurechnen (vgl. Rn. 280). Regelmäßig **neutrale Personen** (wie insbesondere Notare) werden hingegen nur zugerechnet, wenn sie den Vertrag offensichtlich einseitig im Interesse des Verwenders formulieren.[348] **282**

Beispiel:[349] V betreibt ein Einrichtungshaus. Von seinen Mitarbeitern wird bei Abschluss des Kaufvertrags ein Formular verwandt, das mit „Auftragsbestätigung und Rechnung" überschrieben ist. In der Rubrik „Zahlung" wird von den Mitarbeitern neben dem Anzahlungsbetrag stets handschriftlich die Ergänzung „Restzahlung vor Lieferung" oder eine inhaltsgleiche Formulierung eingetragen. –
§ 305 Abs. 1 ist erfüllt. Es handelt sich um eine inhaltlich im Kopf vorformulierte Bedingung, ungeachtet geringer sprachlicher Abweichungen. Sie soll mehrfach verwendet werden (und wird dies auch tatsächlich). V ist der Verwender, seine Mitarbeiter werden ihm zugerechnet. (Übrigens ist die Klausel gemäß § 307 Abs. 2 Nr. 1 unwirksam, sie weicht vom Grundgedanken der §§ 320, 322 ab.)

Wer sich auf die §§ 305 ff. beruft, muss **beweisen**, dass die Gegenseite die in Rede stehende Bedingung gestellt hat. Bei **Verbraucherverträgen** gelten aber gemäß § 310 Abs. 3 Nr. 1 alle Bedingungen als vom Unternehmer gestellt, es sei denn, dass sie durch den Verbraucher in den Vertrag eingeführt wurden. Die Beweislast ist also umgekehrt. **283**

3. Abschnitt: Einbeziehung der AGB als Vertragsbestandteil

Das einseitige Stellen von AGB macht sie noch nicht zum Vertragsbestandteil. Sie müssen vielmehr auch in den Vertrag einbezogen werden, was bereits nach den allgemeinen Grundsätzen der §§ 145 ff. eine entsprechende beidseitige **Einigung** voraussetzt.

A. Einbeziehung gegenüber Verbrauchern

Steht dem Verwender, sei er Verbraucher oder Unternehmer, eine nicht unter § 310 Abs. 1 S. 1 fallende Person, also ein **Verbraucher** gegenüber, so gilt § 305 Abs. 2 u. 3. **284**

I. Einbeziehung im Einzelfall, § 305 Abs. 2

Gemäß § 305 Abs. 2 a.E. werden AGB nur in den Vertrag einbezogen, soweit die Gegenseite mit ihnen **einverstanden** ist. Ein objektiver Empfänger muss dem Verhalten der **285**

---

347 Palandt/Grüneberg § 305 Rn. 22 m.w.N.; Berger ZGS 2004, 415; Pfeiffer ZGS 2004, 401.

348 Heinrichs NJW 1994, 1380, 1381; Palandt/Grüneberg § 305 Rn. 12.

349 Nach BGH, Urt. v. 10.03.1999 – VIII ZR 204/98, RÜ 1999, 325.

Gegenseite nach §§ 133, 157 die Erklärung entnehmen können, dass sie die AGB des Verwenders gelten lassen will.

Klausurhinweis: *Die Prüfung dieses Einverständnisses wird oft vergessen. Das ist besonders erstaunlich (und punkteraubend), da dieses Erfordernis bereits nach den allgemeinen Grundsätzen des Zivilrechts (§§ 145 ff.) erforderlich ist.*

Gemäß § 305 Abs. 2 Nr. 1 muss zudem grundsätzlich ein **Hinweis** auf die AGB erfolgen.

- Der Hinweis muss **bei Vertragsschluss** erfolgen. Die nachträgliche Einbeziehung der AGB ist nur durch eine Änderungsvereinbarung möglich. Eine einseitige Mitteilung des Verwenders ist unbeachtlich. Das bloße Schweigen auf ein Angebot zur Änderungsvereinbarung ist nicht als Zustimmung zu werten.[350]

  Beispielsweise genügt es nicht, wenn der Kunde nach dem Vertragsschluss eine Eintrittskarte, eine Garderobenmarke oder eine Quittung mit einem entsprechenden Hinweis erhält.

  Hinweis: *Auch hier gilt, dass Sie nicht die allgemeinen Grundsätze der Vertragslehre über Bord werfen dürfen, nur weil AGB vorliegen und Sie daher meinen, direkt auf die §§ 307 ff. zu sprechen kommen zu müssen.*

- Der Verwender muss **ausdrücklich** auf die AGB hinweisen, d.h. der Hinweis muss **unmissverständlich** und für den Kunden klar **erkennbar** sein. Konkludente Hinweise genügen ebenso wenig wie der bloße Ausdruck der AGB auf der Rückseite eines Vertragsformulars ohne entsprechenden Hinweis auf der Vorderseite. Ist ein ausdrücklicher Hinweis wegen der Art des Vertragsschlusses nur unter unverhältnismäßigen Schwierigkeiten möglich, genügt ausnahmsweise ein deutlich sichtbarer **Aushang des Hinweises** (nicht zwingend: der gesamten AGB!) am Ort des Vertragsschlusses.

  Ein Aushang des Hinweises ist **beispielsweise** bei schnell abgeschlossenen **Massenverträgen** wie zum Besuch von Kino-, Theater-, Sportveranstaltungen, bei Verträgen mit Lottoannahmestellen, Autowaschanlagen, Reinigungsanstalten, beim Erwerb von Waren oder Eintrittskarten aus Automaten sowie bei der Benutzung automatischer Schließfächer und Kleiderablagen ausreichend.

286 Der Gegenseite muss zudem gemäß § 305 Abs. 2 Nr. 2 die **Möglichkeit** verschafft werden, **in zumutbarer Weise** von den AGB **Kenntnis zu nehmen**.[351]

- Bei gleichzeitiger **Anwesenheit vor Ort** und **mündlichem Vertragsschluss** kann ein deutlicher Aushang der kompletten AGB erfolgen. Es genügt bei entsprechend deutlichem Hinweis (§ 305 Abs. 2 Nr. 1) aber auch das Bereithalten der kompletten AGB zur Einsicht. Sind die AGB besonders umfangreich, so müssen auf Verlangen des Kunden die AGB zudem in Schriftform ausgehändigt werden.
- Bei **schriftlichem Vertragsschluss** müssen die AGB hingegen in Schriftform ausgehändigt oder – unter Abwesenden – zugeschickt werden. Übertragen auf die digitale Welt müssen beim Vertragsschluss **im Internet** die AGB entweder zugesendet oder zumindest zum Download bereitgestellt werden.

---

350 Palandt/Grüneberg § 305 Rn. 28.

351 Vgl. zum Folgenden Palandt/Grüneberg § 305 Rn. 32 ff., m.w.N.

- Beim **telefonischen** Vertragsschluss würde eine spätere Zusendung der AGB zu spät erfolgen. Das Verlesen der AGB am Telefon ist unpraktikabel und ab einer gewissen Länge auch nicht zumutbar. Dem Verwender bleibt daher nur eine Zusendung der AGB vor dem Telefonat oder eine Individualvereinbarung mit dem Inhalt, dass der Kunde auf die Einhaltung von § 305 Abs. 2 Nr. 2 verzichtet. Eine solche Vereinbarung ist nach h.M. zulässig, denn die Regelung ist disponibel. Allerdings muss dabei erkennbar sein, dass der Kunde weiß, welche Bedeutung seinem Verzicht zukommt.
- Einer für den Verwender erkennbaren (!) körperlichen (!) **Behinderung** muss der Verwender ferner gemäß § 305 Abs. 2 Nr. 2 Rechnung tragen, damit die Kenntnisnahme zumutbar ist. Einem Blinden muss er etwa die Bedingungen in Brailleschrift zur Verfügung stellen.

II. Einbeziehung aufgrund Rahmenvereinbarung, § 305 Abs. 3

Gemäß § 305 Abs. 3 ist die Einbeziehung auch Rahmenvereinbarung im Hinblick auf **bestimmte noch abzuschließende Verträge** möglich. Allerdings müssen bei Abschluss der Rahmenvereinbarung die Voraussetzungen des § 305 Abs. 2 gewahrt werden. 287

B. Einbeziehung gegenüber Unternehmern u.a., § 310 Abs. 1 S. 1

Werden AGB gegenüber einem Unternehmer, einer juristischen Person des öffentlichen Rechts oder einem öffentlich-rechtlichen Sondervermögen verwendet, **finden § 305 Abs. 2 und 3** gemäß § 310 Abs. 1 S. 1 **keine Anwendung**. Die Einbeziehung richtet sich nach allgemeinen bürgerlich-rechtlichen und ggf. handelsrechtlichen Grundsätzen, welche – natürlich – ebenfalls eine entsprechende **Einigung** erfordern.[352] 288

Gleiches gilt gemäß § 310 Abs. 4 S. 2 Hs. 2 für **Arbeitsverträge**, s. Rn. 275.

Die Einigung kann auch **konkludent** zustande kommen. Regelmäßig kann dem Verhalten der Gegenseite ein solcher Erklärungsgehalt aber nur entnommen werden, wenn die folgenden zwei Voraussetzungen (die sich an § 305 Abs. 2 u. 3 in abgeschwächter Form orientieren) erfüllt sind.

Unter Kaufleuten kann nach den Regeln zum **kaufmännischen Bestätigungsschreiben**[353] eine Einigung sogar stillschweigend erfolgen. Zur Problematik sich **widersprechender AGB** näher Rn. 316 ff.

I. Hinweispflicht

Der Verwender muss auf seine AGB **klar und eindeutig** hinweisen. Der Hinweis kann **auch konkludent** erfolgen, erforderlich ist aber, dass bei dem Vertragspartner keine Zweifel auftreten können, dass die Geltung der Vertragsbedingungen gewollt ist. 289

Beispiel:[354] Es genügt nicht, wenn in einer Vielzahl von rechtlich teils irrelevanten oder nur mittelbar relevanten Schriftstücken die AGB des Verwenders mit der Überschrift „Vorbemerkungen" der Gegenseite vorgelegt werden.

---

352 Vgl. zum Folgenden Palandt/Grüneberg § 305 Rn. 49 ff. m.w.N.

353 Näher zum kaufmännischen Bestätigungsschreiben AS-Skript BGB AT 1 (2017), Rn. 169 ff.

354 Nach BGH, Urt. v. 03.12.1987 –VII ZR 374/86, NJW 1988, 1210.

Im Rahmen einer **bestehenden ständigen Geschäftsverbindung** ist es nicht erforderlich, dass bei jedem neu getätigten Rechtsgeschäft auf die AGB verwiesen wird, wenn vereinbart worden ist, dass alle Verträge zu den Bedingungen der AGB abgewickelt werden. Selbst ohne eine solche Vereinbarung werden die AGB Vertragsbestandteil, wenn die Gegenseite nicht ausdrücklich widerspricht.[355]

Branchenübliche AGB, die oft von Dachverbänden einer Branche erstellt werden, werden ohne jeden Hinweis Vertragsbestandteil.

Beispiele: AGB der Banken; Allgemeine Deutsche Spediteurbedingungen (ADSp)

II. Möglichkeit der Kenntnisnahme

290 Die Gegenseite muss zumindest in der Lage sein, sich über die Bedingungen **ohne Weiteres Kenntnis zu verschaffen**. Zumindest ungebräuchliche Bedingungen muss der Verwender der Gegenseite auch aushändigen.

C. Einbeziehung in Fällen der Daseinsvorsorge, § 305 a

291 Gemäß § 305 a sind bei bestimmten Massengeschäften der Daseinsvorsorge **weder ein Hinweis noch die Möglichkeit der Kenntnisnahme** nach § 305 Abs. 2 erforderlich.

Die Norm stellt ausdrücklich klar, dass ein **Einverständnis** der Gegenseite (§ 305 Abs. 2 a.E.) auch in diesen Fällen erforderlich ist. Allerdings liegt ein solches oft konkludent oder aufgrund sozialtypischen Verhaltens vor.[356]

D. Vorrang der Individualabrede, § 305 b

292 Eine AGB, die **zu einer Individualabrede im Widerspruch** steht, ist gemäß §§ 305 b, 306 Abs. 1 unwirksam und wird nicht Vertragsbestandteil.

Beispiel:[357] V verkauft K Mitte Mai ein Fertighaus und vereinbart im Kaufvertrag als Liefertermin den 01.06. In den AGB des V steht „V kann die Auslieferung bis zu sechs Wochen verschieben." –
Die Klausel ist nach § 305 b nicht Vertragsbestandteil geworden. Sie versagt K den individuell vereinbarten Liefertermin und ermöglicht V eine sanktionslose Fristüberschreitung.

Selbst vor einer **doppelten, in AGB enthaltenen Schriftformklausel** hat eine abweichende Individualabrede Vorrang, vgl. Rn. 127.

E. Überraschende Klauseln, § 305 c Abs. 1

293 Einzelne Klauseln werden gemäß § 305 c Abs. 1 nicht Vertragsbestandteil,

- wenn die Klausel **ungewöhnlich** ist, also von den (wertend zu ermittelnden) **berechtigten Erwartungen des Vertragspartners deutlich abweicht**, welche sich ergeben

---

355 BGH, Urt. v. 06.12.1990 – I ZR 138/89, NJW-RR 1991, 570; BGH, Urt. v. 07.06.1978 – VIII ZR 146/77, NJW 1978, 2243.

356 Vgl. zur Realofferte und zum sozialtypischen Verhalten AS-Skript BGB AT 1 (2017), Rn. 160 ff.

357 Nach BGH, Urt. v. 28.06.1984 – VII ZR 276/83, NJW 1984, 2468.

  - aus den **allgemeinen Begleitumständen** des Vertragsschlusses, wie etwa dem Grad der Abweichung vom dispositiven Gesetzesrecht und der für den Geschäftskreis üblichen Gestaltung und
  - aus den **individuellen Begleitumständen** des Vertragsschlusses, wie Ablauf und Inhalt der Vertragsverhandlungen und äußerem Zuschnitt des Vertrags,
- und wenn zudem der Vertragspartner mit der Klausel den Umständen nach vernünftigerweise **nicht zu rechnen brauchte** (**Überraschungsmoment**).[358]

In der Fallgruppe der Abweichung vom Inhalt der Vertragsverhandlungen ist ein Standardfall der überraschenden Klausel die Erstreckung des Sicherungszwecks einer Grundschuld auf alle Verbindlichkeiten, wenn Anlass der Grundschuldgewährung nur ein bestimmter Kredit ist.

Beispiel:[359] M nimmt bei B einen Kredit für seinen Betrieb auf. Zur Sicherung des Darlehens bestellt seine Frau F an einem ihr gehörenden Grundstück eine Grundschuld für B. Laut AGB des zwischen B und F bestehenden Sicherungsvertrags sichert die Grundschuld alle bestehenden und künftigen Verbindlichkeiten des M gegenüber B. –
I. Die Klausel ist gemäß **§ 305 c Abs. 1** nicht Vertragsbestandteil geworden. Der Sicherungsgeber braucht nicht damit zu rechnen, dass seine Sicherheit eine Vielzahl von Forderungen absichern soll, wenn nur die konkret zu sichernde Forderung Anlass für den Sicherungsvertrag war.
II. Falls F hingegen bei Vertragsschluss bekannt war, dass B die Sicherung auch anderer Forderungen anstrebt, dann ist die Klausel zwar nicht überraschend i.S.d. § 305 c Abs. 1. Sie lässt aber nicht klar erkennen, welche konkreten künftigen Forderungen gesichert werden sollen, daher verstößt sie gegen das Transparenzgebot des **§ 307 Abs. 1 S. 2** und ist deswegen gemäß § 307 Abs. 1 S. 1 unwirksam.

Hinweis: *Eine (gewisse) Überraschung liegt in aller Regel vor, soweit von dispositivem Recht abgewichen wird. Allerdings ist dies gemäß § 307 Abs. 3 S. 1 auch die zentrale Voraussetzung für die Inhaltskontrolle nach §§ 309, 308, 307. Daher sollte Sie (wie auch die Rspr.) in diesen Fällen im Zweifel eher § 305 c Abs. 1 ablehnen, um in die wesentlich konkretere Inhaltskontrolle einsteigen zu können.* 294

F. Umgehungsverbot, § 306 a

Die §§ 305 ff. sind gemäß § 306 a **auch anzuwenden**, wenn sie durch anderweitige Gestaltungen **umgangen werden**.

Beispiel:[360] Arbeitgeber G legt seinem Arbeitnehmer N einen Vertrag zur Unterschrift vor. Zu Beginn des Vertrags heißt es, dass im gegenseitigen Einvernehmen N der „Verwender" i.S.d. § 305 Abs. 1 der enthaltenen Klauseln sei.

4. Abschnitt: Auslegung und Inhaltskontrolle

Einbezogene AGB müssen **zuerst ausgelegt** und **dann inhaltlich kontrolliert** werden. 295

358 BGH, Urt. v. 26.02.2013 – XI ZR 417/11, NJW 2013, 1803.

359 Nach BGH, Urt. v. 16.01.2001 – XI ZR 84/00, NJW 2001, 1416; BGH, Urt. v. 29.03.2001 – IX ZR 20/00, ZIP 2001, 1361; vgl. zum Sicherungsvertrag hinsichtlich einer Grundschuld AS-Skript Sachenrecht 2 (2016), Rn. 178 ff.

360 Nach Palandt/Grüneberg § 306a Rn. 2.

A. Auslegung

AGB werden nach h.M. **nicht** nach §§ 133, 157 vom Horizont eines objektiven Dritten in der Person des **konkreten Vertragspartners** ausgelegt.

I. Grundsatz der objektiven Auslegung

296 Vielmehr sind AGB (wie Gesetze, obgleich sie keine Gesetze sind) **rein objektiv** und **generalisiert**, also gegenüber allen Vertragspartnern gleich auszulegen. Zu fragen ist, wie ein rechtlich nicht vorgebildeter Durchschnittskunde die Bedingungen redlicherweise und unter Abwägung der Interessen der üblicherweise an dem jeweiligen Geschäft beteiligten Kreise verstehen würde.[361]

Bei **Verbraucherverträgen** sind gemäß **§ 310 Abs. 3 Nr. 3** auch die den Vertragsschluss begleitenden **individuell-konkreten Umstände** zu berücksichtigen, wenn § 307 und die wertenden Begriffe des § 308 geprüft werden. Das gilt aber nur, wenn die AGB im Rahmen eines individuellen Rechtsstreits des Verbrauchers mit dem Unternehmer geprüft werden. Bei der Verbandsklage nach dem UKlaG (s. Rn. 320) bleibt es hingegen bei dem objektiv-generellen Maßstab.[362]

II. Unklarheitenregel des § 305 c Abs. 2

297 Gemäß § 305c Abs. 2 gehen Zweifel bei der Auslegung zulasten des Verwenders. Zweifel in diesem Sinne bestehen, wenn eine Klausel **mehrdeutig** ist und sich diese Mehrdeutigkeit **nicht durch Auslegung beseitigen** lässt.

Zulasten des Verwenders gilt nicht zwingend die kundenfreundlichste Auslegungsvariante. Es ist bei jeder Norm der §§ 305 ff. nach ihrer jeweiligen Rechtsfolge **getrennt** zu entscheiden, welche Auslegung **der Gegenseite den größten Vorteil** bringt:[363]

- Bei der **Verbandsklage** nach dem UKlaG (s. Rn. 320) ist von der Auslegungsvariante auszugehen, die zur größten Unwirksamkeit der Klausel(n) führt. Es ist also die **kundenfeindlichste Auslegung** zu wählen, da diesem dem Verbraucher die größtmögliche Nichtigkeit der ihn benachteiligenden Klausel bringt.
- Im **Individualprozess**
  - ist zunächst die **kundenfeindlichste Auslegungsmöglichkeit** einer **Inhaltskontrolle** zu unterziehen, da diese mit größter Wahrscheinlichkeit zur Unwirksamkeit der Klausel führt;
  - stellt sich aber trotzdem die **Wirksamkeit** der Klausel heraus, steht fest, dass auch alle anderen Auslegungsvarianten wirksam sind. Von diesen ist dann die **kundenfreundlichste Variante** zugrundezulegen.

361 Palandt/Grüneberg § 305 c Rn. 16, m.w.N.; BGH, Urt. v. 13.11.2012 – XI ZR 500/11, NJW 2013, 926.
362 Palandt/Grüneberg § 310 Rn. 19.
363 Palandt/Grüneberg § 305c Rn. 19 m.w.N.

B. Inhaltskontrolle gemäß §§ 307–309

Klauseln sind nur auf ihren Inhalt zu kontrollieren, soweit die **Inhaltskontrolle eröffnet** ist (dazu I.). 298

Bei der Inhaltskontrolle zugunsten eines Verbrauchers sind die **§§ 309, 308, 307 Abs. 2 und 307 Abs. 1** (dazu II.–IV.) in eben dieser **Reihenfolge** zu prüfen, denn § 309 ordnet zwingend eine Unwirksamkeit an, § 308 führt nur über unbestimmte, wertende Rechtsbegriffe zur Unwirksamkeit und § 307 ist als lex generalis eine Auffangnorm, deren Absatz 2 den Absatz 1 konkretisiert.

Zugunsten eines **Unternehmers** ist hingegen nur § 307 Abs. 1 u. 2 zu prüfen (dazu V.).

Bei bestimmten Verträgen der **Daseinsvorsorge** gelten gemäß § 310 Abs. 2 die §§ 308, 309 nicht, auch nicht zugunsten von Verbrauchern.

Hinweis: *Die Fallgruppen und die Judikatur zur Inhaltskontrolle sind zahlreich und fein verästelt. Im Examen müssen und können Sie diese nicht auswendig kennen. Wichtig ist vielmehr, dass Sie die gesetzliche Systematik und die Kernaussagen der §§ 307–309 kennen. Die folgenden Beispiele werden daher in besonderem Maße nicht zum Zwecke des Auswendiglernens, sondern nur zur exemplarischen Veranschaulichung der Normen angeführt.*

I. Eröffnung der Inhaltskontrolle, § 307 Abs. 3

1. Abweichung oder Ergänzung von Rechtsvorschriften

Nach § 307 Abs. 3 S. 1 sind nur die Vertragsbestimmungen, durch die **von Rechtsvorschriften abweichende oder diese ergänzende Regelungen** vereinbart werden, der Inhaltskontrolle unterworfen. 299

Von der Inhaltskontrolle **ausgenommen** sind im Umkehrschluss:[364] 300

- **Deklaratorische Klauseln**, die den Gesetzeswortlaut wiedergeben oder inhaltsgleich umschreiben, denn sie weichen weder vom Gesetz ab noch ergänzen sie es.
- **Leistungsbeschreibungen** und **Preisvereinbarungen**, die **Art, Umfang und Güte der zu erbringenden Leistungen und Gegenleistungen** – seien sie der Hauptbestandteil des Vertrags oder nur eine ergänzende Neben- oder Zusatzleistung – unmittelbar festlegen. Dies sind solche Leistungsversprechen, die die essentialia negotii[365] des Vertrags ausmachen und ohne welche daher der Vertrag nicht wirksam wäre. Denn diese Vertragsbestandteile sind in einer Marktwirtschaft grundsätzlich einer Regelung durch den Gesetzgeber und einer Kontrolle durch die Gerichte entzogen. Es ist alleine Sache der Privatrechtssubjekte, nach den Gesetzen von Angebot und Nachfrage festzulegen, welche Partei welche Leistung für welche Gegenleistung erbringt.[366] So legt etwa § 433 zwar fest, welche Art von Hauptpflichten einen Kaufvertrag ausmachen, nicht jedoch ihr wertmäßiges Verhältnis zueinander.

364 Vgl. insgesamt und zu den folgenden Beispielen Palandt/Grüneberg § 307 Rn. 44 ff.

365 Zum Begriff AS-Skript BGB AT 1 (2017), Rn. 63 ff.

366 BGH, Urt. v. 09.04.2014 – VIII ZR 404/12, Rn. 43 f., NJW 2014, 2269.

Beispielsweise beinhalten Prospekte und Kataloge **Leistungsbeschreibungen**. Die Festlegung von Überziehungszinsen oder Rabatten stellt eine **Preisvereinbarung** dar. Umschreibung und Bepreisung von Liefer- und Anfahrtskosten zählen etwa zu den ergänzenden **Neben- und Zusatzleistungen**.

301 Zu kontrollieren sind hingegen **Preisnebenabreden**, die mittelbar den Preis und/oder die Leistung betreffen können, die aber primär der Durchführung des Vertrags dienen. Hinsichtlich solcher Regelungen bestehen **dispositive gesetzliche Regelungen**, die von den AGB verändert werden sollen.

Beispiele: Fälligkeitsklauseln (abweichend von § 271 Abs. 1 Var. 1), Vorleistungsklauseln (abweichend von §§ 320, 322), Preisänderungsklauseln (abweichend von §§ 313 f., 315 ff.) und Verzinsungsklauseln (abweichend von §§ 280, 286, 288).

Eine Abweichung von **zwingenden gesetzlichen Regelungen** ist hingegen nicht einmal durch Individualabrede möglich, sodass eine Prüfung der §§ 305 ff. sich ohnehin erübrigt (vgl. § 309 Hs. 1).

302 Zu kontrollieren sind ferner solche Klauseln, die zwar ein **Entgelt für eine Leistungspflicht** festschreiben, aber für eine solche, die **nicht im Interesse des Entgeltverpflichteten** liegt, sondern vielmehr zum Pflichtenprogramm oder zumindest zu den Obliegenheiten des Entgeltberechtigten gehören.

Kontrollierbar ist **beispielsweise** eine Klausel, mit welcher sich eine Bank für ein Darlehen (neben den Zinsen und daher abweichend von § 488 Abs. 1 S. 2) gesonderte Entgelte für die Auszahlung der Valuta, die Bearbeitung des Darlehensantrags, die Bonitätsprüfung, die Vertragsverhandlungen und/oder die Beratung des Kunden versprechen lässt. (Übrigens ist eine solche Klausel inhaltlich unwirksam gemäß § 307 Abs. 1 S. 1, Abs. 2 Nr. 1, auch gegenüber einem anderen Unternehmer als Darlehensnehmer.)[367]

2. Verweis auf das Transparenzgebot

303 Auch Klauseln, die nach § 307 Abs. 3 S. 1 der Inhaltskontrolle entzogen sind, können **wegen Intransparenz** unwirksam sein (§ 307 Abs. 3 S. 2, Abs. 1 S. 2, Abs. 1 S. 1, s. Rn. 311).

II. Inhaltskontrolle nach § 309

304 **Stets unwirksam** sind AGB mit dem folgenden Inhalt:

- § 309 Nr. 1 (**kurzfristige Preiserhöhung**) verbietet Klauseln, die dem Verwender eine Preiserhöhung in den ersten vier Monaten nach Vertragsschluss gestatten. Unerheblich ist dabei, aus welchem Grund die Preiserhöhung erfolgen soll. Unwirksam sind auch Klauseln, die Preiserhöhungen wegen Kosten- oder Lohnerhöhung oder einer Erhöhung der Mehrwertsteuer gestatten. § 309 Nr. 1 gilt nicht für Dauerschuldverhältnisse (Mietverträge, Darlehensverträge, Sukzessivlieferungsverträge usw.). Preisanpassungsklauseln, die nicht in den Anwendungsbereich des § 309 Nr. 1 fallen, können gegen § 307 Abs. 1 verstoßen.
- Gemäß § 309 Nr. 2 (**Leistungsverweigerungsrecht**) sind formularmäßige Einschränkungen der Leistungsverweigerungsrechte (§ 320, § 273) unwirksam. Da das Leistungsverweigerungsrecht des § 320 bei einer Vorleistungspflicht tatbestandlich nicht gegeben ist (§ 320 Abs. 1 S. 1 Hs. 2), fällt die Begründung einer Vorleistungspflicht nach h.M. nicht unter § 309 Nr. 2, sondern allenfalls unter § 307 Abs. 1.

---

367 OLG Frankfurt, Urt. v. 25.02.2016 – 3 U 110/15, RÜ 2016, 549; BGH, Urt. v. 13.05.2014 – XI ZR 405/12, NJW 2014, 2420.

- Nach § 309 Nr. 3 (**Aufrechnungsverbot**) ist ein Aufrechnungsverbot unwirksam, wenn es (auch) die Aufrechnung der Gegenseite mit einer Forderung (Aktivforderung; Gegenforderung)[368] erfasst, die der Verwender entweder nicht bestreitet oder die rechtskräftig festgestellt ist. Denn in diesen Fällen hat der Verwender kein schützenswertes Interesse daran, diese Gegenforderung aus einem Rechtsstreit um seine Forderung (Passivforderung; Hauptforderung) herauszuhalten. Das Bestehen der Gegenforderung steht fest, sodass ihre Einführung in den Rechtsstreit diesen nicht verzögert.

- § 309 Nr. 4 **(Mahnung, Fristsetzung)** verbietet es, den Verwender von der Obliegenheit zur Mahnung oder Fristsetzung freizustellen. Damit sind u.a. die Erfordernisse des § 281 Abs. 1 und § 286 Abs. 1 klauselfest. Die Festlegung der Fälligkeit oder eines Leistungstermins (§§ 281 Abs. 2, 286 Abs. 2) fällt hingegen nicht unter § 309 Nr. 4.[369]

  Beispiele: § 309 Nr. 4 greift bei „Einer Fristsetzung bedarf es nicht." Bei „Die Leistung muss eine Stunde nach Vertragsschluss erbracht werden." sind hingegen an § 307 und an § 281 Abs. 1 (bei welchem nach h.M. eine unangemessen kurze Frist eine angemessene Frist in Gang setzt) zu messen.

- § 309 Nr. 5 (**Pauschalierung von Schadensersatzansprüchen**) verbietet die Pauschalierung von Schadensersatz- oder Wertminderungsansprüchen. In Abgrenzung zu § 309 Nr. 6 erfasst diese Klausel Fälle, in denen ein Anspruch **dem Grunde nach besteht** und seine Höhe pauschalisiert werden soll. Dies ist unwirksam, wenn

  - die Pauschale den nach dem **gewöhnlichen** Lauf der Dinge zu erwartenden **Anspruch übersteigt**,

    Dies ist eine Frage des **Einzelfalls**. **Beispielsweise** lässt sich argumentierten, dass eine Pauschale i.H.v. 150 € für den Verlust eines Chips, mit welchem im Schwimmbad Lebensmittel für maximal 150 € gekauft werden können, den gewöhnlichen Schaden übersteigt, weil redliche Kunden in aller Regel deutlich weniger konsumieren und auch unehrliche Finder das Limit nicht ausreizen werden, um das Entdeckungsrisiko zu minimieren.[370]

  - oder dem anderen Teil nicht ausdrücklich der **Nachweis eines niedrigeren Schadens** gestattet wird.

    Beispiel: Auf der Verzehrkarte eines Clubs steht „Bei Verlust sind 50 € zu zahlen.". Ohne eine ergänzende Gestattung des Gegenbeweises ist die Klausel unwirksam. Der Clubbetreiber muss dem Gast den Verzehr jedes einzelnen abgerechneten Getränks nachweisen.

- Nach § 309 Nr. 6 **(Vertragsstrafe)** sind Klauseln unwirksam, durch die dem Verwender eine Vertragsstrafe versprochen wird für den Fall der Nichtabnahme oder verspäteten Abnahme, des Zahlungsverzugs oder für den Fall, dass sich der Kunde vom Vertrag löst. Die §§ 286 ff., 300 ff., 346 ff. schützen den Verwender ausreichend.

  Vertragsstrafen i.S.d. §§ 339 ff. sind zu zahlen, wenn die Hauptleistungspflicht nicht (rechtzeitig, vollständig und/oder in geschuldeter Qualität) erfüllt wird. **Selbstständige Strafversprechen** (§ 311 Abs. 1) greifen hingegen, wenn eine nicht geschuldete, sondern unerwünschte Handlung vorgenommen wird. Durch eine **Verfallklausel** gehen Vertragspflichten unter, während sie bei der Vertragsstrafe bestehen bleiben. Ein **Reuegeld** ist schließlich u.U. im besonderen Fall des Rücktritts zu zahlen, vgl. § 353. § 309 Nr. 6 ist auch auf die drei letztgenannten Institute analog anwendbar.[371]

---

368 Näher zu den Begriffen AS-Skript Schuldrecht AT 2 (2016), Rn. 33 ff.

369 Staudinger/Coester-Waltjen § 309 Nr. 4 Rn. 7.

370 So BGH, Urt. v. 18.02.2015 – XII ZR 199/13, NJW-RR 2015, 690

371 Palandt/Grüneberg § 309 Rn. 33.

- Nach § 309 Nr. 7 ist ein **Haftungsausschluss** hinsichtlich **Schadensersatzansprüchen** bei Verletzung von **Leben, Körper, Gesundheit** und/oder bei **grober Fahrlässigkeit oder Vorsatz** unwirksam.

- § 309 Nr. 8 (**Sonstige Haftungsausschlüsse**) erfasst Haftungen im weitesten Sinne, die **nicht aus Schadensersatzansprüchen** herrühren.

  - Buchstabe a verbietet es, bei **Kauf- oder Werkverträgen** das Recht, **sich vom Vertrag zu lösen**, auszuschließen oder einzuschränken.

  - Buchstabe b trifft differenzierte Regelungen für **Beschränkungen der Gewährleistung**.

  Hinweis: *Die einzelnen Doppelbuchstaben sollten Sie sich systematisch zusammenhängend mit dem Gewährleistungsrecht[372] erarbeiten. An dieser Stelle ist es wichtiger, zu erkennen, dass der Buchstabe für **alle Werkverträge**, aber nur für **Kaufverträge über neue Sachen** gilt.*

  Soweit es sich um **bewegliche** neue Sachen handelt, kann zudem ein Verbrauchsgüterkauf vorliegen. Angesichts §§ 474, 475 hat § 309 Nr. 8 b) dann nur noch geringe Bedeutung.

- § 309 Nr. 9 (**Laufzeit von Dauerschuldverhältnissen**) stellt für die Kündigung von bestimmten Dauerschuldverhältnissen die **3-2-1-Regel** auf: maximal drei Monate Kündigungsfrist (zum Begriff Rn. 326), maximal zwei Jahre Erstlaufzeit und maximal ein Jahr Verlängerung.

- § 309 Nr. 10 (**Wechsel des Vertragspartners**) untersagt für bestimmte Verträge den Austausch des Verwenders durch einen nicht zuvor benannten Dritten, wenn nicht der Gegenseite für diesen Fall ein Lösungsrecht eingeräumt wird.

- § 309 Nr. 11 (**Haftung des Abschlussvertreters**) will eine formularmäßige Haftung des Vertreters verhindern, der auf der Seite des Kunden auftritt. Durch das Auftreten im fremden Namen erklärt der Vertreter, dass er nicht selbst haften will, daher soll er auch nur allenfalls nach Maßgabe des § 179 haften. § 309 Nr. 11 lässt gleichwohl eine eigene Haftung des Vertreters (z.B. als Bürge für den Kunden) zu, allerdings muss eine entsprechende Erklärung dann ausdrücklich und von den restlichen AGB gesondert erfolgen.

- § 309 Nr. 12 (**Beweislast**) erklärt Klauseln für unwirksam, die die Beweislast zum Nachteil des Kunden verändern.

- § 309 Nr. 13 (**Form von Anzeigen und Erklärungen**) soll verhindern, dass dem Kunden bei Ausübung seiner Rechte durch überzogene Form- und Zugangserfordernisse Rechtsnachteile entstehen, vgl. auch Rn. 136.

- § 309 Nr. 14 (**Klageverzicht**) betrifft Klauseln, die einen (zur Unzulässigkeit einer Klage führenden) Klageverzicht der Gegenseite beinhalten, solange keine außergerichtliche Streitbeilegung versucht wurde.

---

372 Dazu AS-Skript Schuldrecht BT 1 (2016).

III. Inhaltskontrolle nach § 308

§ 308 bezieht sich insbesondere auf Regelungen, die das Zustandekommen und die Abwicklung des Vertrags betreffen. Die Feststellung der Unwirksamkeit erfordert wegen der Verwendung **unbestimmter Rechtsbegriffe** („unangemessen"; „sachlich gerechtfertigt"; „zumutbar") vom Rechtsanwender eine **Wertung**. 305

Klausurhinweis: *Punkte erzielen Sie dann vor allem mit dieser Wertung. Sie müssen dabei alle Umstände des konkreten Einzelfalles benennen und abwägen. Das Auswendiglernen einzelner Entscheidungen ist hier (wie oft) nicht zielführend.*

Die Regelungsinhalte sind:

- § 308 Nr. 1 **(Annahme- und Leistungsfrist)**;
- § 308 Nr. 1a u. 1b **(Zahlungsfrist; Überprüfungs- und Annahmefrist):** Für den Fall, dass der Verwender nicht Verbraucher ist (der Verwender kann Verbraucher sein, s. Rn. 284) sind **Höchstfristen** von 30 bzw. 15 Tagen genannt, deren Überschreitung **im Zweifel** zur Unwirksamkeit führt. Die Dauer der Höchstfristen beträgt jeweils die Hälfte der Fristen, die gemäß § 271 a Abs. 1 u. 3 individualvertraglich vereinbar sind;[373]
- § 308 Nr. 2 **(Nachfrist)** betrifft insbesondere Verlängerungen der Fristen nach § 281 Abs. 1 u. § 323 Abs. 1;
- § 308 Nr. 3 u. 4 **(Rücktrittsvorbehalt und Änderungsvorbehalt)**, die dem Grundsatz „pacta sunt servanda" Rechnung tragen;
- § 308 Nr. 5 **(Fingierte Erklärungen):** Schweigen ist zwar keine Willenserklärung, allerdings kann vereinbart werden, dass einem künftigen Schweigen Erklärungswirkung zukommen soll (beredtes Schweigen).[374] Allerdings muss der Verwender sich zur Einräumung einer angemessenen Frist und zum Hinweis auf die Folge des Schweigens verpflichten;
- § 308 Nr. 6 **(Fiktion des Zugangs):** Hinsichtlich des Zugangs von Erklärungen ohne besondere Bedeutung wird § 309 Nr. 12 entschärft, da nicht nur die Beweislast umgekehrt werden, sondern die Tatsache des Zugangs sogar fingiert werden kann. Besondere Bedeutung haben alle Erklärungen, die nachteilige Rechtsfolgen für den Vertragspartner auslösen;
- § 308 Nr. 7 **(Abwicklung von Verträgen)** verhindert unangemessen hohe Vergütungen oder Ersatzpflichten bezüglich Ansprüchen aus Rücktritt, Kündigung und nach § 818 Abs. 1 – während § 309 Nr. 5 Schadensersatz- und Wertminderungsansprüche betrifft;
- § 308 Nr. 8 **(Nichtverfügbarkeit der Leistung):** Auch ein nach § 308 Nr. 3 zulässiger Lösungsvorbehalt ist nur wirksam, wenn der Verwender sich zur unverzüglichen In-

373 Näher zu den im Jahr 2014 eingeführten §§ 271 a, 308 Nr. 1a u. 1b (sowie zu § 286 Abs. 5 und dem insbesondere für Referendare relevanten § 288) Lüdde, RÜ 2014, 636.

374 Vgl. AS-Skript BGB AT 1 (2017), Rn. 166.

formation über die Nichtverfügbarkeit seiner Leistung und zur unverzüglichen Erstattung der Gegenleistung verpflichtet.

IV. Inhaltskontrolle nach § 307 Abs. 2 u. 1

306 Nach § 307 Abs. 1 S. 1 sind Vertragsklauseln, die den Vertragspartner **unangemessen benachteiligen,** unwirksam. § 307 Abs. 2 enthält **Regelbeispiele** einer unangemessenen Benachteiligung und § 307 Abs. 1 S. 2 statuiert einen Verstoß gegen das Transparenzgebot als Ausprägung einer unangemessenen Benachteiligung

1. Wesentlicher Grundgedanke, § 307 Abs. 2 Nr. 1

307 Nach § 307 Abs. 2 Nr. 1 ist im Zweifel eine unangemessene Benachteiligung gegeben, wenn eine Klausel mit **wesentlichen Grundgedanken der gesetzlichen Regelung, von der abgewichen wird**, **unvereinbar** ist. Dabei ist zu beachten, dass nicht jede Abweichung unvereinbar ist, denn sonst wäre letztlich jede Vorschrift nicht disponibel.

Gesetzliche Regeln im Sinne dieser Vorschrift sind nicht nur die gesetzlichen Bestimmungen selbst, sondern auch die dem Gerechtigkeitsgebot entsprechenden allgemein anerkannten Rechtsgrundsätze, d.h. auch alle ungeschriebenen Rechtsgrundsätze, die Regeln des Richterrechts und die aus der Natur des Schuldverhältnisses zu entnehmenden Rechte und Pflichten.[375]

Wesentliche Grundgedanken der gesetzlichen Regelung sind regelmäßig ihr **Zweck** und die in ihr getroffenen **Wertentscheidungen** anzusehen. Es sind allerdings nur solche Grundgedanken relevant, die gerade dem **Schutz des Vertragspartners** dienen.

Klausurhinweis: *Nochmal, Sie können hierzu nicht alle Fälle auswendig lernen. Sie müssen stattdessen üben, Gesetzen ihre Grundgedanken zu entnehmen und dann anhand aller Umstände des Einzelfalls zu argumentieren, ob eine hiervon unvereinbare Abweichung vorliegt. Zur Veranschaulichung gleichwohl auch hier ein paar Beispiele.*

Beispiel:[376] Die Provision des Maklers ist nach dem Grundgedanken des § 652 Abs. 1 S. 1 („nur") erfolgsabhängig. Klauseln, die einen erfolgsunabhängigen Provisionsanspruch begründen sollen, sind daher unwirksam.

Beispiel:[377] Grundgedanke des Schadensrechts ist es, dass Ansprüche auf Schadensersatz nur bei einem Verschulden entstehen (§§ 280 Abs. 1 S. 1, 276 Abs. 1 Hs. 1; § 823 Abs. 1 u. Abs. 2 S. 2). Die Auferlegung einer verschuldensunabhängigen Haftung ist daher unwirksam.

Beispiel:[378] Bei gegenseitigen Verträgen ist das Prinzip der Abhängigkeit von Leistung und Gegenleistung wesentlich, vgl. § 320. Es würde wesentlich gestört, wenn der Leasinggeber von seinen Leistungspflichten befreit wird, der Leasingnehmer aber seine Gegenleistung erbringen muss.

Beispiel:[379] Der Vermieter ist nach dem Grundgedanken des § 535 Abs. 1 S. 2 verpflichtet ist, die Mietsache in dem zum vertragsmäßigen Gebrauch erforderlichen Zustand zu halten. Dazu zählen auch die

375 Palandt/Grüneberg § 307 Rn. 29.

376 Nach BGHZ 99, 374, 382.

377 BGH, Urt. v. 25.06.1991 – XI ZR 257/90, NJW 1991, 2414; BGH, Urt. v. 23.04.1991 – XI ZR 128/90, NJW 1991, 1886.

378 BGH, Urt. v. 09.10.1985 – VIII ZR 217/84, NJW 1986, 179.

379 Nach BGH, Urt. v. 23.06.2004 – VIII ZR 361/03, RÜ 2004, 457; BGH, Urt. v. 18.03.2015 – VIII ZR 185/14, RÜ 2015, 417; näher AS-Skript Schuldrecht BT 2 (2016), Rn. 107.

sog. Schönheitsreparaturen. In gewissem Umfang darf der Vermieter diese zwar auf den Mieter abwälzen, denn ansonsten würde er ohnehin die Miete erhöhen.
Unzulässig sind aber u.a. starre Fristenpläne, die die Renovierungspflicht nicht an die Abnutzung, sondern nur an eine Mietdauer knüpfen, ferner die Pflicht zur renovierten Rückgabe einer zuvor unrenoviert erhaltenen Wohnung und zudem Quotenabgeltungsklauseln, welche dem früh ausziehenden Mieter eine anteilige und nur bei mehrfach hypothetischer Betrachtung bestimmbare Kostentragungspflicht aufbürden.

Beispiel:[380] Wesentlicher Grundgedanke des § 651a Abs. 4 ist die Schaffung von Transparenz. Eine Preiserhöhungsklausel, die nicht klarstellt, welcher Preis Grundlage der anteiligen Erhöhung des Reisepreises ist, ist daher unwirksam.

Beispiel:[381] Auch die §§ 305 ff. werden von § 307 Abs. 2 Nr. 1 geschützt. Der Vorrang der Individualabrede ist ein wesentlicher Grundgedanke des § 305 b. **Schriftformklauseln** (Begriff: Rn. 292 u. 127) sind daher unwirksam, wenn sie dazu dienen, insbesondere nach Vertragsschluss getroffene Individualvereinbarungen zu unterlaufen, indem sie beim anderen Vertragsteil den Eindruck erwecken, eine mündliche Abrede sei entgegen allgemeinen Grundsätzen unwirksam.
Unwirksam sind danach Klauseln wie „Änderungen oder Ergänzungen bedürfen der Schriftform." oder „Sämtliche Vereinbarungen sind schriftlich niederzulegen.".

2. Unangemessene Benachteiligung, § 307 Abs. 2 Nr. 2

Gemäß § 307 Abs. 2 Nr. 2 liegt eine unangemessene Benachteiligung vor, wenn wesent- **308**
liche Rechte oder Pflichten, die sich aus der Natur des Vertrags ergeben, so eingeschränkt werden, dass die Erreichung des Vertragszwecks gefährdet ist. Wesentliche Vertragspflichten (**Kardinalpflichten**) sind bei gegenseitigen Verträgen vor allem die, die im **Synallagma** stehen.

Beispiel:[382] Zugang zum Bus des Busunternehmers U bekommen nur Fahrgäste mit einer Fahrkarte, auf welche U den Namen des Fahrtgastes geschrieben hat. Zudem hat der jeweilige Busfahrer eine Namensliste. –
Die Zahlung des Fahrpreises und die Beförderung stehen gemäß § 631 im Synallagma. Es ist für U zudem mit sehr geringem Aufwand verhinderbar, dass Nichtberechtigte mit gefundenen oder gestohlenen Tickets den Bus nutzen. Daher ist die Klausel „Für verlorene oder gestohlene Fahrausweise wird weder Ersatz gewährt, noch werden sie erstattet." unwirksam.

Zu den wesentlichen Vertragspflichten gehören aber auch **Nebenpflichten**, die für den **309**
Schutz des Kunden **von grundlegender Bedeutung** sind.

Fall 11: Waschschäden

B betreibt automatische Waschanlagen für Kraftfahrzeuge. In die Verträge sind folgende „Allgemeine Waschbedingungen" nach § 305 Abs. 1 u. 2 einbezogen:

Nr. 2 Abs. 2: Folgeschäden, wie z.B. Nutzungsausfall, Wertminderung oder Mietwagenkosten, sind von der Haftung des Waschstraßenbetreibers ausgenommen.

Nr. 3: Eine Haftung für Lack- und Schrammschäden sowie für die Beschädigung der außen an der Karosserie angebrachten Teile ist ausgeschlossen.

---

380 Nach BGH, Urt. v. 19.12.2002 – X ZR 243/01, RÜ 2003, 51.

381 Nach BGH, Urt. v. 15.02.1995 – VIII ZR 93/94, NJW 1995, 1488; BGH, Urt. v. 27.09.2000 – VIII ZR 155/99, NJW 2001, 292.

382 Nach BGH, Urt. v. 01.02.2005 – X ZR 10/04, NJW 2005, 1774.

Nr. 6: Soweit in diesen Allgemeinen Bedingungen die Haftung für einen Schaden ausgeschlossen oder begrenzt wird, gilt dies nicht für einen Schaden, der auf einem vorsätzlichen oder grob fahrlässigen Verhalten beruht.

Verbraucher A benutzt die Waschanlage. Es entsteht infolge eines leichten Versehens des Angestellten X ein Schaden am Fahrzeug des A. A verlangt Schadensersatz.

A. A könnte einen Schadensersatzanspruch aus **§§ 280 Abs. 1, 249 Abs. 2** haben.

I. Bei der Beschädigung bestand zwischen A und B ein **wirksamer Werkvertrag**.

II. Die **Vertragspflicht** des B, das Fahrzeug des A beim Waschvorgang nicht zu beschädigen, ist **verletzt**. Der Angestellte X hat infolge leichter Fahrlässigkeit den Schaden verursacht. B muss sich analog § 278 S. 1 Var. 2 das Verhalten des X und gemäß § 278 S. 1 Var. 2 zudem das nach § 280 Abs. 1 S. 2 **vermutete Verschulden** des X **zurechnen** lassen. Der Tatbestand des § 280 Abs. 1 ist erfüllt.

III. Nach Nr. 6 der einbezogenen AGB soll eine Haftung jedoch nur dann bestehen, wenn der Schaden vorsätzlich oder grob fahrlässig verursacht worden ist. Diese Regelung weicht von § 276 Abs. 1 Hs. 1 ab, sodass gemäß § 307 Abs. 3 S. 1 die **Inhaltskontrolle eröffnet** ist. Die Klausel könnte daher nach §§ 309, 308, 307 aufgrund ihres Inhalts unwirksam sein.

1. Die Klausel verstößt nicht gegen **§ 309 Nr. 7**, da sie die Haftung nicht generell, sondern **nur für grobes Verschulden** ausschließt und zudem, wie eine Gesamtschau mit Nr. 3 der AGB ergibt, **nur für Sachschäden** gilt.

2. Die Regelung ist dennoch gemäß **§ 307 Abs. 1** unwirksam, wenn der Vertragspartner A unangemessen benachteiligt wird. Eine unangemessene Benachteiligung ist gemäß **§ 307 Abs. 2 Nr. 2** im Zweifel dann gegeben, wenn **Kardinalpflichten** so eingeschränkt werden, dass die Erreichung des Vertragszwecks gefährdet ist.

a) Kardinalpflichten sind jedenfalls die **synallagmatischen Hauptpflichten**. Hauptpflicht des B ist aber alleine das Waschen des Fahrzeugs, sodass die Nichtbeschädigung des Fahrzeugs nur **Nebenpflicht** ist. Auch eine solche kann eine Kardinalpflicht sein, wenn sie von grundlegender Bedeutung für den Vertragspartner ist.

Dagegen[383] könnte man einwenden, dass der Kunde einer Waschanlage für das sehr geringe Entgelt nicht erwarten kann, dass sein Auto (wie bei einer Handwäsche) makellos bleibt. Für größere Schäden muss der Betreiber natürlich haften, aber typische kleine Schrammen nimmt der Kunde bewusst in Kauf. **Dafür**[384] spricht jedoch, dass bei dem heutigen Stand insbesondere der Sensortechnik jeder Kunde ohne Weiteres erwarten darf, dass sein Fahrzeug nicht beschädigt wird. Es gehört zu den zentralen Leistungs-

383 OLG Bamberg, Urt. v. 08.12.1993 – 1 U 22/83, NJW 1984, 929; OLG Düsseldorf, Urt. v. 31.01.1980 – 6 U 171/79, WPM 80, 1128.

384 BGH, Urt. v. 30.11.2004 – X ZR 133/03, NJW 2005, 422.

erwartungen des Kunden, dass er sein Fahrzeug in einem besseren (nämlich gereinigten) und nicht im Gegenteil in einem lädierten Zustand nach der Wäsche erhält.

b) Die Einschränkung dieser Kardinalpflicht war auch nicht erforderlich, denn B hätte sich entsprechend versichern und die Kosten hierfür auf den Preis der Wäsche draufschlagen können. Die **Zweifelsregelung** des § 307 Abs. 1 Nr. 2 ist nicht widerlegt. Die Benachteiligung ist **unangemessen** i.S.d. § 307 Abs. 1 S. 1.

A hat gegen B einen Schadensersatzanspruch aus § 280 Abs. 1 nach Maßgabe des § 249 Abs. 2.

B. Angesichts der widerrechtlichen und schuldhaften Eigentumsverletzung hat A auch aus **§ 823 Abs. 1** gegen B einen inhaltsgleichen Schadensersatzanspruch.

---

3. Sonstige unangemessene Benachteiligung, § 307 Abs. 1

Da § 307 Abs. 2 Nr. 1 und 2 nur Regelbeispiele einer unangemessenen Benachteiligung enthalten, kann diese auch in weiteren Fällen vorliegen. **310**

Zum einen normiert § 307 Abs. 1 S. 2 einen weiteren Sonderfall. Danach kann sich eine unangemessene Benachteiligung auch daraus ergeben, dass eine Bestimmung nicht klar und verständlich ist (**Transparenzgebot**). **311**

Rechte und Pflichten des Vertragspartners müssen möglichst klar und durchschaubar dargestellt werden. Dabei kommt es nicht nur darauf an, dass die Klausel **sprachlich** klar und verständlich ist. Auch die **wirtschaftlichen Folgen** der Regelung müssen im Rahmen des Möglichen erkennbar werden.[385]

Da die Intransparenz nur zur unangemessenen Benachteiligung führen **„kann"**, aber nicht muss, muss in einem weiteren Schritt eine unangemessene Benachteiligung positiv festgestellt werden.

Beispiel:[386] Klauseln, mit denen sich Versicherungen ein uneingeschränktes Recht vorbehalten, Prämien, Tarife und sonstige Rechte und Pflichten abzuändern, sind selbst bei sprachlicher Klarheit intransparent, weil ihre wirtschaftlichen Folgen sich nicht abschätzen lassen.

Beispiel:[387] Ein Haftungsausschluss „soweit gesetzlich zulässig" ist intransparent, da der Laie, auf den es bei der objektiven Auslegung der Bedingung ankommt, allenfalls unter größerem Aufwand herausfinden kann, wie weit der Ausschluss konkret gehen soll. Für eine unangemessene Benachteiligung spricht zudem, dass der Verwender sich mit dieser Klausel ohne Risiko an den Rand des noch Zulässigen begibt, obwohl angesichts § 306 Abs. 2 gerade der Verwender dieses Risiko tragen soll.

Beispiel, vgl. Rn. 293: Eine Klausel, die eine Bürgschaft auf sämtliche künftigen Forderungen des Sicherungsnehmers gegen seinen Schuldner erstreckt, ist intransparent, selbst wenn sie im Einzelfall nicht überraschend i.S.d. § 305 c Abs. 1 ist.

---

385 BGH, Urt. v. 08.10.2003 – VIII ZR 55/03, NJW 2004, 1041.

386 Nach BGH, Urt. v. 19.10.1999 – XI ZR 8/99, RÜ 2000, 115.

387 BGH, Urt. v. 05.03.2013 – VIII ZR 137/12, NJW 2013, 1668.

312 Zum anderen kann sich eine nicht in den Regelbeispielen ausdefinierte unangemessene Benachteiligung in einem **unbenannten Fall** alleine aus § 307 Abs. 1 S. 1 ergeben. Mittelbar sind dabei **Umkehrschlüsse aus den benannten Fällen** zu schließen, so kann etwa angesichts § 309 Nr. 9 a) eine anfängliche Vertragsdauer von 23 Monaten allenfalls dann unwirksam sein, wenn besondere, atypische Umstände hinzutreten.

Hinweis: *Die Bejahung isoliert des § 307 Abs. 1 S. 1 erfordert den größten Begründungsaufwand, denn der Rechtsanwender muss die Begriffe „Treu und Glauben" und „unangemessen" mit konkretem Leben füllen.*

Nach einer **Faustformel des BGH** ist eine Klausel unangemessen, wenn sie **von dem abweicht, was die Parteien** bei einer Verhandlung über den streitigen Punkt individualvertraglich **vereinbart hätten.**[388] Das hilft allerdings dann kaum weiter, wenn ein Vereinbarungsspielraum besteht, da dann jede Partei das für sie Günstigste in die Verhandlungen eingebracht hätte. Die Frage muss daher eher lauten, ob der Verwender sich auf die Klausel im Rahmen von Verhandlungen keinesfalls eingelassen hätte.

V. Inhaltskontrolle im unternehmerischen Bereich

313 Gemäß § 310 Abs. 1 S. 1 sind **§ 308 Nr. 1 u. 2–9 sowie § 309 unanwendbar** auf AGB, die gegenüber einem Unternehmer, einer juristischen Person des öffentlichen Rechts oder einem öffentlich-rechtlichen Sondervermögen verwendet werden. **§ 308 Nr. 1a u. 1b** ist hingegen **anwendbar**.

Ebenso ist gemäß § 310 Abs. 1 S. 2 **§ 307 Abs. 1 u. 2 anwendbar**, wenn auch unter Berücksichtigung der **Gewohnheiten und Gebräuche des Handelsverkehrs**. Zudem stellt er klar, dass eine Verletzung der nicht direkt anwendbaren Normen zwar nicht zwingend zur Unwirksamkeit führt, diese aber auch nicht ausschließt. Vielmehr gilt:[389]

- Die Fallgruppen des **§ 308** können **regelmäßig übertragen** werden, denn im Rahmen der wertenden, unbestimmten Rechtsbegriffe können die Besonderheiten des Handelsverkehrs Berücksichtigung finden.
- Bei **§ 309** fehlt eine entsprechende Wertungsmöglichkeit. Der Verstoß gegen ihn ist hinsichtlich **mancher Tatbestände** gleichwohl ein **Indiz** für die Unwirksamkeit und ist im Rahmen des § 307 bei der Wertung („unangemessene Benachteiligung") zu berücksichtigen.[390]

  Bei folgenden Tatbeständen ist jedoch **keine Indizwirkung** gegeben, da dies gegen die handelsrechtlichen Besonderheiten (insbesondere geringe Schutzwürdigkeit, dafür Schnelligkeit und Leichtigkeit) verstoßen würde. Ob die Klausel in diesen Fällen unwirksam ist, ist dann stets eine Frage des Einzelfalls:[391]

  - § 309 Nr. 1 (**kurzfristige Preiserhöhung**), insbesondere Umsatzsteuergleitklauseln sind grundsätzlich zulässig;
  - § 309 Nr. 2 (**Leistungsverweigerungsrecht**);

388 BGH, Urt. v. 30.11.2004 – X ZR 133/03, NJW 2005, 422.

389 Vgl. Palandt/Grüneberg § 307 Rn. 40.

390 BGH, Urt. v. 19.09.2007 – VIII ZR 141/06, Rn. 12, RÜ 2008, 8.

391 Vgl. die Kommentierung bei Palandt/Grüneberg zu § 309, jeweils am Ende der jeweiligen Nummer.

- § 309 Nr. 6 (**Vertragsstrafe**);
- § 309 Nr. 8 b) ee) (**Ausschlussfrist für Mängelanzeige**), vgl. § 377 HGB, der ohnehin eine unverzügliche (§ 121 Abs. 1 S. 1) Anzeige fordert;
- § 309 Nr. 9 (**Laufzeit von Dauerschuldverhältnissen**);
- § 309 Nr. 13 (**Form von Anzeigen und Erklärungen**) gilt im unternehmerischen Verkehr nicht.

5. Abschnitt: Rechtsfolgen der Nichteinbeziehung und der Unwirksamkeit

Die Rechtsfolgen der Nichteinbeziehung und Unwirksamkeit einer Klausel regelt § 306 **314**
(dazu A.). Einen Sonderfall stellen gegenseitige, widersprechende Klauseln dar (dazu B.).

A. Rechtsfolgen nach § 306

Sind einzelne Klauseln nicht Vertragsbestandteil geworden oder unwirksam, so bleibt **315**
(in Ausnahme zu § 139, vgl. Rn. 261 ff.) gemäß **§ 306 Abs. 1** der **Vertrag im Übrigen wirksam**. Die entstehende Regelungslücke ist wie folgt zu schließen:

- Nach § **306 Abs. 2** treten an die Stelle der nicht Vertragsbestandteil gewordenen oder unwirksamen AGB die **dispositiven gesetzlichen Vorschriften**, die im Falle des Fehlens einer Vereinbarung Gültigkeit erlangt hätten.

  Ist **beispielsweise** der Leistungsort oder die Leistungszeit unwirksam geregelt, so gelten die §§ 269 bis 271; ist die Nichterfüllung in Form der Unmöglichkeit oder des Verzuges unwirksam geregelt, gelten die Unmöglichkeits- bzw. Verzugsregeln des Schuldrechts AT; die unwirksame Regelung der Mängelhaftung wird ersetzt durch die gesetzlichen Gewährleistungsregeln.

- **Unzulässig** ist eine **geltungserhaltende Reduktion**. Es darf die unwirksame Vertragsklausel nicht auf ein nach §§ 307–309 gerade zulässiges Maß reduziert werden. Damit wird verhindert, dass der Verwender eine für ihn äußerst günstige Regelung trifft und im Falle der Beanstandung dieser Regelung diese nur auf das gerade noch zulässige Maß gestützt wird.[392]

  Beispiel:[393] Ein Haftungsausschluss, der sich auch auf Vorsatz und grobe Fahrlässigkeit bezieht und daher gegen § 309 Nr. 7 b) verstößt, lässt sich nicht auf einen wirksamen Haftungsausschluss für einfache Fahrlässigkeit reduzieren.

  Beispiel: Eine nach § 309 Nr. 9 a) unwirksame Klausel über 25 Monate Mindestlaufzeit wird nicht auf die noch zulässigen 24 Monate gekürzt. Vielmehr gilt keinerlei Mindestlaufzeit. Das Dauerschuldverhältnis kann zu den gesetzlich bestimmten Fristen (z.B. § 573 c) gekündigt werden, es sei denn, es wurde abweichend eine (nach § 309 Nr. 9 c) wirksame) Kündigungsfrist festgelegt.

- Fehlt eine Regelung in den dispositiven Vorschriften zur Ausfüllung der Regelungslücke, finden die Grundsätze der **ergänzenden Vertragsauslegung** Anwendung.[394] Auch diese führt nicht zu einer geltungserhaltenden Reduktion zugunsten des Ver-

---

392 BGH, Urt. v. 23.01.2013 – VIII ZR 80/12, Rn. 25, NJW 2013, 991.

393 Nach BGH, Urt. v. 12.12.2000 – XI ZR 138/00, NJW 2001, 751.

394 BGH, Urt. v. 23.01.2013 – VIII ZR 80/12, Rn. 23, NJW 2013, 991; s. zur ergänzenden Vertragsauslegung AS-Skript BGB AT 1 (2017), Rn. 209 ff.

wenders. Vielmehr ist der hypothetische, den beiderseitigen Interessen entsprechende Parteiwille zu ermitteln.

- **Teilbare Klauseln** können teilweise unwirksam sein. Die Trennbarkeit in einen inhaltlich zulässigen und einen inhaltlich unzulässigen Teil ist dann gegeben, wenn der unwirksame Teil der Klausel **gestrichen werden kann, ohne dass der Sinn des anderen Teils darunter leidet** (**blue-pencil-test**). Nach der Streichung des unwirksamen Klauselteils muss eine sprachlich und inhaltlich selbstständige und sinnvolle Regelung verbleiben.

  Beispiel:[395] Laut AGB des Zahnarztes Z stimmen die Patienten (angesichts § 203 StGB, vgl. Rn. 89) der Abtretung der Honorarforderungen sowohl an Abrechnungsgesellschaft als auch an eine Bank zwecks Kreditsicherung zu. –
  Die Klausel ist teilbar und sie behält nach der Teilung einen Sinn. Falls die Zustimmung hinsichtlich der Bank unwirksam, hinsichtlich der Abrechnungsgesellschaft aber wirksam sein sollte, so bleibt es bei dieser teilweisen Unwirksamkeit. Die Einwilligung hinsichtlich der Abrechnungsgesellschaft wäre also wirksam.

Gemäß **§ 306 Abs. 3** ist der Vertrag jedoch ausnahmsweise **insgesamt unwirksam**, wenn das Festhalten an ihm auch unter Berücksichtigung der nach Abs. 2 vorgesehenen Regelung für eine Partei eine **unzumutbare Härte** darstellen würde. Dies ist im Wege der **Interessenabwägung** zu ermitteln. Hierbei sind sowohl die nachteiligen Veränderungen der Austauschbedingungen für den Verwender als auch das berechtigte Interesse des anderen Teils an der Aufrechterhaltung des Vertrags zu berücksichtigen.[396]

B. Widersprüchliche AGB zweier Verwender

316 Die bisherigen Ausführungen gingen davon aus, dass nur eine der beiden Vertragsparteien Verwender von AGB ist. **Verwenden** aber **beide Parteien** ihre jeweiligen AGB und widersprechen sich diese, so stellen sich die Fragen, ob überhaupt eine Einigung über (irgend-)einen Vertrag zustande kommt und wenn ja, welchen Inhalt dieser Vertrag hinsichtlich des widersprüchlichen Punktes hat.

Fall 12: AGB im Widerspruch

V bietet dem K den Kauf von Textilien für 110.000 €, zu zahlen in zwölf monatlichen Raten, an. Dem Angebot fügt er seine Allgemeinen Geschäftsbedingungen bei, in denen ein Eigentumsvorbehalt an den Textilien enthalten ist. K nimmt das Angebot an, wobei er seine Einkaufsbedingungen beilegt, die einen Eigentumsvorbehalt des Verkäufers nicht vorsehen und in denen es heißt: „anders lautende Bedingungen – soweit sie nicht in dieser gesamten Bestellung festgelegt sind – gelten nicht." V liefert.

Kann K von V vor Zahlung aller Raten Übereignung der Textilien verlangen?

317 K könnte gegen V einen Anspruch auf Übereignung aus einem Kaufvertrag i.V.m. **§ 433 Abs. 1 S. 1 Var. 2** haben.

A. Das erfordert einen **wirksamen Kaufvertrag** zwischen K und V.

395 Nach BGH, Urt. v. 10.10.2013 – III ZR 325/12, RÜ 2014, 214.
396 BGH, Urt. v. 22.02.2002 – V ZR 26/01, BB 2002, 1017.

I. V hat K ein entsprechendes **Angebot** unterbreitet. Dieses beinhaltete die essentialia negotii eines Kaufvertrags nach § 433 (K und V als Parteien, Kaufsache und Preis) und im Übrigen die **AGB des V**.

II. Der Umkehrschluss aus § 150 Abs. 2 ergibt, dass K das Angebot des V **uneingeschränkt annehmen** muss.

1. Die Erklärung des K ist auf dieselben **essentialia negotii** wie die des V gerichtet. Vereinzelt wird vertreten, dass dies im Falle sich widersprechender AGB für eine Einigung ausreiche und dass § 150 Abs. 2 dann nicht erfüllt sei.[397] Dem folgend läge ein wirksamer Vertrag vor.

2. Dieses Verständnis der Norm findet jedoch im Wortlaut keinerlei Stütze. Daher ist auch eine Erklärung, die von den übrigen Vertragsbestandteilen (**accidentalia negotii)** abweicht, gemäß § 150 Abs. 2 als **Ablehnung des Angebots** anzusehen.[398]

   Hinsichtlich der AGB des V enthält die Erklärung des K eine **Abwehrklausel**, laut der „anders lautende Bedingungen" nicht „gelten" sollen, also vom Willen des K nicht umfasst sind. Die AGB des K enthalten keinerlei Aussagen zu einem Eigentumsvorbehalt, sodass bei **engem Verständnis** (lies: „anders als die AGB des K lautend") diese Regelung nicht greifen würde. Bei einem **weiten Verständnis** (lies: „anders als die AGB des K oder die gesetzlichen Regelungen lautend") würde die Klausel hingegen ihre abwehrende Wirkung entfalten, da ein Eigentumsvorbehalt (also auf schuldrechtlicher Ebene die Pflicht des Verkäufers nur zur aufschiebend bedingten Übereignung) der Pflicht zur sofortigen und unbedingten Übereignung aus §§ 433 Abs. 1 S. 1 Var. 2, 271 Abs. 1 Var. 1 widerspricht.

   Für das weite Verständnis[399] spricht, dass es K ersichtlich darum geht, einen Vertrag nur nach seinem Willen entstehen zu lassen. Diesen hat er zwar unmittelbar nur in seine AGB einfließen lassen, dies aber in dem Bewusstsein, dass – wie bei jedem Vertrag – im Übrigen die gesetzlichen Regelungen gelten. Nach dem engen Verständnis hätte K seiner Erklärung nicht nur seine AGB, sondern auch die umfangreichen gesetzlichen Regelungen im Wortlaut anlegen müssen, um eine für ihn nachteilige Abweichung vom Gesetz zu verhindern. Das ist unpraktikabel und lebensfremd.

   Daher weicht die Erklärung des K hinsichtlich der Pflicht zur Übereignung vom Angebot des V ab. Gemäß § 150 Abs. 2 hat K das Angebot des V abgelehnt.

III. Zugleich hat **K** gemäß § 150 Abs. 2 ein **neues Angebot** mit **seinen AGB** abgegeben.

IV. Dieses neue Angebot könnte V mit der Lieferung der Textilien **konkludent angenommen** haben.

397 Köster JuS 2000, 22, 26.

398 BGH, Urt. v. 24.10.2000 – X ZR 42/99, NJW-RR 2001, 484.

399 Vgl. BGH, Urt. v. 24.10.2000 – X ZR 42/99, NJW-RR 2001, 484.

V hat seinerseits den AGB des K weder ausdrücklich noch konkludent widersprochen. Dies könnte man so auslegen, dass V sich den Bedingungen des K fügt (**Prinzip des letzten Wortes**).[400] Dann würde aber derjenige seine Vorstellungen durchsetzen, der am beharrlichsten auf ihnen besteht, auch wenn der andere Teil (wie hier V) seinen gegenteiligen Willen bereits ausdrücklich geäußert hat. Aus objektiver Empfängersicht ist das Verhalten des V daher so auszulegen, dass V mit der Lieferung nach wie vor (diesmal konkludent) erklärte, den Vertrag nur nach seinen Bedingungen, also mit einer Pflicht zur nur bedingten Übereignung abschließen zu wollen.[401]

318 V. K und V sind sich mithin zwar hinsichtlich der essentialia negotii einig, sodass kein zwingend zur Nichtigkeit führender, gesetzlich nicht geregelter **Totaldissens**[402] vorliegt. Sie haben sich aber für beide erkennbar nicht über die Frage der Modifikation der Übereignungspflicht geeinigt, sodass ein **offener Dissens** vorliegt, welcher gemäß § 154 Abs. 1 S. 1 (nur) im Zweifel zur Nichtigkeit des gesamten Vertrags führt.

Jedoch haben V und K bereits mit dem Vollzug des Vertrags begonnen, indem V die Textilien lieferte und K diese annahm, was dafür spricht, dass sie den Vertrag als wirksam ansahen. Hinzu kommt, dass der offene Dissens aufgrund widersprechender AGB entstanden ist. Bei nichtigen (einseitigen) AGB ordnet § 306 Abs. 1 an, dass der Vertrag im Übrigen grundsätzlich wirksam ist.[403]

Die Zweifelsregelung des § 154 Abs. 1 S. 1 ist also widerlegt. Der Kaufvertrag ist wirksam.

319 B. Bezüglich des **Vertragsinhalts bei widersprüchlichen AGB** gilt Folgendes:[404]

I. Soweit die AGB beider Parteien **übereinstimmen**, werden sie Vertragsinhalt.

II. Soweit sich die AGB **aktiv widersprechen**, werden sie nicht Vertragsinhalt. Insoweit gelten nach dem **Rechtsgedanken des § 306 Abs. 2** die gesetzlichen Vorschriften. Verbleibende Lücken sind durch **ergänzende Vertragsauslegung** zu schließen.

III. Ist eine bestimmte Frage **nur in den AGB eines Teils konkret geregelt**, so ist durch Auslegung anhand der übrigen Umstände zu ermitteln, ob der Vertragspartner sein Einverständnis mit der Klausel erklärt hat. Ist die Klausel für den Vertragspartner günstig, so erklärt er regelmäßig konkludent sein Einverständnis. Dann gilt das Gleiche wie zu I. ausgeführt. Hat er hingegen in seine AGB eine Abwehrklausel aufgenommen, so ist dieser – jedenfalls nach dem hier vertretenen weiten Verständnis – die Verweigerung des Einverständnisses zu entnehmen. Dann gilt das Gleiche wie zu II. ausgeführt.

---

400 Frühere Rspr., z.B. BGH, Urt. 29.09.1955 – II ZR 210/54, NJW 1955, 214.

401 Vgl. BGH, Urt. v. 20.03.1985 – VIII ZR 327/83, NJW 1985, 1838.

402 Vgl. zu den Formen des Dissenses AS-Skript BGB AT 1 (2017), Rn. 144 ff.

403 Vgl. MünchKomm/Busche § 154 Rn. 5; Palandt/Ellenberger § 154 Rn. 3.

404 Vgl. Wolf/Neuner § 47 Rn. 35 m.w.N.

IV. **Vorliegend** besteht der letztgenannte Fall (III.), denn die AGB des V enthalten eine Klausel hinsichtlich des Eigentumsvorbehalts, die AGB des K enthalten diesbezüglich jedoch keine konkrete Klausel. Die AGB des K enthalten aber eine Abwehrklausel, aus welcher sich ergibt, dass K sein Einverständnis mit der Klausel des V verweigert. Nach dem **Rechtsgedanken des § 306 Abs. 2** gilt daher die gesetzliche Ausgestaltung der Übereignungspflicht nach § 433 Abs. 1 S. 1 Var. 2: V muss K die Textilien, die er K bereits übergeben hat (wie von § 433 Abs. 1 S. 1 Var. 1 vorgesehen) **sofort übereignen**, was er insbesondere nach § 929 S. 2 bewerkstelligen kann.

C. V kann diesem Anspruch auch nicht bis zur vollständigen Zahlung durch K die Einrede des **§ 320** entgegenhalten, denn K darf nach der übereinstimmenden Vereinbarung in Raten zahlen, sodass V vorleistungspflichtig ist, vgl. § 320 Abs. 1 S. 1 a.E.

K hat gegen V einen Anspruch auf Übereignung aus dem Kaufvertrag i.V.m. § 433 Abs. 1 S. 1 Var. 2.

C. Verbandskontrolle nach dem UKlaG

Gemäß § 1 UKlaG[405] können die in § 3 UKlaG benannten Stellen (z.B. Verbraucherschutzorganisationen, Handwerkskammern) bei AGB, die nach §§ 307–309 unwirksam sind, einschreiten. Sie können vom Verwender **Unterlassung der Verwendung** und vom Empfehler (z.B. einer Vermietervereinigung) **Unterlassung der Empfehlung sowie Widerruf** verlangen. Erforderlichenfalls können Sie nach §§ 5 ff. UKlaG klagen. **320**

Die AGB werden dann nicht inzident in einem konkreten Anspruch, sondern **abstrakt** auf ihre Wirksamkeit geprüft.

Hinweis: *Eine solche abstrakte Normenkontrolle kennen Sie aus § 47 VwGO und aus Art. 93 Abs. 2 Nr. 2 u. 2a i.V.m. §§ 76 ff. BVerfGG.*

Gemäß **§ 1a UKlaG** können auch Verstöße gegen die §§ 271a Abs. 1–3, 286 Abs. 5, 288 Abs. 6 geahndet werden. Vgl. zu § 271a Rn. 305.

Fall 13: Die Garantiekarte

Der Waschmaschinenhersteller F gibt Garantiekarten mit folgendem Inhalt aus. „In der Gewährleistungszeit beseitigen wir jeden Mangel am Gerät, der nachweislich auf einem Material-, oder Herstellungsfehler beruht oder liefern einen Ersatzartikel. Die Garantiezeit beginnt am Tage der Lieferung; Dauer sechs Monate."

Der Verbraucherverein X klagt nach Abmahnung gegen F auf Unterlassung des Gebrauchs der Garantieurkunde. Ist die Klage begründet?

---

405 Schönfelder Ordnungsziffer 105.

321 Die Klage ist begründet, soweit X gegen F aus **§ 1 UKlaG** einen Unterlassungsanspruch hat.

A. X ist als rechtsfähiger Verbraucherschutzverein gemäß § 3 Abs. 2 Nr. 1 UKlaG Anspruchsinhaber und daher **aktivlegitimiert**. F ist als Verwender Anspruchsgegner und daher **passivlegitimiert**.

B. Die Klausel ist für eine Vielzahl von Fällen vorformuliert und daher eine **AGB** i.S.d. § 305 Abs. 1.

C. Die Klausel müsste **nach §§ 307–309 unwirksam** sein.

I. Die **Inhaltskontrolle** müsste **eröffnet** sein, also gemäß § 307 Abs. 3 S. 1 von Rechtsvorschriften abweichen oder diese ergänzen.

Bei einem **Kaufvertrag** ist die **Mängelbeseitigung** in den §§ 437 ff. näher ausgestaltet, sodass eine Abweichung von diesen Normen der **Inhaltskontrolle** unterliegt.

Mit der Aushändigung der Garantiekarte des Verkäufers an den Käufer überbringt der Verkäufer aber als Bote des Herstellers F ein Angebot zum Abschluss eines **selbstständigen Garantievertrags mit dem Hersteller** (Herstellergarantie i.S.d. § 443). Dieses wird konkludent vom Kunden angenommen. Der Zugang der Annahmeerklärung ist gemäß § 151 S. 1 entbehrlich, sodass ein Garantievertrag zustande kommt, der **neben den Kaufvertrag** tritt. Bei diesem Vertrag ist die Mängelbeseitigung aber zentrale Hauptpflicht des Herstellers. Die Festlegung ihres Umfangs ist also eine Leistungsbeschreibung, welche nicht vom Gesetz abweicht, sondern sich an den Gesetzen von Angebot und Nachfrage orientieren soll (vgl. Rn. 300).

Bei einer selbstständigen Garantie ist die Inhaltskontrolle nur ausnahmsweise eröffnet, wenn sie nicht nur Garantieansprüche gegen den Hersteller begründet, sondern zugleich in Abweichung von §§ 437 ff. **Gewährleistungsansprüche gegen der Verkäufer** beschränkt oder ausschließt. Das tut die Klausel des F aber nicht.

Mithin ist die Inhaltskontrolle nicht eröffnet.

II. Auch für solche Klauseln gilt aber gemäß § 307 Abs. 3 S. 2, Abs. 1 S. 2, Abs. 1 S. 1 das **Transparenzgebot**. Die Klausel muss klar und verständlich sein. Sie darf den Vertragspartner nicht über seine Ansprüche im Unklaren lassen und ihn dadurch von der Rechtsverfolgung abhalten.[406]

Auch **§ 477 Abs. 1 S. 1** verlangt, dass die Garantieerklärung einfach und verständlich ist.

Aus der Klausel der F ergibt sich keine **klare Trennung zwischen gesetzlichen Gewährleistungsrechten und vertraglichen Garantieansprüchen**. Ein rechtlich nicht vorgebildeter Durchschnittskunde kann die Klausel so verstehen, dass ihm bei mangelhafter Lieferung lediglich die in der Garantieurkunde aufgeführ-

406 BGH, Urt. v. 23.03.1988 – VIII ZR 58/87, NJW 1988, 1726.

ten Rechte zustehen sollen. Selbst wenn F die gesetzlichen Gewährleistungsrechte nicht beschränken, sondern ihnen im Rahmen der Garantie sogar zusätzliche Ansprüche zuerkennen wollte, kommt diese Besserstellung in den AGB jedenfalls nicht zum Ausdruck.

Die Klausel verstößt also gegen das Transparenzverbot. Die Klage ist somit begründet.

Abwandlung:

K hat eine Waschmaschine von V gekauft. Es treten Mängel auf. Rechte des K?

A. K hat gegen V die in § 437 genannten **Gewährleistungsrechte**. 322

B. Gegen V hat K aus der **Garantie** die in ihr aufgeführten Ansprüche, wenn man trotz der Intransparenz im Wege der **kundenfreundlichen Auslegung** (§ 305 c) die Klausel zugunsten des K so auslegt, dass sie ihm diese Ansprüche gleichwohl einräumt. Anderenfalls ist zwar die Klausel gemäß § 306 Abs. 1 unwirksam, aber der Garantievertrag wirksam. Diesem lässt sich im Wege der ergänzenden Vertragsauslegung entnehmen, dass V K so haften soll als wäre die Klausel wirksam. Letztlich kann es nicht sein, dass K aufgrund der intransparenten gegenüber V schlechter steht als bei einer transparenten und wirksamen Klausel.[407]

---

407 Vgl. BGH, Urt. v. 23.03.1988 – VIII ZR 58/87, NJW 1988, 1726.

Allgemeine Geschäftsbedingungen (AGB), §§ 305 ff.

I. Anwendbarkeit der §§ 305 ff.

1. **§ 310 Abs. 4 S. 1 *nicht* bei Verträgen im**
   - Erbrecht
   - Familienrecht
   - Gesellschaftsrecht
   - Tarifverträge/Betriebs- und Dienstvereinbarungen
2. **§ 310 Abs. 4 S. 2: *Anwendbar*** (eingeschränkt) auf Arbeitsverträge: nicht: § 305 Abs. 2 u. 3

II. Vorliegen von AGB

Voraussetzungen (§ 305 Abs. 1 S. 1)	Ausnahmen/Besonderheiten
1. **Vorformulierte** Vertragsbedingungen →	nicht wenn ausgehandelt (§ 305 Abs. 1 S. 3)
2. für eine **Vielzahl von** Verträgen →	gegenüber **Verbrauchern** auch bei einmaliger Verwendung (§ 310 Abs. 3 Nr. 2)
3. vom Verwender (einseitig) **gestellt** →	gegenüber **Verbrauchern** gelten AGB als vom Unternehmer gestellt (§ 310 Abs. 3 Nr. 1) Auch wenn begrifflich keine AGB vorliegen, sind die §§ 305 ff. gem. **§ 306 a *anwendbar*** bei **Umgehung**.

III. Einbeziehung in den Vertrag

Voraussetzungen (§ 305 Abs. 1 S. 1)	Ausnahmen/Besonderheiten
▪ **Gegenüber Verbrauchern: § 305 Abs. 2** → (1) ausdrücklicher Hinweis/Aushang (2) Möglichkeit der Kenntnisnahme (3) Einverständnis mit Geltung (4) Nicht überraschend (§ 305 c Abs. 1)	**§ 305 a** Auch ohne Einhaltung der Voraussetzungen (1) und (2) werden Vertragsbestandteil: ▪ genehmigte Beförderungsbedingungen ▪ veröffentlichte Telekommunikationsbedingungen ▪ Postbedingungen **§ 305 b** Individualabrede verdrängt AGB
▪ **Gegenüber Unternehmern: § 310 Abs. 1 S. 1, Abs. 3 Nr. 2** → (1) keine Geltung des § 305 Abs. 2 und 3 (2) Einbeziehung nach allg. Grundsätzen (konkludente oder ausdrückliche Einigung, kfm. Bestätigungsschreiben)	Ⓟ *Widersprechende AGB* ▪ *Soweit AGB übereinstimmen bzw. sich nicht widersprechen, gelten sie.* ▪ *Soweit sich die AGB widersprechen, werden sie nicht einbezogen; es gilt § 306 Abs. 2.* ▪ *Abwehrklausel schließt zusätzlich Einbeziehung ergänzender AGB aus.*

Allgemeine Geschäftsbedingungen (AGB), §§ 305 ff.

IV. Inhaltskontrolle

- **Allgemeines:**
  1. Kundenfreundliche, objektive Auslegung, § 305 c Abs. 2 (**vor** der Inhaltskontrolle)
  2. Transparenzgebot, § 307 Abs. 1 S. 2
  3. Keine Kontrolle der Hauptleistungspflichten (arg. § 307 Abs. 3 S. 1)!

- **Gegenüber Verbrauchern: §§ 307–309**
  1. § 309 (Klauselverbote ohne Wertungsmöglichkeit) → Jeder Verstoß führt zu Unwirksamkeit der Klausel.
  2. § 308 (Klauselverbote mit Wertungsmöglichkeit) → Unangemessene Regelung führt zu Unwirksamkeit.
  3. § 307 (Allgemeine Unwirksamkeitsgründe) → Verstoß bei Abweichen von Grundgedanken der gesetzlichen Regelung (§ 307 Abs. 2 Nr. 1) oder Zweckgefährdung (§ 307 Abs. 2 Nr. 2); Begleitumstände beachtlich (§ 310 Abs. 3 Nr. 3)

  Ausnahmen:
  §§ 308, 309 gelten für Versorgungsverträge gem. § 310 Abs. 2 nicht.

- **Gegenüber Unternehmern: nur § 307 (vgl. § 310 Abs. 1)**

  Unwirksamkeit nur nach §§ 307 u. 308 Nr 1a u. 1b , wobei § 308 i.Ü. übertragbar ist und § 309 **Indizwirkung** haben kann (vgl. § 310 Abs. 1 S. 2). – Auf die Besonderheiten des Handelsverkehrs ist Rücksicht zu nehmen. → Keine Indizwirkung: § 309 Nr. 1, 2, 6, 8 b) ee), 9, 13.

V. Rechtsfolgen der Nichteinbeziehung (III) bzw. Unwirksamkeit (IV)

- **§ 306 Abs. 1:** Wirksamkeit des Vertrages (und der anderen Klauseln); Ausn.: § 306 Abs. 3

  ⚠ ***Spezialregelung zu § 139**, wonach der Vertrag eigentlich unwirksam wäre*
- **§ 306 Abs. 2:** Lückenschließung durch gesetzliche Regelung/Vertragsauslegung
- **§ 1 UKlaG:** Unterlassung, Widerruf

Ⓟ *Teilunwirksamkeit einer Klausel (Grundsätzlich **Verbot der geltungserhaltenden Reduktion**, d.h. Klausel insgesamt unwirksam; Ausnahme: „blue-pencil-test" [kann die unwirksame Passage gestrichen werden ohne Sinnverlust des Restes, kann dieser bestehen bleiben].)*

3. Teil: Fristen, Termine, Verjährung

1. Abschnitt: Fristen und Termine, §§ 186 ff.

323 Die §§ 187 ff. stellen gemäß § 186 **Auslegungsregeln** für **Rechtsgeschäfte, gerichtliche Verfügungen** und **Gesetze** für den Fall bereit, dass sich ihnen weder ausdrücklich noch nach den Umständen eine konkretere und daher vorrangige Regelung entnehmen lässt.

Insbesondere über die Verweisungen in § 222 Abs. 1 ZPO, § 57 Abs. 2 VwGO und § 31 VwVfG gelten die Normen auch für das **gerichtliche und behördliche Verfahrensrecht**.

A. Termine

324 Ein Termin ist ein **bestimmter Zeitpunkt**, an dem etwas tatsächlich geschehen oder eine Rechtsfolge eintreten soll.[408]

B. Fristen

325 Eine Frist ist ein **Zeitraum**, der durch bestimmte oder **zumindest bestimmbare Anfangs- und Endtermine begrenzt** wird.[409]

Beispiele: Ersitzungsfristen (Ablauf führt zur Rechtsbegründung, § 937); **Ausschlussfristen** (Ablauf führt zum Rechtsausschluss, § 124 Abs. 1); **Verjährungsfristen** (Ablauf begründet Einrede gegen einen Anspruch, §§ 214 Abs. 1, 194 Abs. 1, näher Rn. 327 ff.); **Nachfristen** (Zeitrahmen für Leistungserbringung, nach Ablauf Rechtsbegründung, § 281 u. § 323)

I. Kündigungsfristen

326 **Keine Frist** i.S.d. §§ 187 ff. ist demgegenüber das, was oft als **„Kündigungsfrist des Kündigenden"** bezeichnet wird. Sie hat zwar einen Endpunkt (den Termin der spätestmöglichen Kündigung), aber keinen Anfangspunkt. Der Termin der spätestmöglichen Kündigung ist vielmehr der Anfangspunkt der die andere Seite schützenden Kündigungsfrist, die zum Termin der Beendigung des Dauerschuldverhältnisses endet. Daher ist insbesondere **§ 193 nicht auf den Kündigungstermin des Kündigenden anzuwenden**, auch nicht analog.[410]

Beispiel: Im Mietvertrag zwischen V und M heißt es „Die Kündigung ist zu jedem Monatsende zulässig. Sie muss drei Monate vorher erklärt werden". M kündigt dem V am Montag, den 02.10. –
Der Vertrag endet (erst) zum 31.01. Zwar bestimmt § 193, dass im Falle eines Fristendes an einem Sonnabend die Frist erst am nächsten Werktag endet. Der 30.09. war zwar ein Samstag. Gleichwohl hätte die Kündigung für eine Beendigung bereits zum 31.12. dem V spätestens am 30.09. zugehen[411] müssen.
I. § 193 greift nicht **direkt**. Der 30.09. ist nicht der letzte Tag einer Frist, es gibt keinen vorherigen Anfangstermin. Er markiert vielmehr – was an dieser Stelle aber irrelevant ist – den ersten Tag der dem V zur Verfügung stehenden Frist, um sich auf das Vertragsende einzustellen und insbesondere einen neuen Mieter zu suchen.

---

408 Palandt/Ellenberger § 186 Rn. 4.

409 Palandt/Ellenberger § 186 Rn. 3.

410 BGH, Urt. v. 17.02.2015 – III ZR 172/04, NJW 2005, 1354; MünchKomm/Grothe § 193 Rn. 7; Staudinger/Repgen § 193 Rn. 15 ff.

411 Vgl. zum Zugang einer Willenserklärung AS-Skript BGB AT 1 (2017), Rn. 91 ff.

II. § 193 ist mangels vergleichbarer Interessenlage auch nicht **analog** anwendbar. Die Norm ist auf Fristen ausgelegt, die den Erklärenden schützen (z.B. Verjährungsfristen) und die daher verlängert werden sollen. Eine sog. Kündigungsfrist schützt aber im Gegenteil den Erklärungsgegner vor einem zu raschen Vertragsende. Würde man § 193 hier anwenden, dann würde die Norm zudem diesen Zeitraum nicht verlängern, sondern zum Nachteil des V verkürzen, indem sie das Vertragsende vom 31.01. auf den 31.12. vorverlegt.

Anders ist es bei einer **Verlängerungsklausel** in einem nach §§ 158 Abs. 2, 163 **befristeten Vertrag** („Der Vertrag verlängert sich jeweils um ein Jahr, wenn nicht der Mieter spätestens drei Monate vor dem jeweiligen Vertragsende kündigt."). Hier bietet der Verwender der anderen Seite befristet (§ 148) an, einen neuen, inhaltsgleichen Vertrag (konkludent bzw. durch Schweigen) abzuschließen. „Kündigt" die andere Seite, so ist dies **keine Kündigung im Rechtssinne**, sondern die ausdrückliche Ablehnung dieses Angebots (§ 146). Die h.M.[412] hält eine Frist nach § 148 – anders als eine Kündigungsfrist – nicht für unantastbar. Daher ist § 193 entsprechend anzuwenden. Hätte V im obigen Beispiel eine Verlängerungsklausel benutzt, so könnte M auch am 02.10. noch wirksam zum 31.12. kündigen.

II. Fristberechnung

Es gilt das Prinzip der **Zivilkomputation**, d.h. es wird nicht auf die Sekunde genau ge- 327
rechnet, sondern in der Regel in Tagen, vgl. §§ 187, 188. Fristen enden daher grundsätzlich mit **Tagesablauf**, wenn die Parteien nichts anders bestimmen. Ein Tag läuft um 23 Uhr, 59 Minuten und 59,999 Sekunden ab. Im nächsten Augenblick wird es dann 0:00:00 Uhr des Folgetages.[413] „24 Uhr" gibt es also nicht – sicherlich auch nicht auf der Anzeige Ihrer Digitaluhr.

Das **Fristende** berechnet sich wie folgt:

- **Tagesfristen** enden gemäß § 188 Abs. 1 mit Ablauf des letzten Tages.

  Eine **Stundenfrist** muss ausgelegt werden: Wird am Dienstag um 14 Uhr eine Frist von „24 Stunden" gesetzt, so kann die Frist am Mittwoch um 14 Uhr oder mit Ablauf des Mittwochs enden.

- **Wochen-, Monats- und Jahresfristen** enden gemäß § 188 Abs. 2 u. 3

  - als **Ereignisfristen** i.S.d. § 187 Abs. 1 gemäß § 188 Abs. 2 Hs. 1 mit Ablauf des Tages, der nach seiner Benennung dem Tag des Ereignisses **entspricht** und

    Beispiel: V und K haben vereinbart, dass K binnen zwei Wochen nach Lieferung zahlen muss. Wenn V am Dienstag, den 30.11., nachmittags liefert, dann endet die Frist mit Ablauf des Dienstags, den 14.12. (und sie beginnt am Mittwoch, den 01.12. um 0 Uhr).

  - wenn der **Beginn eines Tages** maßgeblich ist (§ 187 Abs. 2), dann gemäß § 188 Abs. 2 Hs. 2 mit dem Tag, der nach seiner Benennung dem Tag **vorhergeht**, an dem die Frist beginnt.

    Beispiel: V und K haben vereinbart, dass K ab Dienstag, den 30.11., binnen zwei Wochen zahlen muss. Die Frist endet mit Ablauf des Montags, den 13.12. (und sie beginnt am Dienstag, den 30.11., um 0 Uhr).

- Zudem ist bei **Monatsfristen** (gleich ob i.S.d. § 187 Abs. 1 oder 2) zu beachten, dass ihr Ende auf den letzten Tag des Monats vorverlegt wird, wenn der eigentlich maßgebliche Tag in dem fraglichen Monat fehlt.

---

412 MünchKomm/Grothe § 193 Rn. 7 m.w.N.

413 BGH, Beschl. v. 08.05.2007 – VI ZB 74/06, NJW 2007, 2045.

Beispiele:[413] Fällt das Ereignis i.S.d. § 187 Abs. 1 einer Monatsfrist auf den 31.01., dann endet die Frist bereits am 28.02. bzw. in einem Schaltjahr am 29.02. Fällt das Ereignis hingegen auf den 28.02., dann endet die Frist am 28.03. (und nicht erst am 31.03.).

- Ferner gilt gemäß § 193 für alle Fristen, deren Ende rechnerisch auf einen **Samstag** (=Sonnabend), **Sonntag** oder einen (am Erklärungsort staatlich anerkannten allgemeinen) **Feiertag** fällt, dass an die Stelle des rechnerischen Fristende **der nächste Werktag** tritt (s. auch Rn. 326).

Beispiel: Endet die Frist rechnerisch am Samstag, den 23.12., so verschiebt sich das Fristende auf Mittwoch den 27.12.

III. Samstag als Werktag

§ 193 trägt durch die Benennung des Samstags dem Umstand Rechnung, dass in der Bundesrepublik (zumindest nach dem Idealbild) eine Fünf-Tage-Woche gilt (vgl. auch § 222 Abs. 2 ZPO). Gleichwohl ist der **Samstag kein Feiertag, sondern ein Werktag**, wie der Umkehrschluss etwa aus § 9 Abs. 1 ArbZG[414] oder den Landesfeiertagsgesetzen (z.B. § 1 Abs. 1 Feiertagsgesetz NRW) ergibt.

- Dementsprechend sind Samstage grundsätzlich als Werktage mitzuzählen, nach h.M. etwa beim Beginn der den Kündigungsempfänger schützenden **Kündigungsfrist** (Begriff: Rn. 326) mit Ablauf des dritten Werktags des Monats, **§ 573 c Abs. 1 S. 1**. Wie bei jeder empfangsbedürftigen Willenserklärung ist der **Zugang** der Kündigung maßgeblich ist.[415]

Beispiel: Will M seine Wohnung zum 30.04. kündigen, so muss seine Kündigung dem V spätestens mit Ablauf des Samstags, den 03.02., zugehen.

- Nach h.M. ist jedoch der **Samstag kein Werktag**, wenn es auf den Tag einer **Banküberweisung** ankommt, denn Banken führen Buchungen nur von Montag bis Freitag durch. Dies gilt jedenfalls bei **Fälligkeitsregelungen**, die eine **schwächere Partei schützen**, wie **§ 556 b Abs. 1**, der dem Mieter nach Eingang seines Gehalts zum Monatswechsel eine Karenzzeit von drei Werktagen zur Entrichtung der Miete einräumt.[416] Um diesem Schutz volle Geltung zu verleihen, genügt es laut BGH entgegen des (bislang) h.L. für eine „Entrichtung", wenn der Mieter bei gedecktem Konto seiner Bank innerhalb der Karenzzeit den **Zahlungsauftrag erteilt**, selbst wenn die Zahlung dem Vermieter erst später gutgeschrieben wird.[417]

Beispiel: M muss seine Miete für Februar erst am Montag, den 05.02. überweisen. Selbst wenn die Zahlung bei V erst am 06.02. gebucht wird, kommt M weder in Schuldnerverzug (vgl. § 286 Abs. 2 Nr. 1) noch liegt ein im Rahmen des § 573 Abs. 2 Nr. 1 zu würdigender Zahlungsverzug des M vor.

---

413 Nach Palandt/Ellenberger § 188 Rn. 2.

414 Schönfelder Ergänzungsband Ordnungsziffer 78.

415 BGH, Urt. v. 27.04.2005 – VIII ZR 206/04, NJW 2005, 2154.

416 BGH, Urt. v. 13.07.2010 – VIII ZR 129/09, RÜ 2010, 548.

417 BGH, Urt. v. 05.10.2016 – VIII ZR 222/15, RÜ 2017, 216; a.A. m.w.N. Palandt/Weidenkaff § 556 b Rn. 4.

2. Abschnitt: Verjährung

Ansprüche i.S.d. § 194 Abs. 1, also das Recht, von einem anderen ein Tun oder Unterlassen zu verlangen, unterliegen der Verjährung. **328**

Andere Rechte und Rechtsstellungen, die es nicht erlauben, ein Tun oder Unterlassen zu verlangen, unterliegen nicht der Verjährung. Dies sind z.B. **Gestaltungsrechte, absolute Rechte, das Recht zum Besitz i.S.d. § 986, Einwendungen und Einreden**. Auch **Schuldverhältnisse im weiteren Sinne**[418] (Verträge, Rückgewährschuldverhältnis nach §§ 346 ff., EBV nach §§ 987 ff.) verjähren nicht, sondern nur die sich aus ihnen ergebenden einzelnen Ansprüche.

Dauerverpflichtungen sind zwar auch Ansprüche, sie verjähren aber nicht, weil sie immer wieder neu entstehen.

Beispiel:[419] A ist vertraglich verpflichtet, dem B die Durchfahrt durch sein Grundstück zu gestatten.

A. Rechtsfolgen, §§ 214 ff.

Der Schuldner hat gemäß **§ 214 Abs. 1** eine **dauerhafte (peremptorische) Einrede**.[420] Es soll Rechtsfriede eintreten, unabhängig vom Bestehen des Anspruchs. **329**

Da der Anspruch allerdings **weiterhin besteht**, kann er dem Gläubiger noch mittelbar von Nutzen sein:

- Er liefert dem Gläubiger einen Rechtsgrund, wenn der Schuldner **trotz Verjährung leistet**, sodass der Schuldner nicht nach § 812 Abs. 1 kondizieren kann. Nach § 813 Abs. 1 S. 1 kann der Schuldner zwar grundsätzlich das einmal Geleistete auch zurückverlangen, wenn ihm eine dauerhafte Einrede zur Seite stand. Gemäß **§ 813 Abs. 1 S. 2, 214 Abs. 2** gilt dies für die Verjährung allerdings gerade nicht.[421]

  § 214 Abs. 2 enthält eine ähnliche Regelung wie § 762 Abs. 1 S. 2 und § 656 S. 2 für die **unvollkommenen Verbindlichkeiten**.[422]

- Der Gläubiger kann gemäß **§ 215** mit dem Anspruch weiterhin aufrechnen (§ 389) oder ein sich aus ihm (z.B. gemäß §§ 273, 320, 1000) ergebendes Zurückbehaltungsrecht ausüben. Grundsätzlich wäre das nicht möglich, denn beide Institute erfordern, dass der Anspruch einredefrei ist. Erforderlich ist nur, dass im **Zeitpunkt der Entstehung der Aufrechnungslage** (§ 387) oder **des Zurückbehaltungsrechts** die **Verjährung noch nicht eingetreten** war. Nicht erforderlich ist hingegen, dass der Gläubiger vor Eintritt der Verjährung auch die Aufrechnung erklärt bzw. das Zurückbehaltungsrecht geltend macht – dies kann er auch nach Verjährungseintritt tun.[423]

  Auch § 406 **konserviert** eine einmal eingetretene **Aufrechnungslage**.[424]

---

418 Vgl. zum Begriff Schuldverhältnis AS-Skript Schuldrecht AT 1 (2017), Rn. 3 f.

419 Nach BGH, Urt. v. 22.04.2016 – V ZR 189/15, NZM 2016, 640.

420 Vgl. zum Begriff der Einrede AS-Skript BGB AT 1 (2017), Rn. 10.

421 Vgl. hierzu auch AS-Skript BGB AT 1 (2017), Rn. 11.

422 Vgl. zum Begriff AS-Skript BGB AT 1 (2017), Rn. 136.

423 BGH, Urt. v. 05.11.2015 – VII ZR 144/14, RÜ 2016, 8, zur Mängeleinrede nach §§ 320, 634 Nr. 1, 635.

424 Vgl. hierzu AS-Skript Schuldrecht AT 2 (2016), Rn. 366.

- Ist der Anspruch (insbesondere aus § 488 Abs. 1 S. 2) **durch eine gegenständliche Sicherheit** gesichert,[425] so kann gemäß **§ 216 Abs. 1 u. Abs. 2 S. 1** der Gläubiger bei Eintritt des Sicherungsfalls (d.h. keine Erfüllung des Anspruchs trotz Fälligkeit) auch dann die Sicherheit verwerten, wenn der Anspruch bereits verjährt ist. Selbst wenn es sich um eine akzessorische (d.h. vom Anspruch unmittelbar abhängige) Sicherheit handelt, hat die Verjährung des Anspruchs auf sie keine Auswirkung. Eine abstrakte Sicherheit muss der Gläubiger nicht an den Sicherungsgeber zurückübertragen (wozu er aufgrund des Sicherungsvertrags eigentlich verpflichtet ist, sobald er aus dem Anspruch nicht mehr vorgehen kann).

  Beispielsweise von § 216 Abs. 1 u. Abs. 2 S. 1 erfasst sind die Hypothek, die Grundschuld, das Faustpfandrecht, ein zur Sicherheit abgetretener weiterer Anspruch und eine zur Sicherheit übereignete Sache. **Nicht** erfasst sind hingegen die Vormerkung (welche ohne einen durchsetzbaren Anspruch keinerlei Sinn hat) und persönliche Sicherheiten, z.B. die Bürgschaft.[426]

  Ausnahmsweise steht die Verjährung des Anspruchs aber der Verwertung der Sicherheit entgegen, wenn der Anspruch auf **Zinsen oder wiederkehrende Leistungen** gerichtet ist.

  Beispiel:[427] Ist vereinbart, dass ausnahmsweise der Mieter von Wohnraum die Betriebskosten trägt (vgl. § 556 Abs. 1 S. 1), so sind sowohl die monatlichen Abschlagszahlungen als auch die Nachforderung des Vermieters nach Erstellung der Jahresabrechnung wiederkehrende Leistungen. Sobald diese Ansprüche nach Maßgabe der §§ 195, 199 Abs. 1 verjährt sind, darf der Vermieter die Mietsicherheit (vgl. § 551) nicht mehr verwerten und muss sie ggf. herausgeben (z.B. eine Kaution).

Ansprüche auf **Nebenleistungen** (insbesondere Zinsen) verjähren hingegen gemäß **§ 217** gemeinsam mit dem Hauptanspruch.

Hinsichtlich **Rücktritt und Minderung** ist schließlich **§ 218** zu beachten:

- Gestaltungsrechte verjähren nicht (s. Rn. 328), sie können aber nach einer Zeit **unwirksam** sein. Für den **Rücktritt** und die **Minderung** ist dies in **§ 218 Abs. 1 S. 1 u. 2** i.V.m. § 438 Abs. 4 u. 5 bzw. § 634 a Abs. 4 u. 5 geregelt. Soweit sich **aus der Ausübung** des Gestaltungsrechts mittels Gestaltungserklärung **Ansprüche ergeben** (für Rücktritt und Minderung: § 346 Abs. 1 u. 2), unterliegen aber diese der Verjährung.

  Hinweis: *Folge ist bei den Ansprüchen aus Gestaltungsrechten eine doppelte Fristprüfung. Zunächst darf z.B. das Recht auf Rücktritt (z.B. aus § 323) nicht nach § 218 Abs. 1 S. 1 u. 2 ausgeschlossen sein und sodann darf der Anspruch aus dem (nicht ausgeschlossenen) Rücktritt (§ 346 Abs. 1 u. 2) nicht verjährt sein. Beachten Sie zudem, dass Sie in § 218 Abs. 1 S. 1 u. 2 inzident eine Verjährung prüfen müssen, und zwar vor Gefahrübergang des Anspruchs auf die Primärleistung (§ 433 Abs. 1 S. 1; § 631 Abs. 1) und danach des Anspruchs auf Nacherfüllung (§ 439; § 635).*

  Beispiele für den Ausschluss anderer Gestaltungsrechte: Die **Anfechtung** kann nach §§ 121, 124 ausgeschlossen sein, anderenfalls führt sie zu Ansprüchen aus § 812 Abs. 1 S. 1 Var. 1 bzw. § 812

---

425 Vgl. zu den Grundlagen des Kreditsicherungsrechts und den folgenden Begriffen AS-Skript Schuldrecht BT 2 (2016), Rn. 335 ff.

426 Palandt/Ellenberger § 216 Rn. 2, 4 u. 6.

427 BGH, Urt. v. 20.07.2016 – VIII ZR 263/14, RÜ 2017, 7.

Abs. 1 S. 2 Var. 1 (str.).[428] Der **Verbraucher-Widerruf** kann nach dem Grundsatz des § 355 Abs. 2 ausgeschlossen sein, anderenfalls führt er zu Ansprüchen nach dem Grundsatz des § 355 Abs. 3.

- **Leistet** allerdings der Schuldner auf den (vermeintlichen) Anspruch aus dem Rücktritt bzw. aus der Minderung **trotz des Ausschlusses** des Rücktritts bzw. der Minderung, so darf der Gläubiger die Leistung behalten, denn **§ 218 Abs. 2** verweist auf § 214 Abs. 2.
- Von einem Kaufvertrag, der dinglich auf einen **Eigentumsvorbehalt** (aufschiebend bedingte Übereignung, §§ 929 ff., 158 Abs. 1) gerichtet ist, kann der Verkäufer zurücktreten, wenn der Käufer nicht zahlt (klarstellend § 449 Abs. 2). Da auch in diesem Fall eine Kreditsicherung i.w.S. vorliegt, verweist **§ 218 Abs. 1 S. 3** auf **§ 216 Abs. 2 S. 2**. Der Rücktritt ist **nicht ausgeschlossen**, der Verkäufer kann ihn also erklären, die Kaufsache nach § 346 Abs. 1 herausverlangen und sie dann verwerten.

B. Berechnung, insbesondere Regelverjährung nach §§ 195, 199

Drei Punkte müssen Sie bei der Berechnung der Verjährung ansprechen: **330**

- **Beginn** der Verjährungsfrist, unter Berücksichtigung eines möglichen **Neubeginns** nach § 212,
- **Dauer** der Verjährungsfrist unter Beachtung von **Höchstfristen** und
- das letztlich ergebnisrelevante **Ende** der Verjährungsfrist, berechnet mithilfe der Auslegungsregeln der §§ 186 ff. und unter Berücksichtigung einer möglichen **Hemmung** oder **Ablaufhemmung** nach §§ 203 ff.

Die maßgeblichen Regelungen zu **Beginn und Dauer** entnehmen Sie **331**

- primär den **speziellen Normen** im jeweiligen **Sachzusammenhang**,

  Beispiele: § 438 Abs. 1 u. 2; § 548; § 634 a Abs. 1 u. 2
- hilfsweise den **speziellen Normen** in den §§ 195 ff.
  - die **Dauer** ergibt sich hierbei aus **§ 196** (Ansprüche auf Verfügungen über Grundstücke),[429] aus **§ 197** (bestimmte Schadensersatz- und Herausgabeansprüche sowie rechtskräftig festgestellte Ansprüche) bzw. aus **§ 198** (Anrechnung der Besitzzeit bei dinglichem Anspruch) und
  - der **Beginn** ergibt sich hierbei aus **§ 200** (Entstehung des Anspruchs) bzw. aus **§ 201** (Rechtskraft der Entscheidung o.ä.) sowie
- wiederum hilfsweise aus **§§ 195, 199** (**Regelverjährung**).

Hinweis: *Im Examen hilft Ihnen in der Regel bei §§ 196,197,198, 200, 201 ein Blick in den Wortlaut. Weitergehendes Wissen benötigen Sie zu den Normen aus dem Sachzusammenhang (dazu näher im jeweiligen AS-Skript) und zur Regelverjährung (dazu im Folgenden).*

---

428 Vgl. Rn. 259 u. AS-Skript BGB AT 1 (2017), Rn. 11.

429 Fallbeispiel (zu einem solchen Anspruch aus § 313) bei BGH, Beschl. v. 03.12.2014 – XII ZB 181/13, RÜ 2015, 289.

I. Beginn und Dauer nach §§ 195, 199 Abs. 1 u. 5

Die Verjährungsfrist dauert regelmäßig **drei Jahre**, § 195. Sie beginnt gemäß § 199 Abs. 1 mit dem **Schluss des Jahres**, in dem zwei kumulative Voraussetzungen eintreten:

332 ■ Der **Anspruch** muss **entstanden** sein, § 199 Abs. 1 Nr. 1. Eine Entstehung i.d.S. liegt vor, sobald **eingeklagt** werden kann. Grundsätzlich müssen sämtliche Entstehungsvoraussetzungen einschließlich eines nach § 158 Abs. 1 erforderlichen Bedingungseintritts vorliegen und der Anspruch muss **fällig** i.S.d. § 271 Abs. 1 Var. 1 sein.[430]

- Bei **Ansprüchen aus gegenseitigen Verträgen** beginnt die Verjährungsfrist allerdings ungeachtet der Einrede des § 320.

  Beispiel: V und K schließen im November 2017 einen Kaufvertrag. –
  Auch wenn V aufgrund von Lieferschwierigkeiten **nicht mehr im Jahr 2017 liefert**, beginnt die Verjährung der Ansprüche aus § 433 Abs. 1 S. 1 u. Abs. 2 mit Ablauf des 31.12.2017.
  Wenn V und K allerdings zuvor vereinbart haben, dass Lieferung und Zahlung **erst im Januar 2018 fällig** sein sollen, dann beginnt die Verjährungsfrist für die genannten Ansprüche mit Ablauf des 31.12.2018.
  Für die in §§ 433 Abs. 1 S. 2, 437 Nr. 1 u. 3 aufgezählten **Gewährleistungsansprüche** beginnt die Verjährungsfrist gemäß § 438 Abs. 2 hingegen erst bei Übergabe bzw. Ablieferung.
  Die in § 437 Nr. 2 aufgeführten **Gestaltungsrechte** verjähren nicht, vgl. Rn. 328.

- Bei **Schadensersatzansprüchen** entsteht oft erst nach einiger Zeit der gesamte Schaden. Der Gläubiger hat aber schon vorher die Möglichkeit, mithilfe einer Stufenklage (§ 254 ZPO) und/oder Feststellungsklage (§ 256 ZPO) auch den noch nicht feststehenden Schadensteil feststellen zu lassen. Daher gilt der Grundsatz der **Schadenseinheit**, nach dem ein Anspruch einheitlich hinsichtlich aller Schadensposten entsteht, sobald ein einziger Schadensposten durch Leistungsklage einklagbar ist.

333 ■ Der Gläubiger muss seinen **Schuldner** und die **anspruchsbegründenden tatsächlichen Umstände** kennen oder zumindest aufgrund grober Fahrlässigkeit nicht kennen, § 199 Abs. 1 Nr. 2.

Ein **anhängiger Rechtsstreit** zwischen dem Gläubiger und dem Schuldner, den sie nicht über den Anspruch (dann läge nach §§ 204 Abs. 1 Nr. 1, 209 Hemmung vor), aber über eine mit ihm **zusammenhängende Frage** führen, schließt es nicht aus, dass der Gläubiger die maßgeblichen Umstände im Einzelfall kennt.[431]

- Bei **Schadensersatzansprüchen** ist nur die Kenntnis bzw. grob fahrlässige Unkenntnis solcher Schadensposten möglich und daher maßgeblich, die durch einen **Fachmann vorhersehbar** waren.[432] Hinsichtlich unvorhersehbarer Schäden beginnt die Verjährung hingegen erst später, insofern wird also der Grundsatz der Schadenseinheit eingeschränkt.

  Beispiel: G hat gegen S aus einem Verkehrsunfall am 30.11.2017 dem Grunde nach einen Schadensersatzanspruch. Die Höhe der Sachschäden (Reparatur, Wertverlust) erfährt G am 15.12.2017. Am 20.12.2017 stehen die Behandlungskosten für seinen Beinbruch fest und es ist klar, dass im Frühjahr 2018 noch genau zu beziffernde Kosten für Reha-Maßnahmen anfallen

---

430 Vgl. zum Folgenden Palandt/Ellenberger § 199 Rn. 3 u. 14 m.w.N.

431 BGH, Urt. v. 07.11.2014 – V ZR 309/12, RÜ 2015, 277.

432 Palandt/Ellenberger § 199 Rn. 34.

werden. Im Sommer 2029 stellt sich heraus, dass die Hüfte des G – zwar eindeutig aufgrund des Unfalls, aber für keinen Fachmann vorhersehbar – operiert werden muss. –
Der Anspruch entsteht mit Einklagbarkeit des ersten bekannten Schadenspostens am 15.12.2017 hinsichtlich aller Schadensposten. Im Jahr 2017 hat G auch Kenntnis von den Sachschäden sowie den Behandlungs- und Reha-Kosten für das Bein, auch wenn letztere noch nicht in konkreter Höhe feststehen. Hinsichtlich dieser Schäden beginnt die Verjährung also mit Ablauf des 31.12.2017 und sie endet mit Ablauf des 31.12.2020 (vgl. § 195). Hinsichtlich der Schäden an der Hüfte erlangt G hingegen erst im Sommer 2029 Kenntnis, sodass der Anspruch insofern mit Ablauf des 31.12.2032 verjährt.

- Unerheblich ist hingegen, ob der Gläubiger durch Subsumtion auch den **rechtlichen Schluss** auf das Bestehen des Anspruchs zieht bzw. grob fahrlässig nicht gezogen hat. § 199 Abs. 1 Nr. 2 ist aber ausnahmsweise nicht erfüllt, wenn die Rechtslage selbst für einen Rechtskundigen unübersichtlich, zweifelhaft und nicht einschätzbar ist.[433]

  Das ist insbesondere der Fall, wenn **mehrere gleichrangige niederinstanzliche Gerichte in vergleichbaren Fällen unterschiedliche Entscheidungen** getroffen haben und eine Entscheidung des letztinstanzlichen Gerichts aussteht.

  Hinweis: *An dieser Stelle kann Ihr Wissen um aktuelle Entwicklungen in der Rspr. abgeprüft werden. Handgreifliches Beispiel bei Drucklegung dieses Skripts im Frühjahr 2017 ist die Frage, ob die Manipulation einer Autosoftware zur Überlistung einer Abgasmessung für den Käufer Gewährleistungsansprüche begründet.*

- Bei **Unterlassungsansprüchen** (z.B. § 1004 Abs. 1 S. 2) ist gemäß § 199 Abs. 5 auf die Umstände der Zuwiderhandlung abzustellen.

II. Höchstfristen, § 199 Abs. 2–4

Die Verjährung tritt nach einer Höchstdauer **selbst dann** ein, wenn die Voraussetzun- **334**
gen des **§ 199 Abs. 1 nicht erfüllt** sind.

- Gemäß § 199 Abs. 2 verjähren vertragliche und gesetzliche **Schadensersatzansprüche**, die auf der Verletzung des **Lebens**, des **Körpers**, der **Gesundheit** oder der **Freiheit** beruhen, unabhängig von ihrer Entstehung und der (grob fahrlässigen Un-)Kenntnis 30 Jahre nach dem schadensauslösenden Ereignis.

  Beispiel: Die Ansprüche des G gegen S aus einem Verkehrsunfall vom 30.11.2017 verjähren spätestens am 30.11.2047 (§§ 188 Abs. 2 Hs. 1, 187 Abs. 1), selbst wenn bestimmte Schadensposten erst danach erkennbar werden.

- Gemäß § 199 Abs. 3 S. 1 verjähren **andere Schadensersatzansprüche** (insbesondere wegen Eigentums- und Vermögensverletzungen) auch ohne Kenntnis zehn Jahre nach ihrer Entstehung sowie ohne Kenntnis und ohne Entstehung 30 Jahre nach dem schadenauslösenden Ereignis. Gemäß § 199 Abs. 3 S. 2 ist die im konkreten Fall früher endende Frist maßgeblich.

- Bestimmte **erbrechtliche Ansprüche** verjähren gemäß § 199 Abs. 3a unabhängig von der Kenntnis 30 Jahre nach ihrer Entstehung.

- Alle **übrigen Ansprüche** verjähren gemäß § 199 Abs. 4 unabhängig von der Kenntnis zehn Jahre nach ihrer Entstehung.

---

433 BGH, Urt. v. 19.03.2008 – III ZR 220/07, RÜ 2008, 341.

C. Vereinbarungen über die Verjährung, § 202

Ansprüche (auch aus gesetzlichen Anspruchsgrundlagen) betreffen regelmäßig nur den Gläubiger und den Schuldner. Daher können sie **grundsätzlich** die Verjährung **frei regeln**. Nach h.M. ist das trotz § 311 b Abs. 1 selbst bei Grundstücksgeschäften **formfrei** möglich.[434]

335 **Verjährungserleichternde** Vereinbarungen (Verkürzung der Verjährungsfrist, Vorverlegung eines gesetzlichen Verjährungsbeginns) sind weitestgehend zulässig. Gemäß § 202 Abs. 1 kann lediglich bei vertraglichen oder gesetzlichen Schadensersatzansprüchen die Verjährung nicht im Voraus (aber sehr wohl nach Schadensentstehung) erleichtert werden.

Daneben bestehen **Sonderregeln** hinsichtlich einzelner Ansprüche, z.B. § 475 Abs. 2 für den Verbrauchsgüterkauf oder § 651 m S. 2 für den Reisevertrag.

336 **Verjährungserschwerende** Vereinbarungen (Verlängerung der Verjährungsfrist, Hinausschieben des Verjährungsbeginns) sind uneingeschränkt zulässig, nur kann im Gesamtergebnis die Verjährung nicht später als 30 Jahre nach dem gesetzlichen Verjährungsbeginn enden oder gar ganz ausgeschlossen werden.

Eine Verjährungserschwerung kann auch durch **Verzicht** auf die Einrede der Verjährung entstehen. Üblicherweise wird dieser aber nicht für alle Zukunft, sondern nur **zeitlich befristet** erklärt, um über den Anspruch weiter außergerichtlich zu verhandeln, anstatt nur zwecks Hemmung (vgl. §§ 204 Abs. 1 Nr. 1, 209) eine kostenpflichtige Klage zu erheben. Ein solcher Verzicht wirkt sich im Zweifel aber nicht auf die Dauer einer Hemmung oder eines Neubeginns der Verjährung aus.

Beispiel:[435] Ein Anspruch des G gegen S droht zum 31.12. zu verjähren. S ist guter Dinge, dass er sich mit G einig wird, daher verzichtet er am 20.12. auf die Einrede der Verjährung bis zum 31.03. des Folgejahres. Die Verhandlungen scheitern, daher reicht G gegen S am 20.03. Klage ein. Während des Verfahrens beginnen wieder Verhandlungen, das Gericht ordnet daher auf Antrag von G und S am 20.05. das Ruhen des Verfahrens an (§ 251 ZPO). Am 24.11. nimmt G das Verfahren wieder auf (§ 250 ZPO) und besteht auf einer Verurteilung des S. S beruft sich auf Verjährung. –
Das Gericht wird die Klage als unbegründet abweisen, weil der Anspruch **verjährt** ist, § 214 Abs. 1.
I. Zwar hat der **Verzicht** des S die Verjährung zunächst bis zum 31.03. aufgehalten. Ab dem 20.03. hat sodann die **Klageerhebung** die Verjährung gemäß §§ 204 Abs. 1 Nr. 1, 209 **gehemmt** (ohne dass es darauf ankommt, ob die Klage dem S erst nach dem 31.03 zugestellt wurde, vgl. § 167 ZPO). Diese Hemmung **endete gemäß § 204 Abs. 2 S. 2 ZPO** sechs Monate nach der Ruhensanordnung als letzte Verfahrenshandlung, also am 20.11. (§§ 188 Abs. 2 Hs. 1, 187 Abs. 1). Ab diesem Zeitpunkt **läuft** gemäß § 209 die vor der Hemmung noch vorhandene Verjährungsfrist (hier: 10 Tage) **zwar grundsätzlich weiter**, hier also bis zum 30.11.
II. Dem im Zweifel eng auszulegenden Verzicht des S ist aber **nicht** zu entnehmen, dass S **auch auf den Schutz des § 204 Abs. 2**, der sich erst in einem laufenden Gerichtsverfahren entfaltet, **verzichtet** hat. Vielmehr wollte S dem G nur die Möglichkeit geben, länger von der Wirkung des § 204 Abs. 1 Nr. 1, der zu Beginn des Gerichtsverfahrens greift, zu profitieren. Es ist also keinerlei Zeit mehr „über", die nach Ende der Hemmung zugunsten des G weiterlaufen könnte.

Verjährungserleichterungen oder -erschwerungen in **AGB** sind an § 307 Abs. 1 u. 2 zu messen, unter Berücksichtigung aller Umstände des Einzelfalls.

---

434 Vgl. Palandt/Ellenberger § 202 Rn. 5 m.w.N. zu beiden Ansichten.

435 Nach BGH, Beschl. v. 07.05.2014 – XII ZB 141/13, RÜ 2014, 613.

Beispiel:[436] B verbürgt sich gegenüber G für dessen Forderung gegen S. Die AGB der G bestimmen, dass abweichend von § 195 und von § 199 Abs. 4 die Dauer sowohl der Verjährungsfrist als auch der Höchstfrist fünf Jahre beträgt sowie dass abweichend von § 199 Abs. 1 Nr. 2 die Verjährungsfrist ohne Kenntnis der G beginnt. –
Die Klausel verstößt nicht gegen § 307 Abs. 1 u. 2. Die maßvolle Verlängerung der Verjährungsfrist liegt im berechtigten Interesse des G. Zumal kann sie sich sogar zum Vorteil des B auswirken, da sie G mehr Zeit gibt, gegen S vorzugehen und so den B zu schonen. Zudem wird diese Verlängerung durch die Verkürzung der Höchstfrist sowie durch den erleichterten Beginn der Verjährungsfrist – zumal ansonsten B beweisen müsste, dass G die subjektiven Voraussetzungen des § 199 Abs. 1 Nr. 2 erfüllt – kompensiert.

D. Hemmung, Ablaufhemmung und Neubeginn

Drei Institute zögern den Eintritt der Verjährung hinaus. Sie gelten gemäß **§ 213** auch für **sämtliche Ansprüche** aus demselben **Entstehungsgrund**, die **wahlweise** oder **anstelle** des betroffenen Anspruchs bestehen, die also im Verhältnis elektiver oder alternativer Konkurrenz stehen. 337

Beispiele:[437] Erfüllung oder stattdessen Schadensersatz nach § 179 oder nach § 281 Abs. 4; Schadensersatz nach §§ 280 Abs. 1 u. 3, 283 oder stattdessen Herausgabe des Surrogats nach § 285; Nachlieferung oder Nachbesserung nach § 439

Der Begriff des Entstehungsgrunds ist weit zu verstehen. Auch die Verjährung von Ansprüchen, die **aufgrund** der Ausübung eines **von zwei aus dem gleichen Grund zur Wahl stehenden Gestaltungsrechten** entstehen, wird verzögert, wenn eines der beiden Gestaltungsrechte ausgeübt wird, selbst wenn die Anspruchsumfänge sich unterscheiden.

Beispiel:[438] V mindert zunächst und klagt aus §§ 437 Nr. 2 Var. 2, 441 Abs. 4, 346 Abs. 1 auf Teilrückzahlung. Später tritt V wegen desselben Mangels zurück und verlangt aus §§ 437 Nr. 2 Var. 1, 346 Abs. 1 vollständige Rückzahlung. –
Die Klage hemmt gemäß §§ 204 Abs. 1 Nr. 1, 213 auch die Verjährung des Anspruchs aus dem Rücktritt. Das gilt aber nur, wenn – wie hier – derselbe Mangel die Grundlage für Minderung und Rücktritt ist.

I. Hemmung, §§ 203–209

Der Zeitraum der Hemmung wird in die Verjährungsfrist **nicht eingerechnet**, § 209. Bildlich gesprochen wird auf „Pause“ und später wieder auf „Play“ gedrückt. Die allgemeinen Tatbestände stehen in den §§ 203–208. Es folgen die examensrelevantesten.

1. Verhandlungen, § 203

Während **schwebender Verhandlungen** über den Anspruch in rechtlicher oder tatsächlicher Hinsicht, tritt gemäß **§ 203 S. 1** Hemmung ein. Sobald der Gläubiger seinen (vermeintlichen) Anspruch im Kern benennt, genügt **jeder Meinungsaustausch** über den Anspruch. Dies kann mündlich, aber auch in Textform oder schriftlich geschehen, sodass je nach Umfang und Komplexität die Verhandlungen durchaus mehrere Monate dauern können. 338

---

436 Nach BGH, Urt. v. 21.04.2015 – XI ZR 200/14, RÜ 2015, 552.

437 Vgl. Palandt/Ellenberger § 213 Rn. 2 ff.; siehe zu § 179 und zu § 285 auch AS-Skript BGB AT 1 (2017), Rn. 140 u. 342.

438 Nach BGH, Urt. v. 29.04.2015 – VIII ZR 180/14, RÜ 2015, 421; BGH, Urt. v. 20.01.2016 – VIII ZR 77/15, NJW 2016, 2493.

Bei sofortiger **Verweigerung** der Verhandlungen durch den Schuldner kommt es nicht zur Hemmung, eine spätere Verweigerung beendet die Hemmung. Die Verweigerung muss klar und ausdrücklich sein sowie ein **doppeltes Nein** beinhalten (kein Anspruch und keine weiteren Verhandlungen). Wenn die Verhandlungen nicht verweigert werden, sondern **einschlafen**, dann endet die Hemmung in dem Zeitpunkt, in welchem nach Treu und Glauben die nächste Reaktion auf den zuletzt geschehenen Verhandlungsschritt hätte erfolgen müssen.[439]

Allerdings tritt die Verjährung gemäß **§ 203 S. 2** frühestens **drei Monate nach** dem (mitunter für den Gläubiger überraschenden) **Ende der Verhandlungen** ein.

2. Rechtsverfolgung, § 204

339 Die Verjährung wird erst recht gehemmt, wenn der Gläubiger nicht nur durch außergerichtliche Verhandlungen, sondern durch die in § 204 Abs. 1 abschließend aufgezählten **prozessualen Handlungen** zu erkennen gibt, dass er auf Erfüllung besteht. Die examensrelevantesten Tatbestände sind

- die **Klageerhebung** (§ 204 Abs. 1 Nr. 1),

  Die Klage ist erst mit Zustellung der Klageschrift durch das Gericht an den Beklagten erhoben (**Rechtshängigkeit**, §§ 261 Abs. 1, 253 Abs. 1, 166 ff. ZPO). Nach Maßgabe des **§ 167 ZPO** wirkt allerdings die Zustellung auf die Einreichung der Klage durch den Kläger bei Gericht **(Anhängigkeit)** zurück – weshalb in der Praxis (angesichts § 199 Abs. 1) oft Klagen fristwahrend erst am Silvestertag bei Gericht eingereicht werden, obgleich die natürlich erst im Januar dem Beklagten zugestellt werden. § 167 ZPO erfordert u.a. eine Zustellung **demnächst**, d.h. ohne größere Verzögerungen. Die Grenze ist fließend, als grobe Faustformel nimmt die Rspr. zwei Wochen an. Erforderlich ist ferner, dass die Verzögerung ihre Ursache alleine im Arbeitsablauf bei Gericht hat und dass der Kläger alles für die Zustellung Erforderliche getan hat, insbesondere den nach § 12 Abs. 1 S. 1 GKG[440] erforderlichen **Gerichtskostenvorschuss** eingezahlt hat.

  Hinweis: *Diese knappe Zusammenfassung genügt in der Regel als Wissensbasis für das erste Examen. Vertiefte Kenntnisse zu § 167 ZPO benötigen Sie erst im zweiten Staatsexamen.*[441]

- die Zustellung eines **Mahnbescheids** (§ 204 Abs. 1 Nr. 3, § 393 Abs. 1 ZPO),

  Allerdings kann es im Einzelfall nach **§ 242 rechtsmissbräuchlich** sein, wenn der Schuldner sich auf diese formal eingetretene Hemmung beruft. Das ist insbesondere der Fall, wenn der Mahnbescheid trotz § 688 Abs. 2 Nr. 2 ZPO bezüglich einer nach §§ 273, 320 von einer Gegenleistung abhängigen Forderung ergeht, weil der Gläubiger im Antrag trotz § 690 Abs. 1 Nr. 4 ZPO dem Mahngericht diesen Umstand nicht mitgeteilt hat.[442]

- die **Prozessaufrechnung** (§ 204 Abs. 1 Nr. 5, vgl. § 322 Abs. 2 ZPO),
- die Zustellung der **Streitverkündung** (§ 204 Abs. 1 Nr. 6, § 73 S. 2 u. 3 ZPO),
- die Zustellung des Antrags auf Durchführung eines **selbstständigen Beweisverfahrens** (§ 204 Abs. 1 Nr. 7, § 491 Abs. 1 ZPO),

---

439 Vgl. Palandt/Ellenberger § 203 Rn. 2 u. 4; zum Einschlafen auch BGH, Urt. v. 04.06.2014 –IV ZR 348/13, RÜ 2014, 548.

440 Gerichtskostengesetz, Schönfelder Ordnungsziffer 115.

441 Vgl. insgesamt Thomas/Putzo/Hüßtege § 167 Rn. 10 ff. Eine typische vertiefte Problemstellung finden Sie bei Interesse in RÜ2 2016, 55, zu BGH, Urt. v. 10.07.2015 – V ZR 154/14.

442 BGH, Urt. v. 05.08.2014 – XI ZR 172/13, RÜ 2014, 707; BGH, Urt. v. 16.06.2015 – III ZR 238/14, RÜ 2015, 685.

- die Zustellung eines Antrags auf Erlass eines **Arrestes** oder einer **einstweiligen Verfügung** (§ 204 Abs. 1 Nr. 9, §§ 920, 936 ZPO) und
- die Veranlassung der Bekanntgabe des erstmaligen Antrags auf **Prozesskostenhilfe** (§ 204 Abs. 1 Nr. 14, § 117 ZPO).

3. Vertragliches Leistungsverweigerungsrecht, § 205

Solange der Schuldner vertraglich das Recht hat, die Leistung zeitweise zu verweigern (**Stillhalteabkommen**), ist die Verjährung gemäß § 205 gehemmt. Die Norm gilt **nicht für gesetzliche** Verweigerungsrechte, auch nicht analog.

Beispiel (auch zu §§ 203 u. 204):[443] X hat gegen Y einen Zahlungsanspruch, für den B sich verbürgt hat. X klagt den Anspruch bei Y ein. Y hält dem entgegen, er sei gemäß § 273 zur Zahlung nur im Gegenzug gegen „Rückgabe" der Bürgschaft mittels Verzichts des X verpflichtet. B erklärt Y, sie sei für die Dauer des Prozesses des X gegen Y mit der Hemmung des Anspruchs des Y gegen B aus § 765 Abs. 1 einverstanden. Nach Ende des Prozesses nimmt nunmehr Y den X auf Ersatz des Zinsschadens in Anspruch, den Y dadurch erlitten hat, dass X die Bürgschaften nicht sofort zurückgegeben hat. – Unterstellt, der Anspruch des Y gegen X besteht, so verjährt er nach Maßgabe der §§ 195, 199 Abs. 1. Diese Verjährung wurde **nicht gehemmt**:
I. X und Y haben nicht über den Anspruch i.S.d. **§ 203** verhandelt. Seine Einbringung durch Y in das gerichtliche Verfahren X gegen Y ohne Einlenken des X spricht nicht dafür, dass X zu einem Meinungsaustausch über den Anspruch Y gegen X bereit war. Im Gegenteil wird hierdurch deutlich, dass X auf seinem Standpunkt, der Anspruch bestehe nicht und es gebe nichts zu verhandeln, beharrte.
II. Nach **§ 204 Abs. 1 Nr. 1** wurde durch die Klage des X nur sein Zahlungsanspruch gegen Y, nicht aber der gegenläufige Anspruch des Y gegen X gehemmt. Eine Widerklage (vgl. § 33 ZPO) des Y hätte diese Hemmung ausgelöst, Y hat sie aber nicht erhoben.
III. Nach **§ 204 Abs. 1 Nr. 5** führt die Geltendmachung der Aufrechnung durch den Beklagten zur Hemmung. Auf ein Zurückbehaltungsrecht ist er **nicht analog** anzuwenden. Die Interessenlage ist anders, denn nach § 322 Abs. 2 ZPO ist die Aufrechnung das einzige Verteidigungsmittel, mittels welchem eine Gegenforderung „klageähnlich" so in einen Prozess eingeführt wird, dass über sie rechtskräftig entschieden wird. Ein Zurückbehaltungsrecht hat diese Wirkung nicht, Y kann seine Forderung gegen X einklagen, denn das Urteil X gegen Y entfaltet keine Rechtskraft bezüglich der Forderung Y gegen X.
IV. § 205 greift nicht ein, denn er gilt nur für vertragliche Verweigerungsrechte. Y konnte sich aber nur auf das gesetzliche Verweigerungsrecht aus § 273 berufen.
V. Auch **§ 242** führt angesichts der Erklärung des B nicht zu einer hemmungsähnlichen temporären Treuwidrigkeit des Verjährungseinwands des X. Zwar ist die Bürgschaft von der Hauptforderung akzessorisch abhängig (vgl. §§ 767 u. 768). Umgekehrt gilt das aber nicht, sodass die Erklärung des B zwar die Verjährung des Anspruchs Y gegen B aus § 765 Abs. 1 hemmt, nicht jedoch des Y gegen X. Es wäre Y zudem leicht möglich gewesen, durch Verhandlungen mit X oder eine Widerklage gegen X (s.o.) eine Hemmung bezüglich des Anspruchs Y gegen X herbeizuführen.

Eine **Stundung** fällt hingegen nicht unter § 205, wenn sie bereits **vor Fälligkeit** eingeräumt wird. Vielmehr verschiebt sie dann den Zeitpunkt der Fälligkeit, sodass nach § 199 Abs. 1 Nr. 1 bereits der Verjährungsbeginn verschoben wird. Wird sie **nach Fälligkeit** eingeräumt, so kommt es in der Regel nach § 212 Abs. 1 Nr. 1 sogar zum Neubeginn der Verjährung. Eine Hemmungswirkung entfaltet sie dann nur, wenn die Stundungsfrist länger als die Verjährungsfrist ist.[444]

---

443 Nach BGH, Urt. v. 07.11.2014 – V ZR 309/12, RÜ 2015, 277.

444 Palandt/Ellenberger § 205 Rn. 2.

II. Ablaufhemmung, §§ 203 S. 2, 210, 211

340 Die Ablaufhemmung ist ein Unterfall der Hemmung. Während bei Ende des Hemmungsgrundes die Verjährungsfrist ohne Veränderung weiterläuft und daher sogar nur noch einen Tag betragen kann, ordnet das Gesetz bei der Ablaufhemmung einen **Mindestzeitraum** an, der nach Ende der Hemmung mindestens noch zur Verfügung steht. Bildlich gesprochen wird auf „Pause" gedrückt, falls erforderlich sodann ein Stück zurückgespult und erst dann wieder auf „Play" gedrückt.

Allgemeine Tatbestände der Ablaufhemmung enthalten § 210 (**nicht voll Geschäftsfähiger ohne gesetzlichen Vertreter**) und § 211 (**Ansprüche aus Nachlässen**).

Bei **mehreren Erben** entfaltet § 211 S. 1 seine Wirkung nicht erst mit der Annahme durch den letzten Erben, sondern hinsichtlich jedes Erben einzeln ab dem Zeitpunkt seiner Annahme. Der Gläubiger ist nicht schützenswert, denn er muss nicht alle Erben zur gesamten Hand verklagen (Gesamthandsklage, § 2059 Abs. 2), sondern er kann auch jeden einzelnen Erben – als Gesamtschuldner mit den übrigen Erben – verklagen (Gesamtschuldklage, § 2058).[445]

Zudem ordnet § 203 S. 2 bei **Verhandlungen** eine Ablaufhemmung an, s. Rn. 338.

III. Neubeginn, § 212

341 Im Falle des Neubeginns beginnt die Verjährungsfrist **ab dem auslösenden Ereignis von vorne** zu laufen. Bildlich gesprochen wird an den Anfang zurückgespult und sodann wieder auf „Play" gedrückt.

Ein Neubeginn erfolgt aufgrund von Vollstreckungshandlungen und insbesondere gemäß § 212 Abs. 2 Nr. 1 aufgrund eines **Anerkenntnisses** des Anspruchs. Die Aufzählung der möglichen Handlungen ist nicht abschließend („in anderer Weise"). Erforderlich ist ein tatsächliches, auch konkludentes Verhalten, durch das der Schuldner sein **Bewusstsein vom Bestehen der Schuld unzweideutig zum Ausdruck bringt.**[446] Zweifelhaft ist dies insbesondere

- bei einer **Aufrechnung**, wobei die h.M. jedenfalls dann, wenn der Schuldner die **Gegenforderung im Übrigen nicht bestreitet**, ein Anerkenntnis bejaht,[447] da dann der Schuldner zu erkennen gibt, dass er die Gegenforderung an sich akzeptiert und
- bei der **Nachlieferung**: Gibt der Verkäufer bzw. der Werkunternehmer zu erkennen, dass er sich zu ihr nach § 439 bzw. § 635 verpflichtet sieht, so liegt ein Anerkenntnis vor. Nimmt er sie hingegen unabhängig von seinen rechtlichen Pflichten aus Kulanz vor, so erklärt er gerade nicht, sich einer rechtlichen Schuld bewusst zu sein.[448]

In **prozessualer Hinsicht** sollten Ihnen zum Anerkenntnis § 93 ZPO und § 307 ZPO bekannt sein.

---

445 BGH, Urt. v. 04.04.2014 – IV ZR 348/13, RÜ 2014, 548; vgl. zu diesen Klagen AS-Skript Erbrecht (2015), Rn. 491.
446 Palandt/Ellenberger § 212 Rn. 3.
447 Vgl. Palandt/Ellenberger § 212 Rn. 4 m.w.N.
448 BGH, Urt. v. 05.10.2005 – VIII ZR 16/05, RÜ 2006, 11.

3. Abschnitt: Verwirkung, § 242

Bereits vor Eintritt der Verjährung ist es dem Gläubiger gemäß § 242 verwehrt, den Anspruch einzufordern, wenn er sich **widersprüchlich verhält** (venire contra factum proprium). Auch Gestaltungsrechte können verwirkt werden. Die Verwirkung greift, soweit 342

- der Gläubiger den Anspruch bzw. das Recht längere Zeit nicht geltend mach (**Zeitmoment**),
- der Schuldner nach den Umständen und dem Verhalten des Gläubigers darauf vertrauen durfte, dass er den Anspruch bzw. das Recht nie wieder geltend machen wird (**Umstandsmoment**) und
- der Schuldner tatsächlich ein solches Vertrauen gebildet hat (**Vertrauensmoment**).

Wie immer ist die **Schwelle des § 242 recht hoch** anzusetzen und es ist in besonderem Maße zu schauen, ob die Einzelfallgerechtigkeit ausnahmsweise eine Korrektur des geschriebenen Rechts (hier: der §§ 194 ff. zugunsten des Schuldners) gebietet. Allerdings kann ein starkes Zeitmoment ein schwächeres Umstandsmoment ausgleichen und umgekehrt.[449]

Besondere Strenge ist zudem geboten, wenn die (im Jahr 2002 von 30 auf drei Jahre ohnehin stark verkürzte) **regelmäßige Verjährungsfrist** des § 195 weiter verkürzt werden soll.[450] Auch beim Anspruch aus **§ 985** ist zu beachten, dass dieser untrennbarer Kernbestandteil des Eigentumsrechts ist (vgl. § 903 – nochmal: Rechte können nicht verjähren, s. Rn. 328). Hinsichtlich Grundstücken verjährt der Anspruch zudem gemäß § 902 Abs. 1 S. 1 überhaupt nicht, solange das Eigentum im Grundbuch eingetragen ist. Eine Verwirkung würde das dann nicht mehr durchsetzbare Eigentumsrecht in einen sinnlosen „Rechtskrüppel" verwandeln.[451]

---

449 OLG Bremen, Urt. v. 26.02.2016 – 2 U 92/15, NJW-RR 2016, 875, auch zur Verwirkung des Verbraucher-Widerrufsrechts.

450 BAG, Urt. v. 11.12.2014 – 8 AZR 838/13, RÜ 2015, 413.

451 BGH, Urt. v. 16.03.2007 – V ZR 190/06, RÜ 2007, 297; wörtliches Zitat nach Staudinger/Gursky § 902 Rn. 1.

Stichwortverzeichnis

Die Zahlen verweisen auf die Randnummern.